本专著受大别山区经济社会发展研究中心及"美好生活看信阳"专项研究招标课题的资助，特此感谢！

U0515393

基于可持续生计的
乡村旅游内生发展效应评价

刘　玲◎著

中国财经出版传媒集团

经济科学出版社
Economic Science Press

图书在版编目（CIP）数据

基于可持续生计的乡村旅游内生发展效应评价/刘玲著. —北京：经济科学出版社，2022.9

ISBN 978－7－5218－4011－7

Ⅰ.①基…　Ⅱ.①刘…　Ⅲ.①乡村旅游-旅游规划-研究-中国　Ⅳ.①F592.3

中国版本图书馆 CIP 数据核字（2022）第 167463 号

责任编辑：顾瑞兰
责任校对：隗立娜
责任印制：邱　天

基于可持续生计的乡村旅游内生发展效应评价

刘　玲　著

经济科学出版社出版、发行　新华书店经销

社址：北京市海淀区阜成路甲 28 号　邮编：100142

总编部电话：010-88191217　发行部电话：010-88191522

网址：www. esp. com. cn

电子邮箱：esp@ esp. com. cn

天猫网店：经济科学出版社旗舰店

网址：http：//jjkxcbs. tmall. com

固安华明印业有限公司印装

710×1000　16 开　15 印张　260000 字

2022 年 9 月第 1 版　2022 年 9 月第 1 次印刷

ISBN 978－7－5218－4011－7　定价：75.00 元

（图书出现印装问题，本社负责调换。电话：010－88191510）

（版权所有　侵权必究　打击盗版　举报热线：010－88191661

QQ：2242791300　营销中心电话：010－88191537

电子邮箱：dbts@ esp. com. cn）

前　言

　　农业、农村、农民问题是关系国计民生的根本性问题。2017年，党的十九大报告提出乡村振兴战略，旨在更好解决农村发展不充分、城乡发展不平衡等重大问题。2021年8月27日，文化和旅游部部长胡和平在国务院新闻办公室举行的文化和旅游赋能全面小康新闻发布会上指出"正是乡村旅游，让许多农民不离土、不离乡，走上脱贫致富路"。乡村旅游发展不仅有效激活了乡村的闲置资源，也正在成为乡村经济发展的重要引擎。乡村旅游为应对我国农村地区出现的人力流失、土地荒废、产业衰退、文化失传、生计困难等问题提出了有效解决办法，成为乡村振兴的极佳载体之一；从东部的特色小镇建设到西部的少数民族村寨旅游开发、从实景演出到特色节庆、从休闲农业到文旅融合，乡村旅游的开发热潮在全国持续不断。

　　"效应"指的是在有限环境下，由某种动因或原因所产生的自然或社会现象。乡村旅游内生发展作为一种自我导向的、自下而上的乡村旅游发展方式，主张以本地资源为主要发展力量，目的在于创造更多自主就业机会，同时又能以主动责任意识对环境保护、资源利用效率、文化传承产生积极影响。在乡村振兴与精准扶贫的路上，乡村旅游内生发展能否维护村民的主体地位、有效挖掘农村群体的自我发展能力？能否精准对接农村贫困群体、提高农户生计能力？科学地评价乡村旅游内生发展效应，是检验乡村旅游内生发展是否惠及农村与农民的有效途径。

　　可持续生计概念及方法的提出，为研究乡村旅游内生发展对农户生计的影响提供了新的分析视角和工具。已有研究证明，乡村旅游给当地农户生计带来了多重影响，并逐渐成为农户的可持续生计方式之一。但是，现有文献中关于乡村旅游内生发展的研究较少，并且大都倾向于强调社区参与对乡村旅游内生发展的重要性，基本都提到目前社区/农户参与的层次太浅、流于形式，亟待社区增权。那么，在中国具体的政治环境和文化背景下，乡村旅游内生发展对农户可持续生计究竟产生多大影响？农民的生存权利是否得到有效保障？他们对发展乡村旅游的总体感知评价如何？这些问题都缺少来自农户角度的定量说明。基于此，本书以英国国际发展署（DFID）提出的可持续生计分析框架为起点，首先，论证该框架在乡村旅游研究中的适用性，并对原有框架进行修正与改进，得到乡村旅游研究中的可持续生计分析框架（RT-SLA）。其次，选择国内具有代表性的内生型乡村旅游地——河南省郝堂村为案例地，采取入户问卷调查的方式收集研究数据，从 RT-SLA 整体剖析乡村旅游对农户可持续生计的影响，检验乡村旅游内生发展对农户生计资本、生计策略、生计结果产生的效应，得到如下研究结论。

第一，生计资本的测算结果显示，生计资本总指数方面，郝堂村整体生计资本总指数偏低，七类生计资本指数中最高的是认知资本，最低的是金融资本；生计资本耦合协调度方面，郝堂村整体的生计资本耦合协调度为中度失调。其中，红星、黄湾、窑湾、郝湾、马湾、曹湾、王冲下组的生计资本耦合协调度为中度失调；尖山、胡湾、王冲上、张湾、徐湾、陈沟、塘坊、学校、红庙组的生计资本耦合协调度为严重失调。生计资本的测算结果表明，郝堂村生计资本存量及其耦合协调状况都不理想，并且村民组之间的生计资本存量存在明显差异。

第二，生计策略的测算结果显示，生计多样性指数方面，郝堂村整体的生计多样性指数偏低。其中，胡湾组的生计多样性指数最高，最低的是红星组；平均生计活动最多的是胡湾组，最少的是红星组。收入多样性指数方面，郝堂村整体收入多样性指数接近中等水平。参与乡村旅游发展的意愿方面，郝堂村整体"参与乡村旅游发展的意愿"指数较高，大约96%的村民表示愿意参与乡村旅游发展。生计策略的测算结果表明，郝堂村整体的生计多样性水平偏低、收入多样性水平一般，旅游发展较差村民组的生计多样性水平和收入多样性水平较高，旅游发展最好的村民组反而最低，并且绝大多数农户愿意参与乡村旅游发展。

第三，生计结果的测算结果显示，郝堂村整体生计结果评价水平为中等偏上。其中，"意识水平"单因子得分最高，"负面影响"单因子得分最低；16个村民组中综合评分最高的是红星组，最低的是陈沟组，各村民组之间的差距并不大；"生活水平"单因子得分最高的是红星组，最低的是徐湾组；"意识水平"单因子得分最高的是窑湾组，最低的是徐湾组；"负面影响"单因子得分最高的是红星组，最低的是张湾组。生计结果的测算结果表明，郝堂村村民对当地旅游发展的评价总体较好且村民组之间的差异较小。

第四，乡村旅游内生发展效应呈现"圈层分异"规律。以"旅游经营年收入"为指标来分析郝堂村乡村旅游内生发展效应的圈层分异，结果显示，16个村民组大致可以分为三个圈层：内圈层、中圈层和外圈层。内圈层只包括红星组，中圈层包括郝湾、王冲下、窑湾、黄湾、曹湾、张湾、马湾、王冲上、胡湾组，外圈层包括陈沟、尖山、红庙、塘坊、徐湾、学校组。郝堂村乡村旅游内生发展效应的圈层分异特征有：与核心景区的距离由内及外依次变远；旅游资源密度由内圈层向外围逐渐减小；旅游经营年收入呈现由内及外逐渐减少的趋势。

以上结论表明，乡村旅游内生发展在大幅提高农民参与程度与收益的同时，也存在金融资本、制度资本等不足的状况，并且整体生计多样性与收入多样性程度较差，收入最高的村民组反而业态更单一、农户的抗风险能力最差；各村民组在生计资本、生计策略、生计结果上的评价结果均不相同，村民组之间在生计资本储量上差异较大；距离核心景区较近的村民组拥有更多的旅游资源，由此带来的旅游收入及家庭年收入也相对较高，而距离核心景区较远的村民组则因为交通不便、旅游资源较少等原因，游客稀少、收入较低；16个村民组的旅游年收入呈现以核心景区为圆心的圈层分异状态。这一研究结论拓展并推进了"圈层理论"在乡村旅游领域的应用，同时也深化了乡村旅游内生发展效应研究。

本书研究发现对乡村旅游产业发展实践具有比较重要的启示作用。结合数据分析结果以及在调研中收集到的郝堂村村民对于本地乡村旅游发展的意见或建议，深入剖析乡村旅游内生发展的现存问题，以小见大，提出乡村旅游内生发展框架下农户可持续生计能力提升的八点策略：（1）乡村旅游内生发展在引进人才的同时，也需要认识到本土精英的巨大力量，要善用本土精英，引导乡村旅游内生发展路径；（2）开发乡村旅游，营造舒适的旅游环境是关键，要继续提升基础设施，持续改善旅游发展环境；（3）针对现在农村中耕地撂荒日益严重的现象，要采取措施遏制耕地撂荒，稳固乡村旅游发展基础；

（4）在土地集体所有制下，配套建立农民主导的村社合作金融，激活乡村内生发展动力；（5）推行股份合作制，发挥农村集体资产优势，让农民从多方面受益；（6）构建合理机制，让社区居民深度参与，获得更多的权利和收益；（7）加强政策宣传，提高农户对旅游政策的知晓率；（8）延长旅游产业链，拓宽收入渠道，增强农户抗风险能力。

本书着眼于乡村振兴的愿望，从可持续生计视角，以行政村为单位，探讨乡村旅游的内生发展效应，创新之处在于：（1）改进 DFID 可持续生计分析框架，构建乡村旅游研究中的可持续生计分析框架（RT-SLA）；（2）研究对象由乡村旅游地社区转向个体农户，更加突出农民的生存权；（3）尝试提出乡村旅游内生发展效应的圈层分异。

目　录

绪　论

第一节　研究背景与意义

一、研究背景

（一）现实背景

1. 党的十九大提出"2020 年全面建成小康社会"的要求

"2020 年全国所有贫困人口一道迈入小康社会"是党对人民的庄严承诺，这一承诺的实现，需要各方为农村多角度赋能，全面建成"一个民族都不落下，一个人都不能少的小康社会"。中共十八届五中全会通过的《关于制定国民经济和社会发展第十三个五年规划的建议》提出，"把农村贫困人口脱贫作为全面建成小康社会的基本标志"，这就从政治与大局的层面把农民的脱贫致富问题提升到全面建成小康社会奋斗目标、实现社会主义公平正义的新高度。乡村旅游作为我国农村经济新的增长点，有效促进了农业结构调整、农户脱贫致富以及民生福利的改善，成为多地农民脱贫致富的新途径。多地乡村旅游发展实践表明，乡村旅游不仅可以将农村的生态优势转化为经济优势，还有利于重新聚集农村人气和资源、改善乡村人居环境，促进形成资源节约和环境友好的乡村空间格局、产业结构、生产和生活方式。总之，乡村旅游通过农旅融合、城乡融合等方式补齐了农村经济短板、强化了农村发展弱项，为我国全面建成小康社会做出了不可小觑的贡献。

2. 乡村振兴战略要求乡村旅游发展更加重视农户生计

乡村旅游作为乡村经济可持续发展的替代性手段之一，正深刻地影响着越来越多的乡村社会变迁；它重构了农村地区的人与环境的关系，打破了区域传统人地均衡的共生系统，改变了农户的生计资本构成，同时也影响了农户的生计策略选择。总之，乡村旅游发展及成效直接影响到当地农民的生计水平。习近平总书记在党的十九大报告中首次提出了乡村振兴战略，提出要坚持农业农村农民优先发展，要求在乡村推行的一切项目必须把改善地方民生之需放在首位，实现"乡村民富优先"，最终推动乡村振兴。现阶段，乡村旅游作为一项综合性、包容性产业，为应对我国乡村发展现存的人力流失、土地荒废、产业衰退、文化失传、生计困难等问题提出了有效解决办法，成为乡村振兴的绝佳落脚点。2019年中央一号文件特别强调了农村发展中的农民生活改善及其主体地位的维护，这就要求乡村旅游开发及发展过程中要以当地农民为出发点，千方百计保障村民话语权、鼓励农村社区参与、促进农民增收；不仅要在乡村旅游开发初期尊重农民意愿、兼顾农民权益，在发展中制定合理机制、保证当地农户充分参与，并且要在最终的利益分配上，内外兼顾、社区优先，最终实现农户可持续生计能力及实际生活水平的提升。

3. 我国乡村旅游发展中农户的主体地位受限

现有研究成果已经证明，社区参与旅游发展能够正向影响旅游感知、社区归属感、社区经济和文化，能够实现社区旅游可持续发展以及提升社区贫困人口生计能力（杜宗斌等，2011；苏明明，2012；杨阿莉等，2012）。而维护农户的主体地位是社区参与和社区增权内涵的进一步拓展，以往乡村旅游发展中"要农村不要农民"的现象普遍存在，忽略了农户的主体地位。但是从实践意义上看，维护农户的主体地位体现了民主精神及理念在中国社会各阶层的有效推广，有助于社会公平正义的实现。对旅游业来说，朴实的民风、古色的建筑以及地方整体氛围的积淀等都是珍贵的旅游资源，是乡村旅游的核心吸引力，农户的主体地位能够对保护社区文化的原真性和多样性起到积极的推动作用，倘若将社区居民生活与乡村旅游发展割裂开来，将会使乡村旅游失去灵魂（邵秀英等，2010）。而且，依赖外来资本投资的乡村旅游地在开发过程中必然会较少考虑社区居民的利益，在建成之后的发展过程中利润的漏损也是在所难免的。因此，对于乡村旅游来发展来说，真正的引领者应当是生于斯长于斯的"本地人"，他们对生养自己的土地有着更深的情感，特别是那些衣锦还乡的乡绅，也倾向于把更多利益回馈自己熟悉的乡土。所以，要不断在中国特色社会主义国情下探索具有中国特色的乡村旅游内生发展模式，确保农民权益。

（二）理论背景

农户作为乡村旅游发展的直接利益相关者，其状态与行为一直被学界所关注。对于乡村旅游来说，无论是地域范围和空间位置，还是旅游资源和活动内容，都与所在的农村社区息息相关，所以从农户的角度来进行乡村旅游开发和管理，谋求两者之间的共生发展是学界和政府追求的目标。在西方乡村旅游研究中，最初只是强调在进行乡村旅游规划时要参考当地居民的意见（Murphy，1985）；之后，社区参与理念开始渗透旅游地开发与发展的各个环节，已经不再只要求在旅游规划时充分考虑社区居民提出的要求，而是上升到一个新的高度——通过发展旅游来实现社区的全面发展，而非仅仅经济增长（Beeton，2006）。中国旅游地发展过程中同样出现了社区与开发商、社区与政府等矛盾和问题，也使得国内学者开始将研究视角转向旅游发展中的社区居民，并从经济学、社会学、管理学多个学科寻找突破口，试图解决旅游开发过程中社区居民与政府、开发商之间的矛盾，改变社区居民的弱势地位，为社区增权。为了达到这个目的，学者们普遍认为，在理论层面需要从提升参与的机会和能力方面保障社区权益，在制度层面需要改革和完善现有法律体系及政治秩序，确保社区居民的主体地位而且能够行使主体权利，最终实现社区共管和社区自治，给予共容利益最大决策权，这才是社区参与的精神实质与终极目标所在。

二、研究意义

（一）现实意义

1. 使乡村旅游发展中农民生存权的导向性更加明确

如果不能正视农民的生存权就无法谈到"三农"问题的解决。本书将研究对象从农村社区转向农户，强调农户在乡村旅游发展中的主体地位，使乡村旅游发展中农民生存权的导向性更加明确。现阶段，乡村旅游不仅是实现城乡统筹发展与互动的重要媒介，更是改善农村地区尤其是贫困地区农民生活水平的重要途径。农户作为乡村旅游发展的重要组成部分,既是关键载体又是最重要的利益主体,从农户可持续生计角度探讨乡村旅游内生发展效应,将乡村旅游发展的根本目的转移到提高农户可持续生计能力上,使乡村旅游发展中农民生存权的导向性更加明确。

2. 有利于指导农户更有效地参与乡村旅游发展

现阶段农民的知识文化水平普遍有限,大多数农民由于存在民主意识淡薄、参与意识不足等方面的缺陷,再加上农村的经济水平远远落后于城市,普通的农户家庭更是缺少参与旅游发展的物质资本和金融资本,这些主要原因共同导致了农户的弱势地位和被动参与。另外,各省市经济发展水平、乡村旅游发展的成熟度、信息化水平、政府对乡村旅游发展的支持度等因素也会影响农户在乡村旅游发展中的参与程度。鉴于旅游产业的综合性和我国农村问题的复杂性,本书从社会学、经济学、管理学、农业经济管理以及环境发展等多个学科角度对乡村旅游内生发展效应进行评价,力求更好地指导农户有效地参与乡村旅游发展。

3. 有利于优化现有的乡村旅游发展路径

乡村旅游内生发展与外生发展到底哪个更有效,这与社区当前旅游发展所处的阶段息息相关,需要时间去检验,不能武断地认为哪一种发展路径就是无效的或是有效的。同时,社区参与的有效性也与社区能力相关联。内生发展固然体现出社区参与的主导地位和作用,但是这种模式需要社区进化到一个组织化程度高、控制能力强、参与意识强的阶段。在欠发达地区,社区自我控制能力普遍偏低,在旅游业的起步阶段,"自上而下"的外生式发展无疑是行之有效的。本书通过评价乡村旅游内生发展中农户的生计资本、生计策略及生计结果,找出乡村旅游内生发展的优势与不足,探讨对策、扬长避短,优化现有路径。

(二) 理论意义

1. 丰富了乡村旅游内生发展的理论研究

现有文献中关于乡村旅游内生发展的研究并不多,大都提到目前社区/农户参与的层次太浅、流于形式、亟待增权。然而,社区/农户参与的有效性和可操作性常被质疑,现有研究并没有证明中国的社区/农户参与式旅游发展突破了象征性参与这种形式。那么，在中国具体的政治环境和文化背景下，乡村旅游内生发展对农户可持续生计究竟产生多大影响？农户对发展乡村旅游的总体感知评价如何？这些问题都缺少来自农户角度的定量说明。本书从英国国际发展署（DFID）提出的可持续生计分析框架整体剖析乡村旅游对农户可持续生计的影响，系统分析乡村旅游内生发展对农户生计资本、生计策略、生计结果产生的效应问题，一定程度上丰富了乡村旅游内生发展的理论研究。

2. 拓展了乡村旅游内生发展的研究视角

以往对乡村旅游内生发展的研究主要集中在两个方面：一是从经营主体、资金来源、决策形式及优劣势等方面比较各种内生发展模式的特点、共性及存在的问题；二是从农户增收视角直接比较各类型发展模式的发展效率。从农户可持续生计视角来深入研究乡村旅游内生发展尚且属于新问题。首先，对于可持续生计这一研究视角本身来讲，与乡村旅游结合起来的研究并不多见；其次，单纯从数字上比较乡村旅游给农户带来的经济效益比较片面，应当结合与农户生计有关的其他问题来衡量乡村旅游发展结果。本书立足农户可持续生计，研究乡村旅游内生发展给农户带来的生计效应，一定程度上拓展了乡村旅游内生发展的研究视角。

3. 提出了乡村旅游内生发展效应的圈层分异

乡村旅游发展使得当地农民摆脱了田地束缚，就近转向利润更高的旅游业经营。郝堂村乡村旅游的发展不仅使得当地投资者骤增，同时也解决了当地很多妇女的就业问题。然而，旅游发展惠及的区域及其有效发展半径直接关系到当地人的受益范围，郝堂村下辖的 16 个村民组由于与核心景区的距离不同，他们的参与程度与受益程度也各不相同。本书将地理学的"圈层理论"应用到乡村旅游研究中，以"旅游经营收入"这一衡量乡村旅游内生发展效应最直观、最关键的要素为指标，对研究区域的 16 个村民组的乡村旅游内生发展效应进行对比分析。总体来看，距离核心景区较近的村民组拥有的旅游资源更多，由此带来的旅游收入及家庭年收入也相对较高，而距离核心景区较远的村民组则因为交通不便、旅游资源较少等原因，游客稀少、收入较低，整体呈现以核心景区为圆心的圈层分异规律。

第二节　研究内容与思路

一、研究内容

全书（含绪论和结论部分）共八章，各章节的研究内容如下。

绪论，包括本书的现实背景与理论背景、现实意义与理论意义、研究内容与思路、研究方法与创新点。分别从国家宏观政策层面和微观农户层面阐述本书的研究背景与意义，梳理研究思路，说明研究方法，并总结创新点。

第一章，理论基础与文献综述。本书以可持续生计理论和内生发展理论为基础展开研究。阐述了可持续生计理论提出的背景、可持续生计内涵与框架，并对该理论在本书的适用性作出说明。文献综述部分共包括六个方面的内容：乡村旅游研究综述（内含乡村旅游发展效应研究综述）、可持续生计研究综述、内生发展模式研究综述（内含内生发展与外生发展、内生发展与嵌入式发展、内生发展与内生增长的概念辨析）、乡村旅游内生发展模式研究综述、可持续生计视角下乡村旅游研究综述、圈层分异研究综述。力争对现有文献作尽可能全面、深入的梳理，并在此基础上找到研究的切入点。

第二章，乡村旅游内生发展对农户可持续生计的影响机理。包括乡村旅游内生发展逻辑、乡村旅游内生发展对农户可持续生计的影响分析。以协同学理论为基础，分别从乡村旅游内生发展系统辨别和乡村旅游内生发展系统的自组织演化过程来阐述乡村旅游内生发展逻辑。并在此基础上，从生计资本、生计策略、生计结果三个方面说明乡村旅游内生发展如何影响农户可持续生计。

第三章，基于可持续生计的乡村旅游内生发展效应评价体系构建。包括可持续生计分析框架改进的必要性分析、乡村旅游研究中的可持续生计要素分析、RT-SLA 中各要素的测量指标及分析方法。在对 DFID 可持续生计分析框架进行再回顾的基础上，结合乡村旅游地农户的生计状况，构建能够应用于乡村旅游研究的可持续生计分析框架 RT-SLA 并说明其测量指标与方法，为下文研究乡村旅游内生发展效应奠定基础。

第四章，预试问卷设计与实施结果分析。包括预试问卷设计与分析程序、预试实施与结果分析、正式问卷形成。在前文构建的乡村旅游研究中的可持续生计分析框架 RT-SLA 的基础上，设计生计资本、生计策略及生计结果的量表与调查问卷，实施预调研，并对预试问卷进行项目分析、信效度检验、探索性因素分析，并根据分析结果删除或修正不合理的题项，最后形成正式问卷。

第五章，乡村旅游内生发展效应评价与圈层分异。包括数据来源、正式问卷的描述性统计分析、正式问卷的信效度检验、指标权重确定、乡村旅游内生发展效应评价、乡村旅游内生发展效应的圈层分异等。其中，乡村旅游内生发展效应从生计资本、生计策略、生计结果三方面评价。然后，以农户家庭旅游年收入为分类变量，研究乡村旅游内生发展效应的圈层分异，将研究区域的 16 个村民组大致分为三个圈层。

第六章，乡村旅游内生发展框架下农户可持续生计能力提升策略。根据农户生计资本、生计策略及生计结果的评价结果及圈层分异结果，结合问卷调研过程中的访谈结果，深入剖析乡村旅游内生发展中存在的问题并分析其原因；然后有针对性地提出乡村旅游内生发展框架下农户可持续生计能力的提升途径，扬长避短，继续巩固现有优势，同时补齐短板，全方位提升农户可持续生计能力。

第七章，结论与展望。包括本书的研究结论、研究不足及进一步的研究计划。

二、研究思路

本书拟解决的问题是：从农户可持续生计角度看，乡村旅游内生发展效应究竟如何？是否存在圈层分异现象、原因何在？基于"提出问题—理论分析—构建评估框架—效应评估—对策与结论"这样一条主线，深入研究乡村旅游内生发展效应。研究思路如下。

首先，阐述研究的理论基础，梳理相关文献并进行概念辨析，在此基础上，结合研究背景，寻找研究的切入点并提出问题；其次，阐释乡村旅游内生发展对农户可持续生计的影响机理，并在 DFID 可持续生计分析框架的基础上，构建乡村旅游研究中的可持续生计分析框架；再次，选取案例地，进行乡村旅游内生发展效应评价；最后，提出乡村旅游内生发展框架下农户可持续生计能力的提升途径并总结全书。本书技术路线如图 0 - 1 所示。

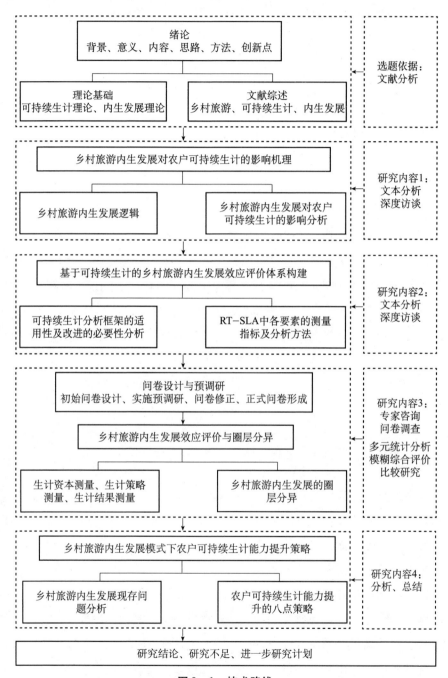

图 0 - 1　技术路线

第三节　研究方法与创新点

一、研究方法

本书在研究过程中将理论分析与案例实证相结合、文字表述与图表示意相结合。运用的研究方法主要有以下几种。

1. 文献研究法

文献研究法是通过搜集、鉴别、整理的手段研究文献，最终形成对事实的科学认识的方法。本书基础理论部分的内生发展理论与可持续生计理论，文献综述部分的乡村旅游、内生发展以及乡村旅游内生发展等内容都是通过文献研究法得到。通过对国内外相关文献的梳理与总结，掌握相关研究进展和最近成果，找到本书的切入点和主要研究问题，并在此基础上，形成研究思路、确定方法，为后文研究奠定基础。

2. 实地调查法

实地调查法是在确定的范围内，应用科学、合理的方法对某种社会现象进行实地考察、搜集资料，并用统计分析的方法对获得的资料进行分析，进而探讨社会现象的一种方法。根据研究目的，本书首先选择国内知名的乡村旅游地进行实地调查，了解乡村旅游发展现状及发展过程中农户最为关心的问题，对原有可持续生计分析框架进行修正；然后选取国内具有代表性的内生型乡村旅游目的地进行问卷调查，获取研究需要的一手资料，并对数据进行整合分析、横向比较，为后文的实证分析奠定基础。

3. 比较研究法

比较研究法是根据一定的标准，考察两个或两个以上有联系的事物，寻找其异同，并探求普遍规律与特殊规律的方法。本书引入地理学的"圈层理论"，按照空间地理位置的区别，以"旅游经营收入"这一指标对研究区域的16个村民组的乡村旅游内生发展效应进行对比分析，探究乡村旅游内生发展的圈层分异，将研究区域的16个村民组大致分为内圈层、中圈层和外圈层。通过比较研究法，证实了乡村旅游内生发展效应中的"圈层分异"规律，既丰富了乡村旅游研究的现有理论，又可以指导乡村旅游发展实践。

4. 多元统计分析法

多元统计分析的主要内容包括多元正态分布及其抽样分布、多元正态总体的均值向量和协方差阵的假设检验、多元方差分析、主成分分析与因子分析、判别分析与聚类分析等。本书主要运用多元统计分析法对检验问卷质量，包括预试问卷的信度与效度分析、预试问卷项目分析、正式问卷的信度与效度分析等。预试问卷通过这些程序删除不达标题项，最终形成正式问卷，正式问卷通过多元统计分析进一步验证其合理性。

5. 模糊综合评价法

模糊综合评价法是一种利用模糊数学对受到多种因素制约的事物或对象作出一个总体评价的方法。农户对当地乡村旅游发展的结果感知属于主观问题，模糊且难以量化，而模糊综合评价法却具有系统性强的优点，可以完美解决研究中的一些介于定性和定量之间的问题。本书在层次分析法确定指标权重的基础上，运用模糊综合评价法来测量农户乡村旅游内生发展产生的生计结果的感知。

二、创新点

1. 尝试改进 DFID 可持续生计分析框架，构建乡村旅游研究中的可持续生计分析框架（RT-SLA）

与传统农业相比，乡村旅游发展除了需要人力资本、物质资本、自然资本、金融资本及社会资本之外，原有的乡村文化氛围和田园风光必不可少。另外，乡村旅游所选择的发展路径（内生式还是外生式）以及国家的支持政策对农户生计影响很大，两种发展路径最后产生的生计结果也可能相去甚远，政策是乡村旅游发展的风向标，因此，这类制度性的因素也是乡村旅游发展需要考虑的。除此之外，农户对于乡村旅游政策、当地文化以及旅游业发展的认知度也会影响到当地乡村旅游发展。所以，DFID 可持续生计分析框架并不完全适用于乡村旅游研究，需要对其进行调整与修正，修正后的框架除去原有的五项资本外，还添加了制度资本和认知资本两个构面。

2. 研究对象从农村社区转向农户家庭，更加强调农民的生存权

农民问题，在很大程度上就是农民权利问题，而农民权利问题基本上等同于农民生存权问题。如果不能正视农民的生存权利问题，就无法解决"三农"问题。关于乡村旅游的现有研究，多数从宏观层面上强调农村社区增权问题，较少从微观层面上去关注个体农户在乡村旅游地的生存乃至发展的权利问题。本书从可持续生计视角，以个体农户为研究单元，研究乡村旅游内生发展效应并进行对比分析，在一定程度上为解决乡村旅游领域的社区增权问题提供了更加有效的依据。

3. 尝试提出乡村旅游内生发展效应的圈层分异

"圈层理论"原本是个地理学概念，后被社会学家、人类学家和经济学家引入各自领域、改造并用来分析社会学、人类学及经济学现象。圈层理论的研究大致可分为三类：一是圈内关系研究；二是内圈层从内向外突破和社会化的过程研究；三是外圈层由外向内渗透，使得内圈层被动社会化的过程研究。本书尝试将"圈层理论"引入乡村旅游研究中，以"旅游经营收入"这一衡量乡村旅游内生发展效应最直观、最关键的要素为指标，对研究区域的 16 个村民组的乡村旅游内生发展效应进行对比分析，并依据分析结果，将这 16 个村民组分为内圈层、中圈层、外圈层。

第一章　理论基础与文献综述

为了构建有理有据的研究框架来评价乡村旅游内生发展效应，本章在可持续生计理论与内生发展理论的基础上，梳理国内外相关文献，试图发现现有研究的不足之处，从而找到本书的切入点。

第一节　理论基础

理论依据是科学研究的基础。本书研究的主题"乡村旅游内生发展效应"既是一种社会现象，又是一种经济现象，既需要从社会学视角的定性研究，又离不开经济学视角的定量分析。因此，需要综合运用可持续生计理论与内生发展理论进行深入探讨。

一、可持续生计理论

（一）可持续生计提出的背景

1987年的世界环境和发展委员会的报告里第一次正式提出"可持续生计"概念。20世纪90年代，国际上一些非政府组织和研究机构开始尝试从生计角度提出农村贫困问题的解决途径。2000年，英国国际发展署（DFID）提出了包括概念、分析框架和原则的可持续生计研究理论，并运用该理论在发展中国家进行验证。DFID可持续生计分析框架建立在对贫困性质理解的基础上，并将工作规范化，使之成为一套单独的、可共享的发展规划方法，使其可以指导生计战略和单个家庭贫困原因的分析。目前，联合国发展项目组织、国际发展组织、英国国际发展机构等多家组织在研究农村可持续发展问题时均采用英国国际发展署提出的这一分析框架。

（二）可持续生计内涵

"生计"在英语里的对应的词汇为"livelihood"，含义是维持生活的手段和方式，它比工作、收入和职业有着更丰富的内涵和更大的外延，它更能完整地描绘出穷人生存的复杂性，更有利于理解穷人为了生存而采取的策略。目前，学术界应用最广泛的是 DFID 对"可持续生计"的定义："只有当一种生计能够应对、并在压力和打击下得到恢复，能够在当前和未来保持乃至加强其能力和资产，同时又不损坏自然资源基础，这种生计才是可持续性的"（DFID，2000）。该定义蕴含以下三个重要思想。

1. 注重以人为本

不管是在微观层面还是宏观层面，可持续生计理论始终将"人"置于发展的中心位置，尤其是在考虑如何实现脱贫时。在实践可持续生计时需要注意：第一，从分析人的生计本身入手；第二，尊重个体意愿；第三，充分考虑个人的家庭因素，尽量获取家庭内部支持；第四，关注外部政策对个体生计产生的影响。与外部因素相比，在可持续生计理念中，"人"是需要首先被考虑的对象。

2. 强调可持续性

"可持续性"可从两个层面来理解。从生计层面来说，包括以下含义：（1）人们的生计在面对外部自然灾害以及社会经济动荡时，是可恢复的；（2）可持续的生计应当是不依赖于来自外部的支持，最起码不能长期依赖于外部支持；（3）人们在保持自然资源的长期持续可利用的前提下维持自己的生计；（4）不破坏、不损害他人的生计。从经济、环境、社会和制度等层面来讲，又包括以下几种含义：（1）经济的可持续性。对于贫困人口的生计来说，经济的可持续性等同于基本福利水平的维持和满足。（2）环境的可持续性。环境资源既能够维持当下的生计要求，又不妨碍后人的永续利用。（3）制度的可持续性。即社会主导机构和运作机制能够有能力、持续地发挥功效。（4）社会的可持续性。整个社会对弱势群体的排斥和社会歧视降到最低，并力争最大程度地实现社会平等。可持续性是最重要的目标之一，并且可持续性发展的过程是可以评估的，但是达到完全的可持续性发展确实很难实现。

3. 突出发展能力

可持续生计的定义中不仅包括有形资产，还包括个人的知识、技能、社会关系和决策能力等。换句话说，生计的持续性就是通过统筹利用各类生计资本，选择生计策略，从而获得持续发展的能力。这种持续性包括抵御风险的能力、恢复生计的能力、公平性得到保证的能力等，它取决于各类生计资本在特定生计策略下应对自然的、社会的、经济的、政治的等多种风险时获得的积累情况。

（三）可持续生计分析框架

在众多的生计分析框架中，英国国际发展署（DIFD）研究制定出来的可持续生计分析框架应用最为广泛，它用二维平面图来展示生计构成的核心要素以及要素间的结构关系（见图 1-1）。

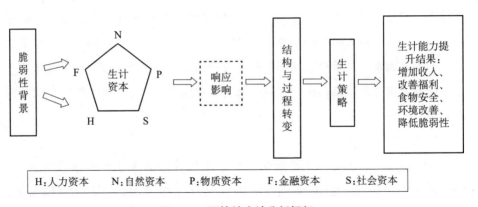

H：人力资本　　N：自然资本　　P：物质资本　　F：金融资本　　S：社会资本

图 1-1　可持续生计分析框架

资料来源：DFID. Sustainable livelihoods guidance sheets［M］. London：Department for International Development，2000.

可持续生计分析框架包括的五个部分及其具体含义如下。

1. 脆弱性背景或风险环境

该环境主要由社会经济、政治、人口、自然环境、气候等因素的历史趋势决定，而且这些因素是难以控制的。在短期或中期，个人或小群体要直接改变它，几乎无能为力。脆弱性背景/风险环境主要包括三方面的内容：外部冲击（人体健康状况、自然环境状况、经济波动状况、社会动荡状况、农作物/牲畜健康状况等）、周期性因素（生产的周期性、价格的周期性、健康的周期性、就业机会的周期性等）以及发展趋势因素（资源变化趋势、人口变化趋势、国际/国内经济发展趋势、国际/国内政治变化趋势、科学技术的发展趋势等）。

2. 生计资本

斯库恩斯（Scoones，1998）将生计资本划分成四个部分，即自然资本、金融资本、人力资本和社会资本。但 DIFD 生计分析框架中又把斯库恩斯的金融资本细分为金融资本和物质资本，即包括五个部分：自然资本、金融资本、物质资本、人力资本和社会资本。图 1 - 2 中的五边形直观地显示了人们所拥有的资产类型。

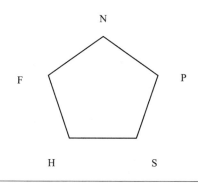

| H：人力资本 | N：自然资本 | P：物质资本 | F：金融资本 | S：社会资本 |

图 1 - 2 生计资本五边形

生计资本五边形是可持续性生计分析框架的核心，它不仅能够体现生计资本状况，还能生动地揭示多种资产类型的内在联系以及它们的组合状况。人们的资产禀赋状况是不断改变的，因此五边形也不断地变化，如图 1 - 3 所示。

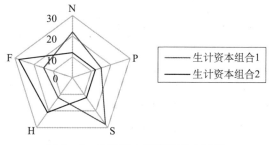

图 1 - 3 生计资本的不同组合示例

生计资本作为可持续生计分析框架的核心，与其他要素的关系密不可分。首先，是生计资本与脆弱性背景/风险环境的关系：生计资本既能被脆弱性背景/风险环境破坏，又能被它们创造。其次，是生计资本与组织结构及制度的关系：第一，组织结构及制度能够创造生计资本，比如政府的基础设施投资政策能带来物质资本、人力资本以及社会资本的增加；第二，组织结构及制度决定生计资本的获取方式，例如，在我国土地属于国有资产，农民只有承包经营权，但可以通过土地流转的方式转出这一权利，这一制度决定了农民对土地这一物质资本的获取方式只有承包租赁或者土地流转；第三，组织结构及制度影响生计资本的积累，比如政府通过税收等手段调节农村产业结构。再次，是生计资本与生计策略的关系：一般情况下生计资本拥有量越大，生计策略的选择范围也越大、越灵活。最后，是生计资本与生计结果的关系：个体的脱贫能力与其所拥有的生计资本有关，换句话说，生计资本从根本上决定了最后的生计结果，生计资本是人们改善生计状况、完成生计目标的"本钱"。

3. 制度环境

制度环境既能促进可持续生计的发展，也能阻碍其发展，这也是制度建设的关键所在。一般情况下，我们把制度环境分为政策、机构和过程。其中，政策包括国家政策、地方性政策、非政府组织的政策等；机构包括立法机构、司法机构、执行机构、事业单位/非政府组织、民间组织、法律机构、金融机构、政党、商业企业等；过程包括游戏规则、决策过程、社会规范、乡风民俗、社会性别、等级制度等。

4. 生计策略

所谓生计策略，就是生计资本组合和应用的方法，是个体依靠其拥有的生计资本要素选择参与一系列不同的生计活动的组合。由于我国小农经济属性，农户为了获取最佳收益通常会采用多样化的生计策略，以防范未来不确定性的冲击，比如他们经常选择几类不完全相关的活动来使风险最小化。

5. 生计结果

所谓生计结果，就是在自身拥有生计资本的基础上，选择一系列生计策略产生的效果或结果，包括收入是否增加、福利是否改善、食物是否安全、环境是否改善、生计脆弱性是否降低等。需要注意的是，生计结果可能是可持续性的，也有可能是不可持续性的。

（四）可持续生计理论在本书中的适用性

1. 可持续生计理论实现了重点模块与复杂因素的综合分析

从前面的阐述可以看到，可持续生计分析框架的五个部分既相互影响，又独立存在；既能够针对重点问题进行模块化处理和分析，进行重点突破，又能进行系统的综合分析。这一点恰恰与乡村旅游发展问题的复杂性不谋而合，在研究乡村旅游发展时也需要考虑多种因素共同对其产生的影响。

2. 可持续生计理论提供了一种关于生计发展的思维方式

第一，该理论确认了可持续生计对人们的多种影响，并且它的适用范围不限于任何行业、任何领域，也不受研究对象的地理区域限制；第二，该理论确认了可持续生计的多方参与者（从国家到地方，再到社区和个人层面）；第三，该理论强调了制度、组织机构、规则对生计的影响，并且人们会采取多样化的生计策略来改善生计结果。总之，可持续生计理论试图去理解，究竟是哪些因素影响了人们的生计？为了获得更好的生计结果，要如何调整这些影响因素？

3. 可持续生计理论注重研究的动态性

与可持续生计有关的各种因素总是处在不断变化之中。可持续生计理论力求理解这些变化的原因并从中找到规律，从而能支持那些积极的变化模式，减缓那些消极的变化模式。从可持续生计分析框架中可以看出，自然灾害、社会政治经济动荡等外界干扰都会对生计产生不同程度的影响。我们必须对研究对象进行长期细致的调查，才能揭示各种动态因素之间的复杂关系。

4. 可持续生计理论建立在发展能力的基础上

对可持续生计的分析要紧紧围绕研究对象展开，强调对每一个成员的内在潜力，而不是要过分依赖于社区中某些能力较强的个体，这些潜力可以是人们强大的社会网络、丰富的物质资源或者可利用的基础设施等。可持续生计的研究目标就是要找到这些潜在能力的制约因素，然后力争最大限度地降低这些制约因素的影响，帮助人们获得更强大的发展能力，从而更好地实现其生计目标。

本书将可持续生计理论运用到乡村旅游内生发展的研究中，从农户可持续生计视角揭示乡村旅游究竟如何影响当地农户的生计，以及如何调节这些影响因素才能提高农户的可持续生计能力。

二、内生发展理论

内生发展（endogenous development），也称作内生型发展或内生式发展，是相对于外生发展或外源发展（exogenous development）而言的，它是一种自我导向的、自下而上的发展模式，可以比外生发展创造更多的就业机会，同时又能对环境保护、资源利用效率、当地的传统文化产生积极影响。换句话说，内生发展既能产生经济效益，又能兼顾环境效益、社会效益。但内生发展又不是封闭的，它一定与外部世界有联系，它只是强调区域发展不受外部因素控制，拥有自主权。

（一）内生发展理论提出的背景

第二次世界大战以后，世界经济格局呈现两极分化趋势。一方面，大都市的经济和生活环境迅速得到改善；另一方面，传统乡村地区日益落后，经济发展几乎停滞，同时伴随着生态破坏、传统文化丧失等，农民生活质量受到威胁。这种日益明显的两极分化现象成为社会贫富阶层矛盾的根源所在，为了解决这个问题，外生发展或外源型发展被引入乡村地区，即由外来企业或政府来主导地区开发。这一模式起源于美国和西欧，曾一度主导了这些国家的发展模式，它以经济增长为首要目标，特色是持续的工业化和现代化，采取的措施有：使用财政手段（如低息贷款和减免税收）、基础设施（如修路、修建通设施）吸引产业入乡村，以增加农村就业机会；通过土地改革和农地重划等手段改善乡村结构，以达到稳定农村社会环境和提高土地生产力的目的；通过引进新的生产技术（如新品种、新肥料、新设备）来提高农业生产效率。然而，外生发展不仅会导致发展区域丧失其原有的经济和文化的独立性，还严重破坏了当地的生态环境和资源再生产能力。随着后现代主义哲学思想被引入乡村研究，相关学者和政府纷纷认识到，外生发展过度简化了乡村社会、经济、文化的多样性，忽略了社会公平、生态保护及文化保存。乡村发展逐渐由一味追求经济增长的外生发展转向以人为本的内生发展，内生发展理论由此展开。

（二）内生发展理论的内涵

1. 最终的目的是培养内部生长能力

引导地方发展摆脱对外界资本的依赖、激发区域内部的成长能力、使本地人重新回归到主导自身发展的主人翁位置上，这是内生发展的最终目的。内生发展追求的是人的基本权利的实现和全面发展，摒弃了原来一味追求经济增长的评价标准，将社会、生态和文化指标都纳入考察乡村发展的体系，同时保持传统文化在乡村发展中的重要影响。换句话说，内生发展目标更接近于一种能力的培养，乡村地区只有具备了内在的、自发的生长能力，才能真正实现可持续发展。

2. 最好的途径是以当地居民作为地区开发主体

20 世纪的"城乡二元对立"（ rural urban dichotomy）的观点在当代饱受质疑和批判。几十年以来，为了支持城市发展，中国乡村做出了巨大牺牲。事实上，乡村和城市之间应该是一种互相合作、协调发展的关系。近年来，我国乡村地区流行的外生发展确实在一定程度上改善了农民的生产生活条件，但是也带来两个问题：第一，外来企业的"抽血机制"造成了绝大部分的发展成果外流，当地农民只能够得到很小一部分收益，有失公平；第二，以牺牲环境为代价的经济发展严重破坏了当地生态环境，威胁到农民生活。所以，从某种意义上说，农民的经济水平提高了，而整体生活水平却降低了。当下采取的内生发展策略认为，当地居民对于本地更熟悉，更能维护本地利益，应该让当地居民成为农村地区开发的主体。但这并不意味着乡村将脱离城市发展，恰恰相反，乡村可以积极引进外部的资金和技术，只要保证开发主体仍然是当地居民即可。

3. 必需的措施是建立有效的基层组织

"内生"包含着"自下而上""参与""基层"这些词汇的含义，内生发展是一种"自下而上"的发展模式，而不是自上而下依靠行政命令推行的嵌入式发展。内生发展的实施不仅需要指导理念的变化，还需要基层组织的推动。因为过高的管理成本和低下的效率，传统的自上而下的中央集权式组织模式已经不能满足地方高效的发展需求，亟待建立行之有效的基层组织来推动区域内生发展。

（三）内生发展理论的目标与主要内容

1. 目标

内生发展的目标是全面实现包括经济效益、社会效益、环境效益在内的综合效益，达到经济、社会、环境三者的良性循环。让本地人成为这三大效益的最大受益者，最终达到人的全面发展（胡晓登，2010）；反过来，人的全面发展又有利于资源的科学利用，进而为综合效益的实现提供保障，如图 1 - 4 所示。

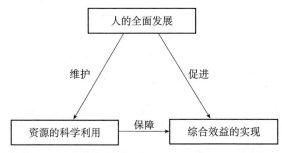

图 1 - 4　内生发展理论中人、资源和效益三者关系

2. 主要内容

根据内生发展的目标，内生发展需要解决三个问题：第一，如何使当地居民成为当地发展的主体；第二，如何科学利用本地资源（但不拒绝外部资源）找到适合本地的发展道路；第三，如何使经济、社会、生态等全面综合效益得到协调发展（陈健，2012）。据此，内生发展的主要内容可以归纳为内生发展力量、资源科学利用和效益协调发展等，如图 1 - 5 所示（向延平，2013）。

首先，一个区域的内生发展离不开当地政府、企业、社区组织以及居民的支持和参与，必须尊重他们的思想，激发他们的创造能力，鼓励他们充分参与，这样当地才能实现内生发展。其次，科学利用包括人力资源、自然资源、文化资源、资金等在内的本地资源，同时注意保护生态环境和传统文化，这两者是区域内生发展的必不可少的基础资源，因为区域内生发展路径的形成需要依托本地资源状况，挖掘资源潜能，培育区域发展竞争力。最后，内生发展并不是单纯追求经济发展，也不是不顾经济发展，而是寻求经济、社会和生态环境效益综合协调发展。

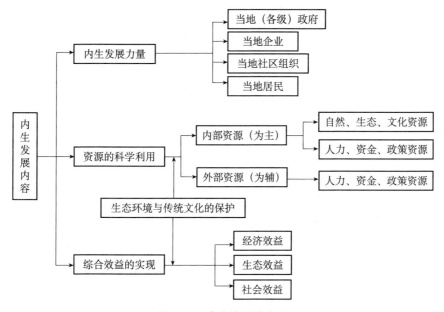

图1-5 内生发展的内容

资料来源：向延平. 区域内生发展：一个理论框架［J］. 商业经济与管理，2013（6）：86-91.

（四）内生发展理论在本书中的适用性

1. 内生发展理论重点强调区域本身

内生发展理论是总结和反思地区发展经验教训的研究成果，它的发展重心在于区域本身，注重区域内部的自我发展与调适。乡村旅游作为发展农业和农村经济的主要内容，属于农村区域发展问题，并且作为一项发展多年的产业，乡村旅游拥有一套自己的产业系统。因此，内生发展理论可以为乡村旅游发展提供理论支撑和实践指导，并且有助于阐明乡村旅游发展系统内部各要素之间的作用机制以及乡村旅游发展对当地农户生计产生的具体影响。

2. 乡村旅游内生发展体现了自组织演化过程

从我国很多地区的乡村旅游的发展历程来看，村内能人、基层组织、合作社、村企在乡村旅游的发展中发挥着重要作用，而其自身也处于不断演化发展中。这些地方基本上是以有效的基层组织重建为先导，进行产业重塑，注重内部资源的整合，侧重于激发内部发展动力，主动适应外界变化并适当借助外力，推动当地乡村旅游的可持续发展，促进当地农民的持续增收和生计改善。

3. 内生发展是乡村旅游稳定持续发展的有效途径之一

乡村旅游发展系统具有自组织性，这一特点决定了乡村旅游的发展重心应当放在内部整合上，这是乡村旅游适合内生发展的重要依据。但是，乡村旅游内生发展并不意味着拒绝一切外来资源，相反，内部力量的有效整合恰恰能使外部动力的利用效率达到最大化。所以，乡村旅游发展中要注重整合系统内部要素，诱发内部要素产生竞争和协同，使内外因素达到相互耦合的状态，从而更有效地推动乡村旅游健康发展，并且使发展成果最大限度地惠及当地农民。

第二节　文献综述

20 世纪 80 年代开始，国内外学者对可持续生计进行了诸多研究，可持续生计理论的应用也从原来单纯的数据计算，拓展到管理措施层面，政策建议也越来越制度化，相应涌现了大量的文献。这些成果不但为以后人们探究摆脱贫困问题、生计项目建设等问题奠定了基础，也为本书提供了新的研究视角和思路。纵观国内外相关领域的学术研究成果，主要集中在以下几个方面。

一、乡村旅游研究综述

（一）研究现状

1. 概念及内涵

乡村旅游理论体系构建这一议题是学者最主要的关注点之一。"乡村旅游"在英语中有两种可以互相替代的名称：rural tourism（乡村旅游）和 agritourism（农业旅游）。在东亚和东南亚国家和地区，乡村旅游又称作"农业观光旅游"。然而，学者迪根和狄宁等几乎都将乡村旅游（rural tourism）、农庄旅游（farm tourism）、农业旅游（agritourism）几种提法不加区分，相互替代。我国台湾学者（边瑞芬、孙树根、蔡宏进等）借鉴农业旅游（agritourism）的概念，将乡村旅游等同于"休闲农业"。在乡村旅游的概念方面具有代表性的观点还有：马波（1996）从旅游客体角度提出，乡村旅游是一种以乡村社区为活动场所，以乡村独特的生产、生活形态和田园风光为客体的旅游类型；杜江等（1999）对乡村旅游的定义侧重旅游市场与旅游目的，认为乡村旅游是以都市居民为目标市场、以乡野农村的风光和活动为吸引物、以满足旅游者求知及娱乐和回归自然等需求为目的的一种旅游方式。在2004年的乡村旅游国际论坛上，专家们比较一致地认为我国的乡村旅游至少应包含三个特点：以独具特色的乡村民俗文化为基础、以农民为经营主体、以城市居民为主要消费群体。

2. 发展动因

19世纪中期，法国贵族定期到乡下农庄度假是最早的乡村旅游，这种贵族传统后来在欧洲一些国家形成普遍趋势。国外学者将乡村旅游的动因分为两种：第一，经济动因。20世纪50年代，欧美采矿业和农业的衰落导致了乡村经济衰退和失业率的提高，迫使一些国家政府开始重视和农业相关的旅游活动。例如塞浦路斯当时把发展乡村旅游作为一种经济重建的重要措施（Dernoi et al.，1991；Hanniganj，1994；Mcgehee et al.，2004）；意大利制定政策保障乡村旅游发展。乡村旅游的良好发展态势被认为是乡村经济发展和复兴的有效催化剂（Martin，1996；Sharply，2002）。第二，社会文化动因。彼得·梅森（Peter Mason，2000）认为，乡村旅游地居民对旅游业的正面感知能增进公民自豪感、强化乡村居民地域文化特性。意大利托斯卡纳区旅游委员会的报告显示，乡村旅游极大地促进了休闲文化在全国范围内的传播，为全国人民提供了丰富的休闲活动内容和场所。

国内学者则认为，我国乡村旅游的发展是由需求、政府、利益、资源等因素共同驱动的。第一，需求驱动。城乡差别扩大是乡村旅游发展的基础和原动力（杜江等，1999；邹统钎，2006）。从心理学角度讲，我国大部分城市居民的乡土情结是促成他们去乡村旅游的动力之一（黄洁，2003；刘玲，2017），他们多数早年都对农村生活较为熟悉甚至有农村生活经历，这种经历使他们想再一次走进乡村来纾解自己的乡土情结；此外，乡村的自然和人文环境能够满足人放松心情与探新求异的需求，能够激发旅游动机的产生（邱萍等，2007）。第二，政府驱动。乡村旅游作为我国又一重要发展战略，不仅是旅游业的重要部分，更是解决"三农"问题的重要抓手。为鼓励乡村旅游发展，我国政府先后四次推出以"乡村旅游为主题"的旅游年。[①] 第三,利益驱动。王娜等(2006)指出,经营乡村旅游成为农民除田地收入外的一个新的收入增长点,有助于满足他们对更高水平生活的追求;刘涛等(2010)将乡村旅游发展的动力分为内、外两个方面,其中主要受内部增收目标和就业需求所驱动。第四,资源驱动。具有农业活动印记的、与城市环境异质的乡村自然和人文景观,即"乡村性"或"活态的乡村生活",是乡村旅游的主要吸引物(段兆雯,2012)。童俊(2017)发现,交通枢纽和景区是上海市农业旅游发展的直接驱动因素;杨洋等(2011)通过实证分析也得到乡村旅游发展中"资源内生动力"的结论;黄炜等(2017)认为供给系统是乡村旅游发展动力的核心引擎。

3. 发展模式

根据不同的研究视角与分类标准,学者们将乡村旅游发展模式分为不同类型。依据开发主体不同,分为外生发展模式(政府/外来企业主导)和内生发展模式(社区/农户主导),其中内生发展模式又可分为基层组织主导模式、专业合作社模式和股份制运营模式(周永广,2009;蔡碧凡等,2013;杨荣彬等,2015)。郭焕成(2010)依据产品特点将中国乡村旅游发展模式归纳为7种:田园农业旅游模式、民俗风情旅游模式、农家乐旅游模式、村落乡镇旅游模式、休闲度假旅游模式、科普及教育旅游模式、回归自然旅游模式。张树民(2012)在概述乡村旅游系统理论的基础上,按照乡村旅游驱动因素归纳了我国乡村旅游的发展模式,即供给推动型模式、需求拉动型模式、支持作用型模式、中介影响型模式和混合驱动型模式。孙华平等(2013)提出了基于家庭农场的订单旅游发展模式,是对上述乡村旅游发展模式的思想超越。张炜(2016)总结了"慢城理念"下发达国家的乡村旅游发展模式:个体农庄模式、集体营销模式、"政府+旅游公司+农村旅游协会+旅行社"模式。

4. 发展效应

乡村旅游是农村经济发展的新增长点,直接关系到农民生活质量的改善和本地就业水平的提升。统计数据显示,意大利乡村旅游企业每年营业总额达数

---

① 1998年的"华夏城乡游"、2004年的"中国百姓生活游"、2006年的"中国乡村旅游年"和2007年的"中国和谐城乡游"。

亿美元；西班牙的乡村旅游发展数据证明现代乡村旅游有力地推动了其农村地区的社会经济发展；以色列的乡村旅游开发使旅游业成为该国农村地区经济发展的主要动力之一。"十二五"以来，乡村旅游已带动了我国10%以上贫困人口脱贫。2017年全国乡村旅游人数达25亿人次，旅游消费总额超过1.4万亿元，乡村旅游成为扶贫和富民新渠道。[①] 新冠肺炎疫情之下，远途旅行受影响，近距离的乡村旅游因为交通方便、亲近自然、绿色健康成为热门"打卡地"。乡村旅游从"小生意"发展为"大产业"，正在展露出其引领乡村经济发展大任的雏形。

乡村旅游农村社会文化的影响是多方面的，既有积极影响，也有消极影响。积极影响主要有延伸农村产业链条、提供就业机会、增加劳动收入、促进文化交流几个方面，消极影响主要涉及物价上升、乡村原真性破坏、公地悲剧、过度商业化等（王瑷，2010）。此外，乡村旅游社区的形成演化对于农村地区的女性地位影响明显（陶长江等，2014）。佩吉（Peggy，2005）认为，性别因素对推动乡村旅游发展作用明显，女性逐渐成为乡村旅游的主要参与者（Nilsson，2002），一定程度上实现了男女平等（罗文斌等，2017），甚至出现了很多乡村旅游社区的妇女精英（张丽，2014；朱璇，2012）。除此之外，乡村旅游产生的土地流转问题（麦克默里，1930；沈刚，2007；郭凌，2009；王德刚等，2010；吴冠岑等，2013）、乡村旅游引发的民生问题（盛蕾，2014）、乡村旅游发展中的利益相关者（Ryan，2002；Sheehan et al.，2005）、乡村旅游的时空演化（田东娜，2014；刘传喜等，2015；邰鹏飞，席建超，2016；黄泰，2016；2017；麻学锋，2018）、民族地区的乡村旅游发展（杨军昌，2018）、乡村旅游的可持续发展（赵承华，2018）、全域旅游视角下的乡村旅游发展（唐烨，2017）等都是乡村旅游发展产生的效应问题。

乡村旅游的发展效应研究一直是旅游经济与管理学的研究重点。刘传喜等（2015）选取杭州乡村旅游点作为基本单位，根据乡村旅游点空间信息数据及调研统计数据，采用ArcGIS软件的核密度分析法（kernel density）处理数据，探究杭州乡村旅游产业集聚效应。陈佳等（2017）在可持续生计框架和旅游效应理论的基础上，系统分析旅游开发模式对农户生计变化和社区的影响，并

① 人民网.2018年全国旅游工作会议，http://travel.people.com.cn/GB/139035/416187/index.html.

通过逻辑回归模型评价了三种类型旅游开发模式所产生的效应。王耀斌等（2018）以贫困户家庭为研究对象，应用双重差分模型估计方法研究了甘肃省甘南藏族自治州扎尕那村的乡村旅游精准扶贫效应问题。刘杨星（2018）以典型的民族贫困地区四川阿坝藏族羌族自治州为研究区域，分析阿坝州的致贫原因，探索西部民族地区乡村旅游扶贫机理及路径选择。熊正贤（2018）通过对武陵地区 18 个乡村旅游地的调查研究，发现乡村旅游会产生富民和减贫效应，但乡村旅游开发过程中弱者的增收空间有限，并且对社区的生态空间和文化空间存在挤出效应。

5. 新农村建设、新型城镇化及乡村振兴背景下的乡村旅游

自 2005 年实施社会主义新农村建设以来，新农村建设背景下的乡村旅游发展问题持续被学者关注，研究内容主要包括新农村建设和乡村旅游的互动关系、乡村旅游的开发模式、新农村建设与乡村旅游两者的耦合机理和操作方案（罗明义，2007；邹统钎，2008；郭剑英，2008）。

除此之外，我国乡村旅游还担负着推进城镇化的重任。蒙睿等（2002）认为，我国西部地区乡村旅游开发与区域城镇化进程之间相互促进，一方面乡村旅游的发展促进了当地城镇化的进程，另一方面城镇化的进程又为发展乡村旅游发展开拓了更大空间。李莺莉等（2015）提出，新型城镇化背景下，我国乡村旅游面临以生态经济和谐发展为核心、环保技术为支撑、旅游特色城镇建设为途径的生态化转型。乡村旅游生态化能够有效地促进新型城镇化，助推新型旅游小城镇的形成（王琴梅等，2017）。卢杰等（2017）提出乡村文化旅游综合体的概念，认为它是乡村旅游转型升级的高级模式，也是探索我国新型城镇化发展的一条新出路。黄震方等（2015）审视和反思新型城镇化背景下的乡村旅游面临的问题，提出要重点关注新型城镇化对乡村旅游的影响与互动机制、新型城镇化背景下的乡村旅游特性、乡村旅游文化与乡愁记忆的恢复与重构、乡村旅游产品开发与产业融合创新、乡村旅游运营管理与政策制度创新等问题。

乡村旅游产业融合生产、生活和生态功能的特性决定了其天然具有乡村振兴的"基因"。刘栋子（2017）在乡村振兴背景下提出了"全域乡村旅游"概念，运用专家咨询法构建全域乡村旅游综合评价指标体系，采用层次分析法确定指标权重，以期为全域乡村旅游的建设评价提供依据。朱建江（2017）以上海市为例，厘清了乡村振兴与乡村旅游发展的关系。杨瑜婷（2018）探讨了乡村振兴战略背景下，乡村旅游资源开发路径演化及合作策略选择的相关因素问题。舒伯阳等（2018）指出，乡村旅游正是开启乡村振兴之门的一把金钥匙。

（二）研究述评

就研究方法而言，乡村旅游研究近些年以实证研究居多，如结构方程模型、因子分析、数理统计、聚类分析等；就研究视角而言，不再局限于旅游学单一理论，而是与社会学、心理学、统计学、人类学等学科交叉研究。其中，（1）旅游学科基础理论的讨论以国外学者居多，且起步较早，国内学者大多数在前人理论的基础上更多地关注乡村旅游的应用研究；（2）国外关于乡村旅游的研究大多视角较新并且问题分析透彻；（3）国内不管是在乡村旅游理论还是实践都处于发展阶段，但近年来数量增加很快，研究内容上得到了一定扩展；（4）对乡村旅游中的土地问题研究较少，而土地问题对乡村旅游的发展非常关键；（5）对乡村旅游的内生发展研究较少；（6）基于农户可持续生计能力提升的乡村旅游研究较少。

乡村旅游基础理论方面的研究已经日趋规范，但学术界对"乡村旅游"仍有着各自不同的定义，但从本质上讲，多数学者都赞同"地域性""乡村性"为乡村旅游的必要条件，大都肯定乡村旅游活动发生在乡村地区；而"乡村性"则是一个相对于"城市化"的抽象概念，其载体有村容村貌、农业景观和乡村文化等。随着城镇化进程的不断推进，原有的城乡二元经济结构和城乡分隔状态逐渐被打破，尤其是大都市周边的乡村表现更明显，并且功能定位和产业结构日益多元化，处于社会经济转型期。所以，目前仅从行政区划、土地利用或者产业结构角度来定义乡村并不准确，应该用"乡村性"的强弱来界定乡村。结合我国乡村特点及前人研究成果，本书定义乡村旅游为"以乡村地区为活动场所，利用乡村独特的生产生活场景、田园景观、自然环境、民俗文化、农耕文化等有形资源和无形资源，为游客提供观光、体验、休闲、娱乐、度假等活动的一种旅游形态，它既包括观光农业游、乡村休闲度假游，又包括民俗文化风情游和乡村自然生态游，是一种兼具区域性和综合性的旅游类型"。

二、可持续生计研究综述

(一) 研究现状

1. 理论发展

辞海中对"生计"的解释是"谋生的方法",即为了生存和生活而采取的手段和方式。"生计"比"工作"或者"职业"更能描绘穷人生存的复杂性。从科学研究的逻辑来讲,可持续生计研究的起点是生计的概念化。近 20 年来,许多研究贫困和农村发展的学者都对生计内涵界定作了进一步探讨,而生计与可持续生计概念的厘清一直是个不间断的过程。由于研究目标和兴趣的不同,学者们对生计与可持续生计的概念界定也存在差异。但目前被大多数学者采纳的定义是钱伯斯(Chambers)和康韦(Conway)在 1992 年提出的:生计是谋生的方式,这种方式建立在能力(capabilities)、资产(assets)和活动(activities)的基础之上。这个概念的最大价值在于,它侧重资产与实践选择的关系,并在此基础上创造目标收入的不同行动。森(Sen, 1997)把这种能力看作是人能够生存和做事的功能。换句话说,人具有社会属性和自然属性,应该拥有健康身体,还应该获得一定的经济和社会地位。在这一定义的基础上,钱伯斯和康韦概括了生计能力的几种表现形式:在特定生存背景下,个人处理冲击和胁迫的能力以及发现和利用机会的能力,并且这种能力不是被动的,它会随着外界变化而主动适应。斯库恩斯(1998)强调生计的可持续性,他认为生计是由生活所需要的能力、资产(物资资源和社会资源)以及行动组成。埃利斯(Ellis, 2000)认为,生计包括资本(自然资本、物质资本、人力资本、金融资本和社会资本)、行动和获得这些权利(受到制度、政策以及社会关系的调节),而这些决定了农户的生活水平。

20 世纪 80 年代末,世界环境与发展委员会(WCED)首次提出"可持续生计"概念;随后,钱伯斯和康韦(1992)对可持续生计思想进行了明确阐述;1995 年,社会发展世界峰会上通过的《哥本哈根宣言》对于"可持续生计"给予了新的解释;辛格和吉尔曼(Naresh Singh and Jonathaw Gilman, 2000)在其著作《让生计可持续》里提到,可持续生计是一种以人为中心的、缓解贫困的建设性方案。英国国际发展署(2000)基于森和钱伯斯解决贫困的理论和"资本—能力"理论提出，可持续生计是家庭或者个人为保持良好的生活状态利用所拥有的资产、谋生能力去创造收入的一系列活动。

可持续生计理论研究成果的日趋丰富，也带动了可持续生计分析框架的研究。联合国开发计划署（UNDP）、英国国际发展署（DFID）以及国际反贫困人道主义组织（CARE）分别开发的三种可持续生计分析框架影响较大（苏芳、徐中民、尚海洋，2009）。联合国开发计划署提出可持续生计分析框架，其可持续生计分析框架中的资本包括有形资源和无形资源，有形资源包含自然生态资源、人力资源、物质资源和经济资源，无形资源包含社会资源和政治资源。目前应用最广的可持续生计分析框架是英国国际发展署开发的可持续生计分析框架 SLA。该框架由生计脆弱性、生计资产、生计策略、制度转变和生计结果五个部分组成，揭示了一个理解贫困的框架，也指出了根除贫困的潜在机会，指导人们如何利用自己的资产、权利以及可能的策略去达到某种生计目标的途径。国际反贫困人道主义组织的可持续生计分析框架以农户家庭作为分析单元，关注家庭内部的性别和生育关系，分析儿童、妇女、男性和老人在社会中的作用，强调农户能够直接控制的资源（家庭资产）与在社区中通过成员资格所确定的资源（公共资产）之间是有差别的。

2. 应用研究

作为一种能够找到农户生计脆弱原因并提供解决方案的建设性工具（Roberts、杨国安，2003），可持续生计方法引起了联合国开发计划署（UNDP）、联合国粮农组织（FAO）、牛津饥荒救济委员会（Oxfam）、英国国际发展署（DFID）与美国援外合作署（CARE）的兴趣，它们将其视为"一种更好理解生计复杂性并能够识别干预措施的方法"（Farrington，2001），广泛地应用于扶贫开发和生计项目建设中，为可持续生计理论带来了实践经验，使其日益成熟。近年来，可持续生计方法被广泛应用于生计的空间分异、生计脆弱性、土地变化、气候变化、冲突与灾难的响应等研究领域，总体以实证研究居多，理论研究较少。

（1）生计的空间分异研究。生计的空间分异主要表现在生计资产、生计方式、生计风险、生计安全及生计脆弱性等方面（赵雪雁，2017）。已有大量研究采用主成分分析法、离差最大化法、专家咨询法、层次分析法等方法测算了生计资本，并利用 GIS 技术与空间自相关分析法剖析了生计资本的空间分布特征，发现生计资本存在显著的空间分异（赵雪雁，2011）。何仁伟等（2014）指出，生计的空间分异与人口分布、经济发展水平、交通通达性、地形起伏度有较强的相关性。一般情况下，海拔越高生计资产越低（李广东等，2012）；受地形、区位等因素的影响，生计脆弱性则存在海拔越高生计越脆弱（阎建忠，2011），越到干旱区内陆河下游生计越脆弱（谭灵芝，2012）。生计策略则是随着距市中心的距离以及海拔高度的增加，农户的生计多样化水平以及非农化水平均趋于降低（阎建忠，2009；李广东，2012）。

（2）生计的脆弱性评估。全球化进程加剧了很多国家和地区的生计脆弱性。目前已开发出来的生计脆弱性评价方法有利益相关者评价法、指标评价法、模型评价法等多种（赵雪雁等，2016）。其中，利益相关者评价法注重受影响的个人和群体的感知，主要利用认知地图、实地调查、访谈等工具收集信息来分析生计脆弱性；模型评价法则侧重生计脆弱性的具体驱动力，利用心理模型、生物物理与社会经济模型方法等评价生计脆弱性；指标评价法侧重于研究生计脆弱性的成因及其表现，通过选取评价指标并确定权重来计算生计脆弱性指数。

（3）生计与土地利用。农户生计与土地利用的研究大致可分为两类：一类关注农户生计转型对土地利用的影响，侧重于揭示农户生计演变与土地流转、土地利用效率、耕地利用模式、居民点用地模式等方面的关系（阎建忠等，2010；陈秧分，2012；熊正贤，2018）；另一类则集中在农户生计对土地利用的响应方面，重点剖析农户生计对土地流转、土地退化、土地利用集约度变化、土地用途变更等方面的响应（王成超等，2011；王新歌，2017）。研究的案例地主要集中在贫困地区和生态脆弱区，近年来也有一些学者开始研究大都市郊区因其土地利用变化给农户生计带来的影响。其中，国外案例地主要集中在坦桑尼亚、南非、斯里兰卡、埃塞俄比亚、老挝等国家，国内案例地主要在农户生计比较困难的青藏高原、内蒙古高原、三峡库区、西部山区（胡蓉，2016）。

（4）生计与气候变化。恶劣的气候条件已经成为贫困山区、高原地区农户的负担，不仅限制了他们获取生计资本的能力，也缩小了他们谋生活动的范围，加剧了农户的生计风险和脆弱性（Rodima et al.，2012；张钦等，2016）。

然而，农户对气候变化影响的感知不如研究预期深刻，他们对气候变化的生计适应趋于多样化（祁新华等，2017）。为了厘清气候变化对农户生计的影响及其差异，瑞德等（Reed et al.，2013）将可持续生计分析框架和生态系统服务框架结合起来建立集成框架来诊断气候变化对生计的影响，旨在寻找干预点和适应方案，降低气候对农户生计的负面影响。

（5）生计与生态环境。生计与生态环境的研究集中在两方面：第一，生计活动是否维持、加强或者耗尽自然资源。尤其是在发展中国家，贫困户的生计选择往往对所在的生态环境有强烈的依赖性（Kemkes，2015），开发利用有限的环境资源成为低收入农村家庭的一种重要生计手段（Naidu，2011）。但是，过度开发环境资源的生计活动带来了难以恢复的生态环境退化，使农户又一次陷入贫困状态（Wang et al.，2011），最后，在没有环境资源开发或者是环境恶化到不适宜生存时，就会引发环境移民（Morrissey，2013）。为了更好地剖析生计与生态环境之间的关系，比格斯等（Biggs et al.，2015）将生计框架与"水—能源—粮食"关系框架结合起来，建立了环境生计安全分析框架。第二，生态补偿对生计的影响。赵雪雁（2016）以甘南黄河水源补给区为案例地进行研究，发现生态补偿后农户的自然资本会减少，而其他生计资本则会增加。内田等（Uchida et al.，2010）指出，生态补偿引起的土地利用变化，在一定程度上增强了农户的流动性，促进了非农就业，提高了他们的生计多样化程度。

（二）研究述评

1. 理论发展方面

对于"生计"与"可持续生计"定义的研究需要注意的是，生计的概念和定义要素并不是一成不变的，生计中的资本既会积聚也会损耗，影响生计的制度和政策、社会和经济发展趋势等外部环境也能影响生计策略的选择。总之，生计会随着时间演进变化。国内对于生计与可持续生计的概念研究上与国外基本一致。国际国内对于可持续生计的研究大多采用英国国际发展署的 SLA 框架，都对该框架中的五个部分的内涵表示认同，但是近年来关于可持续生计分析框架的研究绝大多数都是应用，对框架本身的理论探讨少之又少。我们必须要正视的问题是，SLA 框架是西方国家的舶来品，是在西方国家的政治环境和制度中研究出来的，它能否直接拿来研究我们国家的农村问题，还需要进一步探讨和检验。本书结合中国国情、村情以及乡村旅游特点，在 SLA 框架的基础上，尝试构建一个适合研究中国乡村旅游地农户生计问题的分析框架。

2. 研究应用方面

第一，现有研究较少关注生计的动态性，对生计的演变过程与机制的研究非常有限，未能深入揭示生计组成要素对生计演变的作用，也缺乏对不同情境下生计演变的仿真模拟。第二，现有研究较少关注可持续生计在中国特色社会主义背景下的实现路径以及如何实现农村地区的产业融合，未来的研究需要把可持续生计思想与中国背景结合起来考虑。第三，现有研究较少关注多重冲击对生计的影响，未深入剖析多重压力之间的相互作用及其对生计的影响过程与机制。第四，缺乏针对可持续生计研究的新方法，目前的研究多采用参与式农村评估法、抽样调查法来收集信息，然后通过计量经济学方法处理数据，较少使用遥感技术（RS）、地理信息系统（GIS）、地理空间可视化技术等方法，一定程度上限制了数据获取的空间性。

三、内生发展研究综述

（一）研究现状

1. 理论发展

1971 年，联合国社会经济理事会针对不发达地区的项目开发提出的五点共识①，强调平等、自由和民主等内部因素对区域发展的影响，这即是内生发展理论的雏形。20 世纪 80 年代，联合国教科文组织、联合国大学深入探讨"内生发展"，包括"内生式"和"外生式"的对立。欧洲学者穆斯托、弗里德曼等在研究南欧乡村地区发展战略时，也不断丰富了内生发展理论，并重点强调乡村内生资源的充分利用与开发。20 世纪 90 年代，日本学术界展开了一场关于内生发展理论的反思，使学术界认清了乡村之间及乡村和城市之间的交

---

① 五点共识包括：社会大众应该平等地享受社会发展成果；引入居民参与项目开发过程；强化开发的具体行政手段；城乡统筹配置基础设施；环境保护要彻底。

流与合作对于实践内生发展的重要作用，同时也为后来日本自治体合并提供了理论基础。

关于内生发展的概念，比较具有代表性的观点有五个：范德·普洛格和朗（Vander Ploeg and Long，1997）认为，内生发展的最终目的是发掘本地在技能和资格方面的能力，需要一个能将各利益团体有效组织起来的机构来构建符合本地意愿的战略规划及资源分配机制。联合国《马德里宣言》（2000）提倡基于知识和内部能力的全球性发展能力，界定了内生发展的内涵，包括：新的社会合同（承认人是经济发展的推动者和受益者）、新的文化合同（预防文化的同质、保持文化的多元化和创造力）、新的自然合同/环境合同（采取措施来保护世界生态环境）、新的道德合同（确保落实构成个人和集体的行为守则的价值观和原则）。守友裕一（2000）认为，内生发展的概念包含四个特点：（1）内生发展的区域不依赖外来企业，它依据本地居民的意志和努力来谋求发展，只是在必要时才争取外来企业和资本的支持；（2）内生发展把关注点放在区域内部的供求关系上，尽可能地扩大区域内部增长空间，并以此为基础积极开拓外部市场；（3）内生发展从提高农户个体经营者能力入手，进而增强区域整体竞争力，同时，尽量使区域内部的产业性质相互关联，以保证内部供求顺利进行，这样也有利于形成自有品牌以及各产业附加值的提升。加罗福利（Garofoli，2004）认为，内生发展是一种本地层面的创新能力，它意味着一种转换社会经济系统的能力、应对外界挑战的能力，需要促进社会学习、引进符合本地特点的社会规则。

2. 概念辨析

（1）内生发展与外生发展。与外生发展比较而言，内生发展更加注重维护乡村利益和保护乡村环境。具体来说，两者有四点区别：一是从开发主体来讲，外生式开发以外来企业/资本和上级政府为主体，内生式开发则以当地居民、基层组织、专业合作社、当地企业以及非营利组织（NPO）和非政府组织（NGO）等为主体；二是从产业类型来看，内生发展和当地的产业密切关联，尽量在本区域内创造附加价值，而不是过度依赖外来的资本和中央政府的公共事业；三是从文化传承角度分析，外生发展中外来文化往往比较强势，会替代本地文化，最终导致本地文化系统单一，而内生发展则比较尊重本地传统文化，并尽力维持；；四是从受益主体来看，外生发展中的利润和税收大部分被外部企业或政府抽走，内生发展中的绝大部分发展成果则会留在本地，有助于当地居民福利的提高以及教育和文化的发展；五是从环保角度来讲，内生发展注重本地的生态环境质量及其持续发展能力，而外生发展首先考虑的是经济回报。

（2）内生发展与嵌入发展。所谓嵌入式发展，就是以中央政府为主体，以统制经济体制为支撑，以国有企业为主要组织形式，以财政转移支付为手段，以东部尤其是沿海地区为资金、人才、技术、设备等为来源地，以快速工业化为主要目标的"帮助型"发展方式。① 嵌入式发展所需的动力、目标的选择主要依赖外部，而不是区域内的自主发展；发展任务的提出往往不是地方主动选择的结果，而是带有政治任务的色彩。除此之外，嵌入式发展的主要特点还有：GDP 追求比东部地区更强烈、主要依靠粗放式的资源开发等。相比之下，第一，内生发展以各区域内劳动者为发展主体，虽然以中央政府为发展主体能在短期内汇集资源、集中力量、带动区域经济发展，但是从长远来看，这种区域内劳动者的非主体性往往会造成区域内劳动者的边缘化，这与区域经济的可持续发展思想是脱节甚至对立的；第二，内生发展以本地经济发展需要为出发点，而在嵌入型发展中，不发达地区沦为东部发达地区的原料产地，资源和利润大部分都流向其他地区，继而资源减少、环境被破坏，当地经济得不到可持续发展；第三，内生发展以区域外援为辅，中央政府投资重点从营利性行业和竞争性产业逐渐转向使本地劳动者优先受益的公共服务、从资本密集型产业转向劳动者素质技能的体改、从少数人受益转向多数人受益，以区域外援激发本地的自我发展动能。

（3）内生发展与内生增长。内生增长理论作为西方宏观经济学新近发展的理论分支，属于经济学理论，它的代表性观点包括三个方面：策略性互补和需求外溢模型、干中学和技术扩散模型、内生的技术进步与回报递增模型。该理论认为，内生的技术进步是经济实现持续增长的决定因素，政府实施的经济刺激政策对一国的经济增长具有重要影响但不是决定因素。实际上，"内生增长"和"内生发展"是两个不同的概念，它们有不同的发展主体，分属不同

---

① 杨思远. 从嵌入到内生——论社会转型条件下民族地区经济发展方式的特点与转变目标［M］. 北京：中国社会科学出版社，2016.

的研究领域，针对不同的现实背景，有着不同的强调重点：一是两者对发展主体的理解不同，内生发展的主体是"人"，而内生增长则把各种资本、技术、劳动力等要素作为经济发展的主体；二是就研究领域而言，内生发展适用于社会学、人类学、文化学及管理学，内生增长理论则适用于经济学；三是从现实背景来看，内生发展多发生在不发达地区，尤其是不发达的农村地区，内生增长则发生在由工业化向后工业化转化的发达地区；四是内生发展强调的是立足于本地的、持久的发展，而内生增长理论则强调内生技术进步是促进经济增长的根本动力。

3. 应用研究

内生发展被广泛应用于国际开发、经济学研究、社会学研究、农村发展问题研究等领域，结合本书主体——乡村旅游，这里只详细综述内生发展在农村发展中的应用。

（1）内生发展中的地域身份建构。身份在农村社会经济发展的领土方法中处于中心位置，可以将其概化为公民团体，是与其他人的不同的标志之一。地域身份建构的目的在于指定地方发展战略并落实到地方组织（该组织能够有效协调有利于本地发展的外部力量），试图以提高本土化的责任和意识作为地方发展的制度和行动单位（克里斯托弗，1999）。换言之，地域身份建构认为，只有农村本地居民和自组织对自身的地域身份产生认同，才能集聚力量抵御外部威胁，掌舵村落发展的方向。该理论假设本土经济发展是以本地资源为基础，通过人为的、本土化所固有的一系列行动过程来实现的（洛威等，1998）。王美文（2014）提出，农村非政府组织作为社会力量的重要一支，应当分担政府职能，填补市场缺位，团结个体农民，扮演着多重角色，发挥着不可替代的积极引导作用。因此，应加强农村非政府组织建设，提升其文化内生引领能力。尤其是在当前城乡一体化战略及乡村振兴战略契机下，如何合理利用资源、制度等优势，培育农村地区文化建设的内生机制，增强社区文化的内生发展能力，实现内部"种文化"和外部"送文化"的结合，对农村地区的可持续发展具有根本、长远的意义（林岩，2014）。

（2）内生发展中的领导地位确定。一个行之有效的系统不仅需要"终端"，更需要具有协调能力的"中介"。农村内生发展过程的实现，就是通过广大村民的广泛参与来确定精英领导团队的过程。一方面，公众参与是民主的象征，让地方的发展控制权在行动者（村民）手中；另一方面，公众参与又可以防止精英的集权化而趋向外生领域，最终使得地方发展在一个公共框架下运行，并保证内生发展利益的有效分配（焦阿基诺，2002）。但是，在农村发展过程占主导地位的一般是当地的知名人士，很难确保所有村民的充分参与（科廷等，1991）。古德温等（Goodwin et al.，1999）以英国农村为例进行研究，发现农村的发展是以范围相对较窄的"象征主义"参与为标志的，忽视了对村集体的能力建设，久而久之，地方资源及发展利益的分配倾向外部"输出"，而不是造福本地。造成这一结果的根本原因在于地方领导者确立过程的形式化和滞后性，领导者享有所有资源分配的绝对权力，将众多村民边缘化。焦阿基诺（Gioacchino，2002）认为，内生发展尤其要保证地方经济转型的自主权，而这种自主权则要通过控制和监督地方领导者的决策过程以及内化外部知识的能力来实现。王娴等（2018）认为，在我国农村地区的贫困治理工作中存在农民"内生力"不足的问题，主要原因在于农民的角色定位不准，权责意识不强，自我发展乏力；从长远来看，应提高贫困农民的主体意识，才能强化脱贫的内生力量，保障脱贫成果的可持续发展。于水等（2017）提出，"乡村精英"是农村社会经济发展的重要影响因素之一，我国大多数地区农村的发展需要在政府和市场的共同作用下，由乡村精英主导进行资源整合。对于当下很多返乡的农民工来说，他们是农村里比较有见识又拥有一定技能的人群，应当发挥农村内生发展的主力军作用（刘永生等，2015）。

（3）农村内生发展的路径及方法。早期研究农村内生发展的路径及方法主要围绕农业展开，包括农产品市场（鲍勒，1982）、食品生产（莫兰，1993）、有机农业（兰普金，1993）及农业多样化（加森，1988）。亚科波尼等（Iacoponi et al.，1995）从处理、转化及管理成本的角度提出了农业内生发展能够提升自身竞争力的理论依据，并列出九项内生发展指标：以自我为中心的本土发展进程；为本土资源发展供新动力；可获得的本土资源；发展进程的本土控制；可依赖的本土产品和服务；本土的市场、社会关系以及资源转换能力；管理成本高于处理和转换成本；本土价值的提升；本土留存的发展优势。这是目前讨论农业内生发展最完备的体系。梅希蒂尔德（Mechthild，2016）研究认为，农村的地方品牌可以支持内生的农村发展。郭艳君等（2012）以北京顺义区北郎中村为例讨论了农村内生发展的机理，认为农村发展系统具有自组织性，内部整合是发展的根本动力。同时，还要促进农村金融的内生发展（韩丽娟等，2014；陈红等，2016）及农村公共服务内生化发展（任贵州，2016）。

（二）研究述评

1. 理论方面

随着全球化的发展，不发达地区的乡村发展问题逐渐成为全世界共同的课题，内生发展作为一种有效的发展模式，理论研究也越来越深入。但总体上，内生发展理论还不完善，尚未形成清晰的理论体系。特别是对于内生发展模式的概念，学术界尚未形成统一的定义。不同学者分别从国际开发视角、经济学视角、社会学视角定义了内生发展模式的概念并总结其特点。纵观上述观点，内生发展理论是一种主张以区域内人的能动性为关键点的一种均衡发展，在开发手段上注重当地居民生活质量以及周围环境质量的改善，而这一切的决定权在当地人手中，而不是受当地政府或外来企业控制。

2. 应用方面

农村地区落后的社会经济状况是内生发展在区域开发中得以讨论的起因，内生发展最初在农村地区的应用主要是为了应对工业化和城市化的挑战。在这一发展过程中，人们意识到本土能力才是区域发展的关键点，只有本土乡民具备"可抗衡"能力，才能有希望主导本地发展道路，实现城乡均衡发展。学术界对农村内生发展普遍认同的观点是，农村发展的内生型组织运作是为了加强一个而不是在反对另一个（内梅斯，2005）。换句话说，农村发展的内生型组织运作是为了加强农村本地内生力量，而不是在反对一切外生条件。

四、乡村旅游内生发展研究综述

（一）研究现状

乡村旅游的发展实践证明，在开发初期，由于当地社区集体经济发展水平较低、农户普遍缺乏参与意识和参与经验、旅游市场信息匮乏以及政府的相应政策不够完善等原因，农村本地社区和农户都没有能力进行乡村旅游的规模性开发。在这一阶段，由政府或外来企业主导、社区有条件参与的外生式开发往往能带来立竿见影的经济效益，但在外生式开发中，社区/农户基本上只能浅层次参与，也只能获得少部分的发展成果。从参与地位来看，社区/农户多处于弱势、从属地位，没有话语权和决策权；从参与自觉性来看，社区/农户参与多是被动的、短期的、临时的，并没有内化为自觉的发展目标；从参与方式来看，绝大多数通过为游客提供旅游服务获得收入。总的来说，乡村旅游发展初期的社区/农户参与往往是一种被动式参与、象征式参与和伪参与。随着乡村旅游发展的日趋成熟、旅游市场的逐步完善以及国家对农村的政策倾向，农户逐渐具备了从事乡村旅游开发经营活动的知识和技能，利益和政策驱动刺激了农户的主动性，这一时期，农户的民主意识和参与能力都有所增强，发展趋势逐渐由"社区参与"走向"社区增权"（左冰等，2008）。然而，与政府和企业相比，社区和农户仍然处于弱势地位，双方难以实现平等对话，导致利益分配不均，农户在承担环境破坏成本的同时却只能得到很少一部分发展成果。这一矛盾导致乡村旅游发展中的农户参与进入明显的变动期，社区/农户对乡村旅游发展主体地位的诉求逐渐增强，以社区主导为特征的内生式开发成为兼顾经济、社会和环境效益的乡村旅游可持续发展模式（周永广等，2009）。而且乡村旅游的"乡村性"和"过去性"与内生发展不谋而合，都是主张变"给予游客想要的"为"出售我们能生产的"（张环宙，2008）。这一外生到内生的转变，实现了发展主体"角色—行动"的转变，在内外合作中激发内生成长力，走造血式的脱贫路径，对破解连片特困地区的"空间贫困陷阱"起到了积极作用（任开荣，2010；罗章等，2018）。周永广（2009）提出三种内生发展模式，即基层组织主导模式、专业合作社主导模式和股份制运营模式，并结合案例说明了这三种模式的优缺点及适宜性。罗芬（2012）提出，应该将外生发展理念与内生发展理念相结合，才能摆脱乡村旅游内生发展的困境。内生发展与外生发展的对比研究如表1-1所示。

表1-1　　　　　　　　内生发展与外生发展的对比研究

指标	内生发展	外生发展
开发主体	社区集体/农户	政府/外来企业
关注效益	关注社区发展和农户生活质量改善，兼顾经济、社会和环境效益，以长远利益为重	经济效益居首，以近期利益为重

续表

指标	内生发展	外生发展
政策	内部共识	政府推动
资源	本地传统技艺与知识打造和传承地方自然资源、地景建筑、历史文化、工艺美食等	外来技术与知识改造本地自然、人文资源等
农户参与程度	农户作为开发主体，参与程度高	无关或被动参与，积极性不高
农户组织化程度	较高	较低
社区福利	农民增收、生活质量改善，环境美化，游客满意，实现城乡良性互动	企业增收、政府税收增加，农村环境恶化，乡村性逐渐丧失

周永广等（2009）将社区主导的乡村旅游内生式发展分为三种类型并探讨其利弊。然而，结合我国乡村旅游实践案例和现有研究成果来看，在乡村旅游发展的起步阶段，很多地方更多的是农户自发型这种发展形式。因此，本书认为，乡村旅游内生型发展模式应当分为四种类型：农户自发型、基层组织主导型、合作社主导型及股份制企业主导型。农户自发型的乡村旅游内生发展又表现为两种形式："个人农场"和"农户＋农户"，通俗讲，就是分散的农家乐经营；基层组织主导的乡村旅游内生发展是一种基层政府领导共建、村支两委主导共治、当地农户利益共享的发展方式；旅游合作社是农民专业合作社的一种类型，目的在于推进乡村旅游规模经营、促进农民在乡村旅游发展中实现就业创业并拓宽增收渠道；股份制企业主导型是一种由企业、村集体和农民组成公共管理机构的一种合作模式，在这种模式下，乡村旅游参与各方将自己的资源转换为股本，采取按股分红与按劳分红相结合的方式进行股份制分红的经营模式。这四种乡村旅游内生式运营模式虽然实现了"社区参与"到"社区主导"的深层次转变，但是也存在各自的相对优势和劣势；到底哪一种更有效，这跟社区的成熟度及旅游发展阶段息息相关，应根据社区旅游发展阶段和社区进化程度，确定社区主导的层次和内容，最终从外生发展走向内生发展，真正实现"社区主导"。

（二）研究述评

关于乡村旅游内生发展的现有研究较少，并且大都倾向于强调社区参与对乡村旅游内生发展的重要性，基本都提到目前社区/农户参与的层次太浅、流于形式，亟待社区增权。然而，社区/农户参与的有效性和可操作性常被质疑，现有研究并没有证明中国的社区参与式旅游发展突破了象征性参与这种形式。在中国具体的政治环境和文化背景下，农户对发展乡村旅游的总体评价如何？乡村旅游内生发展对农户可持续生计究竟产生多大影响？这些问题都缺少来自农户角度的定量说明。这些薄弱之处正是本书研究的核心部分。

五、可持续生计视角下乡村旅游发展研究综述

（一）研究现状

世界旅游组织在 2002 年 8 月的"旅游扶贫"世界首脑会议上强调，旅游业在缓解贫困中发挥着重要作用，并推出可持续旅游消除贫困计划（苏飞等，2016）。目前，乡村旅游已经成为国家扶贫战略的重要抓手，是中国旅游业和农村经济发展的新增长点（黄震方等，2015）。已有研究证明，乡村旅游的进入给当地农户生计带来了多重影响。王一帆等（2014）将乡村旅游的发展模式分为社区主导型和政府主导型两种主要类型，并以广西、贵州、云南三省为案例地，对比分析不同发展模式对农民增收的影响。喻忠磊、杨新军（2013）从社会—生态系统角度分析发现，乡村旅游的发展使农户将旅游经营和常年务工作为主要生计方式，形成了旅游专营型、主导型、均衡兼营型及务工主导型四种发展模式，农户选择生计策略的影响因素包括认知因素、劳动力、地理区位、自然资本和社会资本。席建超等（2016）研究认为，乡村旅游发展使得农户生计模式发生分层和空间极化，形成旅游主导型和兼业型两种生计模式，并且旅游主导型模式要远远好于非旅游农户的兼业型模式。陈佳等（2017）研究发现，乡村旅游聚落农户生计策略都由传统农业生计方式向新型旅游经营主导生计转型，农户的金融资本、物质资本、社会资本提升明显，此外，当地的资源开发方式决定农户生计多样性与务工选择，旅游经营管理模式影响生计资本变化方向和社区旅游效应差异。

虽然乡村旅游多功能发展与农村的可持续生计之间具有较高的契合度（史玉丁，2018），但是乡村旅游对农户生计的影响程度还受农户家庭人力资本状况、与项目区的距离、种植的农作物类型等因素影响（哥比娜，2015；刘玲等，2018）。通常在偏远的民族地区，乡村旅游补充了现有的生计方式，而

不是代替原有的生计方式（孙九霞等，2015）。不仅如此，乡村旅游的发展还间接带动了农户能源消费模式的转变（李鑫等，2015）。为了深层次剖析乡村旅游与农户生计的影响机理，沈（Shen，2008）在 SLA 框架的基础上，结合旅游业的特殊性质提出了旅游可持续分析框架（STLA）。

（二）研究述评

目前可持续生计与乡村旅游的研究有两个特点：第一，注重乡村旅游对农户生计影响的静态效应分析，较少涉及两者之间的动态性与过程性研究，没有深入揭示乡村旅游对农户生计的影响过程与机理；第二，现有的实证分析文献绝大多数采用的数据是一般的经济统计数据和入户调研数据，关注农户主观感知层面的研究较少。从现有研究成果来看，国内外相关研究主要集中在农户生计资本（简单地计算生计资本量，较少讨论各类生计资本间的耦合状态）、生计风险、生计方式变迁等方面，但这些研究要么只关注农户生计资本，要么只关注农户生计策略，缺乏从可持续生计分析框架整体出发对农户生计可持续性进行深入的探索。本书拟从改进后的可持续生计分析框架整体剖析乡村旅游内生发展对农户可持续生计的影响，系统分析乡村旅游内生发展对农户生计资本、生计策略、生计结果产生的效应，关注农户对乡村旅游发展成果的感知与响应、乡村旅游对农户生计的影响过程与机理、基于可持续生计的乡村旅游内生发展效应等问题。

六、圈层分异研究综述

（一）研究现状

"圈层理论"原本是个地理学概念，后被社会学家、人类学家和经济学家引入各自领域，改造并用来分析社会学、人类学及经济学现象。圈层理论的研究大致可分为三类：一是圈内关系研究；二是内圈层从内向外突破和社会化的过程研究；三是外圈层由外向内渗透，使得内圈层被动社会化的过程研究。

德国农业经济学家杜能（Johann Heinrich von Thünen）最早将"圈层理

论"引入经济学领域①，他的主要观点是，城市在区域经济发展中起主导作用，并且城市对区域经济发展的促进作用与两者之间的空间距离成反比；因此，区域经济的发展应以城市为中心，以圈层状的空间分布为特点逐步向外发展。他提出的农业组织形式分布结构，由里向外依次为：自由式农业、林业、轮作式农业、谷草式农业、三圃式农业、畜牧业。

美国人类学家施坚雅（G William Skinner）最先利用圈层理论来分析乡村社会关系②，以流通网络结构为基础，将农民行为由小到大划分为四级市场：村庄、基层市场（集市）、中间市场、中心市场。他认为，农民的主要活动大多集中在基层市场，而商品通过不同层级的市场上下流动，从而将小农与外部市场连接起来，并且农民的婚姻圈、社交圈与其市场圈基本一致。

美籍印裔历史学家杜赞奇（Prasenjit Duara）并不认同施坚雅的观点，他提出了"文化网络"的概念。③ 杜赞奇认为，农民的婚姻圈、社交圈并不一定与其市场圈吻合，农民的商品交易活动、婚姻选择半径及社会交往范围与其文化网络紧密相连，农民正是在其所处的文化网络中进行商品买卖、结婚择偶及相互来往。

我国著名社会学家、人类学家费孝通先生在研究我国农村社会关系时提出了"差序格局"的概念，与"圈层理论"类似，他主要从亲属圈的维度探讨农民之间的关系及其社会化路径。在形容农民的亲属关系及社会关系时，他比喻道："以'己'为中心，像石子投入水中，和别人所联系成的社会关系，不像团体中的分子一般大家立在一个平面上的，而是像水的波纹一般，一圈圈推出去，愈推愈远，也愈推愈薄。"④

研究中国农村问题的学者邓大才在对比研究前人观点的基础上，将时间变量纳入圈层理论，考察不同时期农民圈层的演变及其动力和约束条件。他认为，从古至今，主导农民生产生活的圈层依次为市场圈、就业圈、投资圈，其中，市场圈对应农民的生存动机，就业圈对应其货币收入动机，投资圈则与农民的利润动机相连；这三个圈层由内向外边界不断伸展，农民的社会化程度不

① 约翰·冯·杜能. 孤立国同农业和国民经济的关系 [M]. 北京：商务印书馆, 1997：20 – 190.
② 施坚雅. 中国农村的市场和社会结构 [M]. 北京：中国社会科学出版社, 1998：40 – 45.
③ 杜赞奇. 文化、权利与国家 [M]. 南京：江苏人民出版社, 2004：14 – 15.
④ 费孝通. 乡土中国 [M]. 上海：上海人民出版社, 2006：22 – 45.

断加深。①

（二）研究述评

笔者认为，我国农村的经济发展正是由最开始自给自足、关起门来过日子的小农经济，到 1978 年改革开放后农村的吃饭问题基本得到解决、农民开始从土地上解放出来走向工厂去赚取更多的货币，再到现代社会农民拥有了更多的生产资料之后开始进行投资以赚取更多的利润这样一个由低级到高级、由贫穷到富裕的发展过程。这一发展过程契合了邓大才所提出的我国农民的社会化路径：传统小农以市场圈为行动边界，目的在于满足其基本的生存需求；社会化小农以就业圈为行动边界，目的是赚取更多货币；新时代农民以投资圈为行动边界，旨在实现利润最大化。乡村旅游的发展使得很多村民由在外务工的农民变成投资者，改变了他们的就业圈和投资圈，本书将以邓大才提出的小农圈层理论为基础，进一步研究乡村旅游内生发展效应的圈层分异。

本章小结

为了深入研究乡村旅游内生发展逻辑及其对农户可持续生计的作用结果，本章在阐述理论依据的基础上，梳理相关文献，并从中找到本书的切入点。本章共包含以下两大部分。

第一，理论基础部分。首先，分别阐述可持续生计理论与内生发展理论产生的背景及其内涵；然后描述其基本内容、发展目标、发展途径；最后论证理论在本书中的适用性。对于可持续生计理论来讲，它实践了宏观与微观分析的统一、重点模块与复杂因素的综合分析，注重动态性，并且提供了一种关于生计发展的思维方式；内生发展理论的重点强调区域本身，而乡村旅游内生发展体现了自组织演化过程，内生发展是乡村旅游稳定持续发展的根本途径。这两种理论均适用于乡村旅游领域的研究。

---

① 邓大才. "圈层理论"与社会化小农——小农社会化的路径与动力研究 [J]. 华中师范大学学报（人文社会科学版），2009，1（48）.

　　第二，文献综述部分。分别梳理了乡村旅游、生计与可持续生计、内生发展、乡村旅游内生发展、可持续生计视角下乡村旅游发展以及圈层分异这六个方面的相关文献，从理论发展到应用研究，再到研究述评，最终找到研究切入点。未来的研究应该从可持续生计分析框架整体剖析乡村旅游对农户可持续生计的影响，系统分析乡村旅游内生发展对农户生计资本、生计策略、生计结果产生的效应及其圈层分异规律，更加关注农户对发展乡村旅游的总体感知评价，找出乡村旅游内生发展的优劣势，并能根据存在的问题提出提升农户可持续生计能力的对策。

第二章 乡村旅游内生发展对农户可持续生计的影响机理

本章的研究目的在于厘清乡村旅游内生发展要素对农户可持续生计各要素产生影响的规则与原理。在研究乡村旅游内生发展效应之前，需要首先阐明乡村旅游内生发展逻辑及其对农户可持续生计产生的影响，分析乡村旅游内生发展如何影响农户的生计资本要素，继而引起其生计策略和生计结果发生变化。

第一节 乡村旅游内生发展逻辑

阐明乡村旅游内生发展逻辑需要从乡村旅游内生发展系统入手，通过判别乡村旅游内生发展系统、特点及其演进过程来进行分析。

一、乡村旅游内生发展系统判别

乡村旅游发展系统由内核系统和外源系统组成，这两者之间相互作用、相互协调，共同促进乡村旅游发展。其中，内核系统即内生发展系统，是由乡村旅游发展所在区域的主体系统与本体系统耦合而成（吴传钧，2001），两者之间的耦合效果直接决定着乡村旅游内生发展系统能否具有可持续性。而乡村旅游发展的外源系统则是多元化的，但主要表现为政府主导的城市化进程与企业主导的商业化进程。乡村旅游内生发展系统还可以进一步划分为经济、社会和生态三个子系统。其中，经济系统是社会系统发展的物质基础，表现为三产融合发展、区域产业协作等；社会系统为经济发展提供技术、服务及文化支撑并整合社会、经济及生态系统；生态系统则为前两者提供自然资源并重构生产、生活及生态空间。这三者之间相互影响，以当地农户为中心，进行循环与交流。

乡村旅游内生发展系统（如图2-1所示）具有五个特点：第一，多层次、非线性①。乡村旅游内生发展系统是复杂的、多层次的，它所包含的各个部分关系复杂，并呈现出非线性特征。第二，交互性。由上述分析可以看出，乡村旅游内生发展过程中内核系统起核心作用，同时也离不开外源系统的支持，外源动力通过合作社、村企等内生发展组织与内核系统发生作用，提高其资源利用效率。第三，动态性。乡村旅游内生发展系统中的经济、社会、生态三个子系统结构与功能各异，各个子系统都处于竞争的不断变化之中。第四，开放性。乡村旅游内生发展系统绝不是一个封闭的系统，就一定区域而言，它总是与周围地区不断地进行物质和能量的交换，在整合内部要素的同时，也在积极适应外界变化。第五，涨落性。内部管理水平、员工素质、技术进步等，外部政策、市场波动、城市化进程等，这些因素都会影响乡村旅游内生发展系统，为了适应新变化，系统中的要素必然会重新配置，形成新的结构。

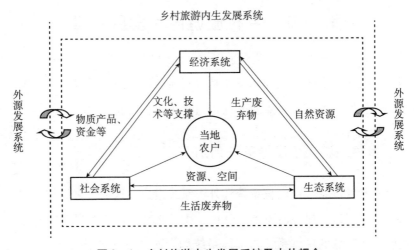

图2-1 乡村旅游内生发展系统及内外耦合

二、乡村旅游内生发展系统的自组织演进过程

协同学创始人哈肯（Haken）首次明确地将"自组织"定义为：如果一个

---

① 非线性是相对于线性而言的，指的是不按比例、不成直线的关系，代表不规则的运动和突变。

系统在获得空间、时间或功能的结构过程中，没有外界的特定干涉，该系统便是自组织的。自组织是相对于他组织而言的，他组织是指不能够自行组织、创生、演化，不能够自主地从无序走向有序，而只能依靠外界直接的指令来推动组织的有序演化。自组织和他组织是对立统一的，二者共同促进系统完成螺旋式上升嬗变过程。自组织理论主要研究系统怎样从混沌无序的初态向稳定有序的终态的演化过程和规律，它认为系统从无序向有序演化必须具备几个基本条件：（1）产生自组织的系统必须是一个开放系统，系统只有通过与外界进行物质、能量和信息的交换，才有产生和维持稳定有序结构的可能。（2）系统从无序向有序发展，必须处于远离平衡的状态，非平衡是有序之源。（3）系统内部各子系统间存在着非线性的相互作用。这种相互作用使得各子系统之间能够产生协同动作，从而可以使系统由杂乱无章变成井然有序。（4）系统只有通过离开原来状态或轨道的涨落才能使有序成为现实，从而完成有序新结构的自组织过程。

通过上述对乡村旅游内生发展系统的特点分析，发现乡村旅游内生发展系统满足自组织的四个条件，因此，认为其发展过程是一个自组织演化过程。其中，农户、企业、合作社、政府、社会团体、自然环境、自然资源等都是内生发展系统中的子系统。现假设整个乡村旅游内生发展系统由 m 个子系统构成，X_i 为第 i 个子系统，$i=1,2,3,\cdots,m$，$\dot{X}$ 是整个乡村旅游内生发展系统的状态变量（状态变量是完整描述系统运动的一组变量，它应能确定系统未来的演化行为）。根据自组织理论，

$$\dot{X}_i = \frac{\mathrm{d}X_i}{\mathrm{d}t} = K_i\ (X_1,\ X_2,\ \cdots,\ X_m)\ + R_i\ (t) \qquad (2-1)$$

其中，K_i 是子系统的状态变量 $(X_1,\ X_2,\ \cdots,\ X_m)$ 的非线性函数，$R_i\ (t)$ 是第 i 个子系统受到的随机驱动力。将 K_i 在定态点附近进行多变量展开，得到：

$$\dot{X}_i = \sum_{j=1}^{m} a_{ij}X_j + f_i\ (X_1,\ X_2,\ \cdots,\ X_m) \qquad (2-2)$$

其中，$i,\ j=1,2,3,\cdots,m$，$f_i\ (X_1,\ X_2,\ \cdots,\ X_m)$ 是非线性函数。由于整个系统的定态点是稳定的，式（2-2）中的线性项系数矩阵 a_{ij} 是负定的，为使 a_{ij} 对角化，现通过线性变换引入一组新的变量 $g_i\ (Y_1,\ Y_2,\ \cdots,\ Y_m)$，从而式（2-1）可表示为：

$$\dot{Y}_i = -\gamma_i Y_j + g_i \ (Y_1, \ Y_2, \ \cdots, \ Y_m) \qquad\qquad (2-3)$$

其中，i，$j=1$，2，3，$\cdots$，m，γ_i 为阻尼系数[①]，在系统尚未达到自组织协同的临界阈值以前，$\gamma_i > 0$。$g_i \ (Y_1, \ Y_2, \ \cdots, \ Y_m)$ 是一组与子系统的状态变量 $(X_1, \ X_2, \ \cdots, \ X_m)$ 相关的非线性函数。

由式（2-1）可以看出，乡村旅游内生发展系统内的各个子系统相互竞争、相互关联却无规律可循。要使得这些子系统的行动达到自组织状态，则需要有一个控制参量来引导整个系统的发展，这个控制参量就是序参量[②]。设序参量为 u，则 $u_i = g_i \ (Y_1, \ Y_2, \ \cdots, \ Y_m)$，是乡村旅游内生发展系统的核心，是最有影响力的因素，如合作社、基层政府、乡村精英等主体因素，或是自然资源、生态环境等本体因素。由于乡村旅游内生发展系统中可能同时有多个核心因素在发挥作用，从而决定该整个系统的有序结构，因此，u 是一个 n 维矢量，$u = (u_1, \ u_2, \ \cdots, \ u_n)$。根据协同学理论[③]，当外界环境变化使系统的控制参量趋于某一个自组织临界阈值时，序参量 u 会出现"临界慢化"，其阻尼系数 γ 将趋于零，而其余变量的 $\gamma_i > 0$。为便于理解，现举例说明，假设现在某个农村内生发展系统内共有 2 个核心主导力量，则 $u = (u_1, \ u_2)$，当外界环境变化使 u 趋于某一个该系统的临界阈值时，$\gamma_i \to 0$，得到：

$$u = (u_1, \ u_2) = g_i \ (Y_1, \ Y_2) \qquad\qquad (2-4)$$

其中，$i=1$，2，u 为序参量，也称快变量，Y_1，Y_2 为快变量，根据役使原理[④]，序参量支配、主宰、役使系统状态的快变量。为求各个子系统的运动方程，可令 $Y=0$，然后与式（2-3）联立后可得方程组：

$$\begin{cases} \gamma_3 Y_3 - g_3 \ (u, \ Y_3, \ Y_4, \ \cdots, \ Y_m) = 0 \\ \gamma_4 Y_4 - g_4 \ (u, \ Y_4, \ Y_4, \ \cdots, \ Y_m) = 0 \\ \qquad\qquad \vdots \\ \gamma_m Y_m - g_m \ (u, \ Y_3, \ Y_4, \ \cdots, \ Y_m) = 0 \end{cases} \qquad (2-5)$$

---

① 阻尼系数（damping factor）是个物理学概念，可间接地表示驱动设备控制负载反作用的能力。

② 在系统的协同运动中有许多控制参量，分为"快变量"和"慢变量"，而"慢变量"——序参量才是处于主导地位的。

③ 协同学理论主要研究开放系统如何通过自己内部协同作用，自发地出现时间、空间和功能上的有序结构。

④ 役使原理指的是在系统演化过程中，极少数变化相对缓慢的"慢变量"成为支配和主宰系统演化的序参量，并且支配子系统。

求解式（2-5）得到：

$$\begin{cases} Y_3 = \varphi_3\ (u) \\ Y_4 = \varphi_4\ (u) \\ \quad\vdots \\ Y_m = \varphi_m\ (u) \end{cases} \tag{2-6}$$

其中，$\varphi\ (u)$ 为 Y_i 的非线性函数，式（2-6）表明，所有的快变量 Y_i 都是序参量 u 的非线性函数，即乡村旅游内生发展系统内所有子系统都受序参量的支配，并且当其中的控制参量达到自组织的临界阈值时，整个系统就会进入协同状态，从而形成一个有序的自组织结构。

乡村旅游内生发展系统所形成的耗散结构①是开放的、非平衡的，它会随着外部环境以及内部因素的变化而变化。从实践角度来说，乡村旅游内生发展系统的自组织演化过程一般会经历五个阶段，表现为五种状态。

第一阶段：自然状态下的松散状态。依托周围自然环境优势和自身经济实力，农村出现少量的以单户经营农家乐便是乡村旅游的雏形。这时期的主要特征是规模小、产品档次低，以单户经营为主，与外界交流少，文化、信息等闭塞，整体系统处于内生发展的松散阶段。

第二阶段：序参量影响下的有序渐变状态。随着社会经济发展及信息技术的普及，农村也逐渐成为发展的热点。这时，内外因素都会对乡村旅游内生发展系统产生影响，如新的支持政策或者合作社等的出现，使系统产生突变、涨落，形成耗散结构。在这一过程中，乡村旅游内生发展系统的有序化程度进一步提高，农家乐逐渐形成规模，并且出现经营规则。

第三阶段：序参量达到临界值时的协同有序状态。由上述分析可知，当序参量无限接近自组织的临界阈值时，便达到了该时期的饱和状态，此时的乡村旅游内生发展系统处在一个关键节点时期。如果序参量引导得当，则整个系统会进入协同状态，形成一个相对有序的自组织结构，系统内部层级也比较明显，层级之间相互联系并相对规律。这时乡村旅游发展日趋成熟，开始出现重组、兼并或联营现象，进入以大户为主导的规模化经营阶段。

---

① 耗散结构主要研究系统与环境之间的物质与能量交换关系及其对自组织系统的影响等问题。

第四阶段：序参量继续影响下的有序发展状态。在新的序参量的影响下，乡村旅游内生发展系统内部不断发生新的突变与涨落，子系统也处于"竞争—重组—竞争—再重组"的过程，新的序参量不断形成；在新序参量的主导下，乡村旅游内生发展系统从一种有序过渡到另一种有序。新的更具实力的组织不断代替旧的组织，来主导当地旅游发展。

第五阶段：序参量再次达到临界值时更高级的有序状态。当序参量达到更高阶段的临界阈值时，又会引发新的突变，使乡村旅游内生发展系统形成更高级的有序结构，乡村旅游往更高程度发展。通过系统内部周而复始地集成和优化，促使乡村旅游内生发展系统的结构、功能升级，并进入新的演化周期。

需要注意的是，乡村旅游内生发展系统的演化过程具有复杂特点，在演化过程中也可能因为某种外力过强而导致演化中断或倒退。换句话说，这种过程既可能是向高层次的有序结构演进，从而实现发展的飞跃，也可能是向低层次的有序结构退化，发展过程有涨有落，总体呈螺旋上升趋势（如图 2 – 2 所示）。例如，生态恶化使得旅游业遭受重创，便是低层次的退化现象。

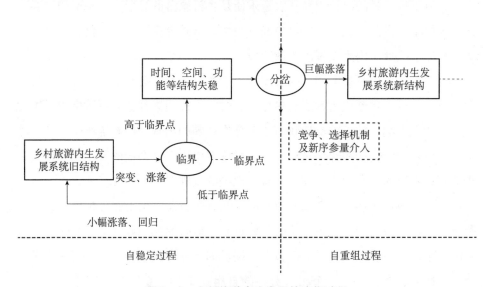

图 2 – 2　乡村旅游内生发展的演化过程

资料来源：周凌云，穆东，喻小贤. 区域物流产业系统耗散结构的形成与演化方向辨别——以长三角地区为例 [J]. 北京交通大学学报（哲学社会科学版），2013（2）：27 – 33.

由上述分析可以看出，乡村旅游内生发展系统具有自组织性，乡村旅游发展关键在于内部整合与提升。内部系统决定农村发展方向，外部资源则通过合作社、村企等内部资源发挥作用。因此，乡村旅游发展要注重整合内部要素，激发内生发展能力，使内外因素相互耦合，推动乡村旅游可持续发展。

第二节　乡村旅游内生发展对农户可持续生计的影响分析

根据第一章讨论的乡村旅游内生发展的定义及其特点，本书认为乡村旅游内生发展系统的序参量是：乡村精英、合作社、基层政府、村企、本地自然资源等，这些因素主导乡村旅游内生发展进程，推动乡村旅游可持续发展并有效提升农户生计能力与福利水平。乡村旅游作为促进农村经济发展的有效手段之一，它的发展改变了当地的农业结构，打破了当地农户原有的生计模式，也更新了农户的生计资本储量与组合形式，为当地社区提供了一种更具可持续性的生计方式。结合可持续生计分析框架分析，乡村旅游内生发展对农户可持续生计的影响主要表现在以下几个方面。

一、改变生计资本存量

（一）重组农户的人力资本

农户的人力资本指的是农户家庭拥有的劳动力的数量和质量。它是农户家庭增收的决定性因素之一，在很大程度上决定了农户家庭的财富水平和生活条件。乡村旅游内生发展要求更多农户、更深层次地参与当地乡村旅游发展的决策与运营，为当地提供了更多的就业机会，为农村的有志之士打造了更广阔的创业、就业平台。姚海琴（2014）认为，乡村旅游有效地促进了农村劳动力在农村地区的灵活就业，让很多不是以经济收入为第一动机的农民实现了就近工作，并且有助于解决城市返乡农民的回乡就业。在我国乡村旅游比较成熟的地区，乡村旅游带来的就业机会仅次于农业。不仅如此，研究发现，乡村旅游还给农村妇女的就业、收入、生活方式、服务技能、闲暇时间、劳动负担、老人赡养、子女教育以及社会网络等方面带来了明显变化，继而影响了其家庭再生产活动的性别关系（王伊欢等，2009）。农村女性认为，乡村旅游产业经营既能让她们获得收益，又能追求理想的生活方式。还有研究表明，女性村官对于借助乡村旅游开发来带动当地经济发展的参与意向较高（罗文斌等，2017）。陶长江等（2014）认为，乡村旅游通过吸引外出打工农民回乡就业的方式，增进了农户家庭的夫妻关系与亲子关系，影响到老人的情绪与健康、夫妻的忠诚与和谐、子女的学业与成长，这些都对农户家庭的人力资本数量与质量的影响深远。此外，乡村旅游也催生了乡村精英，它与乡村精英几乎同步形成壮大，相生相扶，达到了良性循环（朱璇，2012）。总之，乡村旅游为当地农民提供了更多的就业机会（鼓励农户经营农家乐和民宿，雇用村民在当地打工等）、培训机会；吸引了更多的劳动力，越来越多的外出务工农民回到自己的家乡；让农闲时的多余劳动力实现了本地就业，让妇女们走出家门，就近获得了就业机会。

（二）优化农户的物质资本

农户的物质资本是农户日常生产生活的有形资产和设备，分为公共物质资本与私有物质资本两种类别。其中，公共物质资本指的是当地所有农户共同享有的有形资产和设备，如乡村道路、广场、水渠、乡村小学等；私有物质资本指的是农户家庭拥有完全所有权的有形资产和设备，最常见的有住房、农用工具、牲畜等。乡村旅游的发展离不开便捷的交通运输条件和相对完善的基础设施，因而在发展乡村旅游时，农村的基础设施建设是前提（张文瑞，2017），所以乡村旅游对农户公共物质资本的影响尤其明显。在国家政策引导、市场参与及相关产业带动下，为了给游客创造更便捷的旅游环境，农村公共基础设施的建设速度加快、质量提高，整体得到进一步改善。此外，为了吸引更多的游客，为外来游客提供具有乡土特色的、舒适的旅游环境和标准的卫生，乡村旅游促进了乡村生态环境的提升。同时，乡村旅游内生发展对农户私有物质资本的影响也较大：一方面，农户更加注重对乡土建筑、旧式生产工具的保护与修缮，保持自家的"乡土吸引力"；另一方面，直接参与旅游经营的农户，家庭经营性资产也变得更加丰富。也有学者指出，乡村旅游的发展导致的农户对传统建筑的改造现象，其根源在于农户改善生活质量（自住房屋）和获得经济利益（出租房屋或自用于旅游经营）的诉求，这种改造本身就是传统建筑发展变化的必经阶段，是一种"去民族化"和"再民族化"的过程（李强，2012）。

（三）保护农户的自然资本

农户的自然资本指的是大自然为农户提供的资源和服务，包括无形的空气、微生物和有形的水、土地、树木等。学术界对于乡村旅游的自然资源保护功能观点不一。有观点认为，旅游业是无烟工业，乡村旅游是一种绿色产业，发展乡村旅游在利用自然资源的同时，也保护了农村自然资源；另一种观点则认为，发展旅游对于生态脆弱的地区而言是种灾难，大量游客的涌入会给当地的自然环境带来毁灭性的破坏。王新歌等（2015）通过对大连金石滩旅游度假区的研究，发现旅游开发压缩了当地农民的居住空间，并使他们拥有的自然资本逐渐丧失。熊晓红（2012）认为，乡村旅游发展对乡村自然资源具有双重效应，即正效应和负效应，正效应包括提升乡村自然生态环境质量与提升经营企业、社区居民和游客环保意识，负效应包括乡村旅游开发过程中的生态负效应和经营中的生态负效应。李玉新（2014）通过测算北京市延庆县乡村旅游的旅游者和接待设施的生态占用，揭示了乡村旅游对自然环境/生态系统的影响。研究发现，乡村旅游总体来说是一种对自然资源消耗较小的发展方式，对比外来资本经营和社区经营的两种乡村旅游发展模式对生态系统的消耗，社区经营这种内生发展对生态系统的负面影响较小。显然，"一刀切"地否定乡村旅游发展对乡村自然资源的保护功能是有失偏颇的（史玉丁，2018）。良好的生态环境是村旅游可持续发展的基础，因此，发展乡村旅游本身就是对乡村自然资源的保护，乡村旅游使其依托的乡村自然环境、田园风光等资源得到了快速发展（唐静等，2017）。

（四）拓展农户的社会资本

社会资本主要强调社会网络、社交信任以及社会结构中的资源问题，体现了社会活动中关系网络的重要性（Brondizio et al.，2009）。农户的社会资本指的是农户为了生计利用的社会资源，包括个人构建的社会网络（亲戚、朋友等）以及加入的各种社区组织（合作社等）。对于传统农户来讲，他们的社会网络则集中于先赋亲缘、经验网络、地缘网络等，更多地表现为一种"人情关系"（李强，2013）。社会网络本身不是资本，只有当农户把它当作一种工具利用以达到某种目的时，它才成为农户的社会资本。由外来企业主导的外生型乡村旅游开发占用大量耕地却忽视农户基本生计，导致很多失地农户常年外出务工谋生，农村仅剩下老人和儿童留守，亲友之间走动变少，只有在春节期间才匆匆相聚，再加上外来商业氛围的冲击等，使得传统的农村人情关系遭遇重大挑战，农户社会网络变得薄弱。与此不同的是，由基层政府或社区或农户主导的乡村旅游内生发展则将大部分发展机会留给了当地农民，决定了当地人对旅游项目规划建设、运营管理等核心环节的深度参与，加深了农户之间的经济联系。这些使得他们的社会网络在原来"人情关系"的基础上更进一步。从外部来讲，乡村旅游作为一个联系内部乡村与外部社会的媒介，对于乡村社会网络的向外拓展具有重要的引导作用。例如，政府给予的乡村旅游政策支持扩充了农户的政治网络，乡村旅游市场产生的供给与需求提升了农户的经济网络，外来游客的进入增加了农户的社会网络，乡村旅游产品的传播增强了农户的文化网络等。

（五）引导农户的金融资本

农户的金融资本指农户为达到生计目标所需的可支配以及可筹集的资金。乡村旅游内生发展对农户金融资本的影响主要是需求引导和价值增值两方面。首先，需求引导。美国学者马若孟（1999）在其著作中这样描述中国农民的早期投资现象："一个农户发了一笔财……这笔钱最大的可能就是用来买地。"这表明，土地是中国传统农村社会最主要的财富象征，拥有土地是农民最大的财富追求。因此，在早期的农村社会里，农民投资的最主要对象就是土地以及经营土地所需要的牲畜、农具、种子等。1949 年起，我国农村的地权发生变化：之前，土地实行私有制，可以自由交易；之后，土地归集体所有，禁止私人买卖；再加上当时国内严峻的政治形式，农民的投资基本销声匿迹。直到1978 年，中国迎来改革开放，国内热点由政治转向经济，才使得农民投资又慢慢常态化。归纳来看，改革开放以来中国农民的投资共经历了四个阶段：第一阶段以家庭联产承包为中心，投资重点仍在农业；第二阶段以农村工业化改革为中心，乡镇企业成为推动农村经济发展的新宠，农民对农业的投资开始下降，向乡镇企业转移；第三阶段中乡镇企业开始亏损、倒闭，农村的有识之士开始将投资转向城市，或经商或提供服务，此时的农业和乡镇企业处于停滞状态；第四阶段中政府的政策引导与农村经营组织创新为农民的投资提供了新的平台，在国家大力倡导农业产业结构优化升级的大旗下，乡村旅游作为一个新兴产业开始成为农民的投资热点（成新华，2001）。事实证明，当旅游被引入农村社区时，唤醒了农民新一轮的投资热情，很多农户家庭从中获益，也给整个农村地区的经济发展注入了新动力。这些投资需求为农户吸引了政策金融、社会金融以及银行金融的供给。从价值增值上讲，乡村旅游内生发展给农户的金融投资带来的不仅仅是经济收益，它还通过提供就业机会的形式为更多农户家庭解决了普遍存在的留守儿童、留守老人、留守妇女等带来的社会问题，有利于整个农村地区的和谐发展。

（六）增强农户的制度资本

制度是一个社会的游戏规则，是人类社会交往的行为约束（诺斯，1994）。乡村旅游内生发展中的具体制度安排主要包括：社会保障制度、土地制度、城镇建设的投融资体制、行政管理制度等。乡村旅游作为一项富民产业，为应对我国农村地区出现的人力流失、土地荒废、产业衰退、文化失传、生计困难等问题提出了有效解决办法，成为乡村振兴的极佳载体之一，从东部的特色小镇建设到西部的少数民族村寨旅游开发、从实景演出到特色节庆、从休闲农业到文旅融合，乡村旅游的开发热潮在全国持续不断。[1] 乡村旅游对"三农"的巨大贡献在一定程度上催生了很多乡村旅游政策。例如，2016 年中央一号文件提出，大力发展休闲农业和乡村旅游；2017 年《关于落实发展新理念加快农业现代化实现全面小康目标的若干意见》中提出，重点支持乡村休闲旅游养老等产业和农村三产融合发展；2018 年，农业农村部通过开展休闲农业和乡村旅游升级行动，打造一批乡村旅游精品。受国家政策导向影响，各省市也积极出台乡村旅游支持政策。例如，2017 年北京市《关于加快休闲农业和乡村旅游发展的意见》；2018 年《海南省人民政府关于促进乡村民宿发展的指导意见》；等等。

---

① 休闲农业网，http://www.xxnyw.cn/news/yejie/3149.html.

（七）提升农户的认知资本

农户的认知资本指农户对生计环境变化及其驱动因素的认识与态度，包括对文化、乡村旅游扶持政策、制度的知晓度和对乡村旅游发展的态度（蔡晶晶等，2018）。乡村旅游的持续热度使得各方利益群体开始认识到农耕文化在乡村旅游产品中的核心地位。第一，城市游客带来的城市文明与文化不断渗透到旅游地居民的生产生活中，改变和解放了当地农户的思想观念，让他们意识到小农经济观念的局限性，主动参与乡村旅游经营。第二，外来游客对乡土文化及其载体的好奇让当地农户开始重视乡村旅游资源，并且一些地方的村民还根据本地实际情况制定了用来保护当地旅游资源的村规民约。第三，乡村旅游的发展切实提高了当地农民的生活水平，改善了他们的基础设施。在调研中，九成以上的村民表示乡村旅游发展确实让他们受益不少，整体提高了农户家庭的生活质量，也提升了农户对自身的身份与生活环境的认同感与自豪感，这更有利于他们以主动责任意识去保护当地旅游资源、宣传当地旅游产品、支持当地旅游发展。第四，政府每年出台的乡村旅游支持政策也使得很多旅游经营者受益，这也让越来越多的农户开始了解、关注乡村旅游政策，提高对政策的认知程度。

二、丰富生计策略选择

生计是一种谋生方式，包含农户为了生存和发展所需要的资产（包括储备物、资源、要求权和享有权）、能力和开展的活动。其中，一系列的生计活动构成了生计策略；而农户所拥有的生计核心——资产则构成了生计资本，并对生计策略的选择起决定作用。舒尔茨在《改造传统农业》中认为，传统农业中的农民行为是理性的，会以其经验对可用资源进行最优配置，对经济上的有利刺激也会做出及时的反应。乡村旅游是发展农村经济的重要手段之一，近年来更是成为许多国家和地区新的经济增长点。乡村旅游的发展在提高农户生活水平的同时，重构了农村人与环境的关系，打破了传统人地均衡的共生系统，使农村社会处于一种不断变迁的状态，而其中受影响最为直接的便是农户，乡村旅游开发首先影响到农户的生计资本构成，进而影响到他们对生计策略的选择，使当地农户生计方式更加多样，生计策略种类更加丰富。现有研究也证明了这一点，尚前浪等（2018）通过对云南西双版纳景来村的实证研究，发现乡村旅游发展促进农户生计策略向旅游经营为主转变，使越来越多的农户家庭开始涉足旅游经营，并且在家庭内部出现了生计活动的代际差异。刘相军等（2019）通过对雨崩村的跟踪研究，发现乡村旅游的发展使得当地牧民的传统农牧业生计方式发生了根本变化。李文龙等（2019）研究表明，草原牧区旅游发展总体上提高了牧户的生计资本存量，并且使牧户生计策略出现旅游主导型和旅游专营型这两种类型。

三、改善生计结果产出

虽然多数研究认为，乡村旅游在增加农户生计资本的基础上使其生计策略多元化，并改善了农户的生产生活环境（Iorio M et al.，2010）；但也有研究发现，乡村旅游并不能挽救农村地区日益凋敝的传统文化（Hoefls S W，2016）；除此之外，收益分配不均还会导致部分农户被边缘化，影响社区的公平正义（Snyder K A et al.，2011）。因此，乡村旅游给农户生计带来的影响是双重的，但总体来看积极影响大于消极影响（Simpson M C，2009）。刘秀丽等（2018）以五台山核心景区所在的区域为案例地进行实证研究，发现发展乡村旅游使多数农户由传统的农业生产生活转变为经济收益较大的旅游专营、商业经营，由此带来最直接的结果是提高了农户生计资本存量和他们生活水平及满意度，而生计资本的增加又会反过来提高农户参与旅游活动的能力，使地方经济达到良性循环，最终实现旅游发展和农户生活水平提升的双赢。发展乡村旅游可以有力带动当地相关产业发展，繁荣多重经济，减轻农户对土地和外出务工的依赖。基层政府通过扶持农户经营餐饮、民宿、旅游小商品等产业，为那些没能成为或不愿成为旅游经营业主的村民提供本地就业机会，也可以有效缓解村民与村民之间、村民与政府之间、村民与外来企业之间的紧张关系，减少冲突，实现多方共赢，推动乡村旅游地经济、社会和谐发展。乡村旅游内生发展对农户生计结果的影响最明显的就是使其收入增加，这也是农户最关注的因素。同时，使得农户的福利水平得到提升，包括自豪感增强、居住环境更加优美、基础设施得以提升、村民整体素质得到提高等。此外，发展乡村旅游还可以实现当地自然资源的可持续利用，乡村旅游改变了农村居民对农村自然资源的认识，增强了当地人的环境保护意识，同时使自然资源的利用更加多样化，提高了利用效率。乡村旅游内生发展对农户可持续生计的影响路径如图2-3所示。

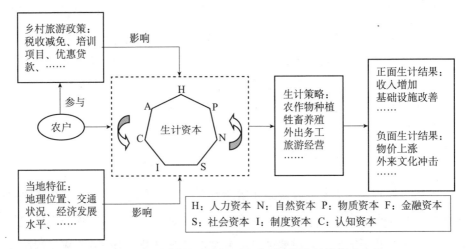

图2-3 乡村旅游内生发展对农户可持续生计的影响路径

本章小结

本章通过分析乡村旅游内生发展对农户的生计资本、生计策略及生计结果来阐明乡村旅游内生发展对农户可持续生计的影响原理，共包含以下两部分内容。

第一，乡村旅游内生发展逻辑。引入协同学理论，分析乡村旅游内生发展逻辑：乡村旅游内生发展系统所形成的耗散结构不可能处于永恒不变状态，相反，它是开放的、非平衡的，它会随着外部环境以及内部因素的变化而变化。换句话说，乡村旅游内生发展系统在序参量的主导下，以其内部子系统的竞争和协同为动力，沿着"无序—耗散结构—升级发展"的路径完成自组织演化过程。乡村旅游内生发展系统的自组织演化过程一般会经历五个阶段：自然状态下的松散状态—序参量影响下的有序渐变状态—序参量达到临界值时的协同有序状态—序参量继续影响下的有序发展状态—序参量再次达到临界值时更高级的有序状态。

　　第二，乡村旅游内生发展对农户可持续生计的影响分析。乡村旅游内生发展对农户可持续生计的影响主要表现在以下几个方面：生计资本方面，重组农户的人力资本、优化农户的物质资本、保护农户的自然资本、拓展农户的社会资本、引导农户的金融资本、增强农户的制度资本、提升农户的认知资本。生计策略方面，乡村旅游开发首先影响到农户的生计资本构成，进而影响到他们对生计策略的选择，使当地农户生计方式更加多样，生计策略种类更加丰富。生计结果方面，使当地农户收入增加、自豪感增强、居住环境更加优美、基础设施得以提升、村民整体素质得到提高等，同时也提高了自然资源的利用效率。

第三章　基于可持续生计的乡村旅游内生发展效应评价体系构建

选择科学的评价指标和方法是对研究对象作出正确评价的前提。本书以DFID可持续生计分析框架为研究起点，首先论证该框架在乡村旅游研究中的适用性，然后选择国内典型的乡村旅游地进行调研，结合调研结果对原有框架进行修正，得到乡村旅游研究中的可持续生计分析框架（RT-SLA）。RT-SLA框架将乡村旅游地农户的生计资本分为七类：人力资本、自然资本、物质资本、金融资本、社会资本、制度资本及认知资本，并确定指标，采用生计资本总指数和生计资本耦合协调度来评价农户生计资本量的大小及生计资本质量；选择生计多样性指数、收入多样性指数、参与旅游业的意愿这三项指标来衡量乡村旅游地农户的生计策略；将乡村旅游地农户生计结果分为正面生计结果和负面生计结果，从农户感知角度测量乡村旅游地农户的生计结果。

第一节　可持续生计分析框架在乡村旅游研究中改进的必要性分析

由英国国际发展署（DFID）开发的可持续生计分析框架作为一种最为典型的生计问题分析工具被广泛应用。但值得注意的是，可持续生计分析框架是否适用于乡村旅游研究？如果可以，那么在应用过程中是否需要结合乡村旅游特点对其进行改进？这是在可持续生计分析框架下进行乡村旅游内生发展效应评价的理论依据。

一、DFID 可持续生计分析框架的再认识

DFID 可持续生计分析框架源于 20 世纪 80 年代森（Sen）和 90 年代早期钱伯斯（Chambers）等对减贫发展方法的研究（图见第一章理论基础部分），已经被许多组织采纳，本书也是在 DFID 模型的基础上展开研究的。该框架由脆弱性背景、生计资本（资产）、结构和制度转变、生计策略和生计结果（输出）五部分构成，这五部分之间相互影响、相互作用，并且过程复杂。生计资本在可持续生计分析框架中居于核心地位，决定着其他部分的发展状况，与农户的生活水平息息相关，不同的生计资本状况决定农户的生计策略选择（见表 3 - 1）。同时，生计资本还具有异质性：不仅不同农户所拥有的生计资本有差异，而且同一农户所拥有的五种生计资本也不是等同的，所以一般情况下的生计资本五边形是不规则的（详见第一章理论基础部分关于生计资本五边形的解释）。生计策略是农户家庭依靠其拥有的生计资本要素选择参与一系列不同的生计活动的组合（伍艳，2015）。由于我国小农经济属性，农户为了获取最佳收益通常会采用多样化的生计策略，以防范未来不确定性的冲击，比如他们经常选择几类不完全相关的活动来最小化风险（王娟等，2014）。

表 3 - 1　　　　　　　　DFID 关于生计资本的分类及含义

生计资本分类	含义
人力资本	指农户家庭可用劳力的数量和质量。包括成年人（有些研究中只考虑成年男性）的数量、健康、知识和技能、适应能力等
自然资本	指农户拥有或可能拥有的自然资源储备。包括土地面积及其肥沃程度、水和水产资源、野生植物资源、树木和林产品生物多样性、环境服务等
物质资本	指农户开展生计活动所需要的基础设施和生产手段。其中，基础设施包括农户的住房条件、交通条件、卫生设施、能源、通信等；生产手段包括生产工具、设备、种子、肥料、农药、技术等
金融资本	指农户用来实现生计目标的资金。包括农户自己拥有的现金和从外部可获得的借贷资金，如亲戚朋友借款、银行贷款、政府补贴等
社会资本	指农户用来实现他们生计目标的社会资源。包括成为正式/非正式的组织、团体成员，以及亲戚、邻居、朋友之间信任、互助和交换关系

二、可持续生计分析框架在乡村旅游研究中的适用性

(一) 乡村旅游地传统农业生计方式的衰落

在中国传统农业社会里，农民受"以粮为纲"的思想指导，普通农户家庭的劳动所获以粮食为主，很少拥有现金；每个家庭的经济结构都是相似的，相互间无可比性，农民生活条件普遍都差，商业罕见，这即是我国纯农业化的乡村时代。随着改革开放与家庭联产承包责任制的到来，每个家庭重新成为独立的经营个体，再加上商业的逐步渗透，传统的农业乡村社会开始出现明显变化。尽管粮食作物仍是主要农作物，但是附加产值较高的农副产品、经济作物开始受到重视。农村资源分配受市场影响出现竞争，乡村社会的流动性趋强。在乡村旅游发展较早、较成熟的地区，一些旅游经营者也开始退出农业劳动，将土地转让给别的农户或企业，或者被当地政府征用来进行旅游开发。另外，我国西部山区因其所在的地理位置，农业发展长期饱受自然灾害的困扰，农业收益水平长期在低水平徘徊，因而也在着手转换思路，大力发展休闲农业，以此助力山区的减贫战略。农业种植处于衰落阶段，商业经地位营不断上升，出现这一现象的根本原因在于：农业的收益低，单纯的散户农业经营已经无法支撑现代农村日益增长的消费需求，而参与旅游活动，不仅可以让农户获得现金收入，由此引发的土地升值也促进了当地农业的产业结构调整。

(二) 乡村旅游成为农民重要的生计方式之一

在乡村旅游发达地区，一方面，旅游业从根本上改变了农户家庭经济的收支平衡度，让农民认识到旅游业的优势，也更为重视旅游业；另一方面，农民也逐渐感觉到旅游作为一种工作挣钱机会，无论是从劳动强度还是经济收益来说，都比传统农业有优势。这让农民逐渐商业化，从农副产品到家庭旅游经营，甚至包括清扫街道、舞蹈表演等，都成为商业的内容。这些降低了外出打工的重要性，提升了商业的重要性，带动了乡村地区商业观念的萌生，尤其是让其农副业和经济作物不再是简单的家庭生产，而是围绕着旅游而发展，变成了一种具有明显商业性质的活动，给农民创造了新的商业机会，成为农户家庭收入的重要来源之一。在一定程度上，乡村旅游的发展构建了一个地方小经济

圈。一般情况下，以旅游目的地为中心，向周围扩散，距离越远影响越弱，四邻则以各种形式为之服务并获得收益。乡村社会的发展，目的在于让农民获得除农业之外的更多就业机会和可持续的经济收入机会，同时让乡村传统文化的精髓得以传承。乡村旅游让前者在一定程度上真正实现，而其文化功能也同样促进了政府层面对传统乡村文化的重视。乡村旅游的这些正面功效，让农民认同这一产业，并成为其重要的生计方式之一。

（三）乡村旅游助推一种可持续生计的实现

乡村旅游与农业联系紧密，对农户家庭来说是一种新的、补充性的生计选择。虽然不是每一个家庭都参与到旅游之中，但大多数是以这种或那种方式、直接或间接地参与其中，使得社区的整体福祉得到提高。需要注意的是，旅游是一种容易受季节和灾害影响的脆弱性经济，所以它不能完全、独立承担起乡村经济和文化的复兴的重任，不应是许多农村社区的唯一的经济来源，而应是其他生计方式的一种补充，是农户分散风险的一种有效方式。除了受季节和灾害的影响之外，乡村旅游的发展还面临旅游地内部冲突的阻碍。原因在于，乡村社区本身存在着不均等的权利分配，旅游发展又涉及多个利益相关者，这些关系处理不善会造成乡村旅游作为一种可持续生计策略被强行中断的可能性。在外生型开发模式中，村民普遍认为他们得到的收入与掌握资源不匹配，这样就容易打破农民与投资者之间的合作关系，引发冲突事件，导致当地居民参与旅游的积极性降低，对文化保护不重视，对外来游客产生敌视等。相比之下，内生发展更有利于乡村旅游的可持续发展和农户整体生计能力的提升。总之，乡村旅游应是农户现有生活来源的补充而非取代，乡村旅游发展的目的是助推一种可持续生计策略的实现，以此丰富乡村社区经济，整体改善农民生活质量。

三、可持续生计分析框架改进的必要性

通过上述分析得到两点：一是可持续生计分析框架是基于当地脆弱性背景，以农户为研究对象，调查分析他们拥有的五种生计资本以及在此基础上形成的生计策略，生计策略又会产生相应的生计结果，生计结果最后反作用于农户的生计资本，从而形成往复循环。二是乡村旅游这种新的生计方式，与传统

农业具有相似性：它们的目标都是让农户产生更好的生计结果，都是农民的生计方式之一，它们的发展都需要生计资本作为起点，都具有自身独特的脆弱性背景。因此，可持续生计分析框架也适用于乡村旅游研究。席建超等（2016）基于可持续生计分析框架，研究了乡村旅游地农户生计模式的演化问题。史玉丁（2018）发现，乡村旅游多功能发展与农村可持续生计之间具有较高契合度。崔晓明等（2018）在 DFID 可持续生计分析框架下，构建农户生计资本评价模型并进行测度，分析乡村旅游发展对农户生计资本的影响。需要特别注意的是，与农业种植相比，乡村旅游的发展又有其独特之处，比如在必需的生计资本方面，乡村旅游发展除了需要人力资本、物质资本、自然资本、金融资本及社会资本之外，原有的乡村文化氛围和田园风光必不可少。另外，乡村旅游所选择的发展模式（内生式还是外生式）以及国家的支持政策对农户生计影响很大，两种发展模式最后产生的生计结果也可能相去甚远，政策是乡村旅游发展的风向标，因此，这类制度性的因素也是乡村旅游发展需要考虑的。如此看来，在使用 DFID 可持续生计分析框架来进行乡村旅游研究时，需要对其进行调整与修正。

第二节 乡村旅游研究中的可持续生计要素分析

乡村旅游地农户的生计资本、生计策略以及生计结果可能与一般的、非乡村旅游地的农户不同。本书通过对国内比较有名的四处乡村旅游地：武汉江夏区小朱湾、武汉市东西湖区石榴红村、洛阳市栾川县重渡沟、信阳市郝堂村进行调研和访谈，结合乡村旅游发展中农户面临的脆弱性背景、国家支持政策、生计资本与生计策略的变化等实际情况，对 DFID 可持续生计分析框架进行改进。

一、乡村旅游地农户面临的脆弱性背景

农户往往在应对风险的环境下去追求他们的生计目标，这些风险环境包括自然灾害、失业率上升、流行病、庄稼歉收、周期性的价格变动等（Chambers，1992）。与传统农业社会中农户所处的脆弱性背景相比，乡村旅游地的农户可能面临的还有：（1）不合理的分配机制。乡村旅游发展中的分配有两种，一种是决策权力的分配，另一种是旅游收入的分配。其中，决策权力分配的不合理表现在乡村旅游开发的决策权集中在少数人（政府、企业或当地"有钱人"）手中，政府也只是"配合外来企业做些民事、让当地的乡村旅游发展完全市场化运作"，从而进一步恶化了这种权力不平衡的形势。这种不合理的权利分配机制带来的后果是当地农户被"边缘化"，丧失主人翁地位，继而参与不积极，对当地的乡村文化、环境破坏现象表现漠然。收入分配不合理很大程度上是由决策权力分配不合理导致的，绝大多数农民都是浅层次的参与或者"伪参与"，当然也就只能得到当地旅游发展的很小部分收入。这种不合理的收入分配机制直接影响农民对待政府、开发商以及游客的态度，当他们感到自己的收入与自己拥有的资源以及承担的环境压力严重不平衡时，甚至会出现冲突事件，极大挫伤当地的旅游形象。（2）政策认知不足。农户政策认知指其对政策的了解程度及政策制定、执行及实施效果的评价。政策认知决定农户偏好，进一步又指导其行为和决策（付文凤等，2017），因此，农户政策认知影响其对乡村旅游发展的态度。一般情况下，农户对乡村旅游政策了解程度越高，对政策制定和执行越满意、对政策实施效益和价值的认同度越强，则农户参与乡村旅游的积极性越高。而普遍存在于我国农村的现实情况是，由于农民教育程度低、基层政府的宣传不到位，大多数农民对乡村旅游政策表示不了解，更谈不上价值认同（马聪玲，2016）。农民对乡村旅游政策认知不足，导致了当地资源开发落入外来开发商手中，丧失了本地发展的主动权。

二、中央/地方对乡村旅游的支持政策

专门的"乡村旅游"政策文件在2005年才出现，并呈逐年增多的趋势。2014~2018年连续五年中央一号文件均强调了乡村旅游的发展，并着力将乡村旅游培育成提高农民生活质量和实现乡村振兴的有效途径。2015年8月，国务院办公厅发布《关于进一步促进旅游投资和消费的若干意见》；2016年12月，国务院发布《关于印发"十三五"旅游业发展规划的通知》；2017年7月，国家发展改革委等14部门联合印发《促进乡村旅游发展提质升级行动方

案（2017 年）》；2018 年 11 月，文化和旅游部等 17 部门关于印发《关于促进乡村旅游可持续发展的指导意见》，2019 年，中央一号文件《中共中央、国务院关于坚持农业农村优先发展做好"三农"工作的若干意见》出台。受国家政策导向影响，各省市也积极出台乡村旅游支持政策。例如，2017 年的《云南省人民政府关于印发云南省加快推进旅游产业转型升级重点任务的通知》中提出，加快建设一批旅游特色村，到 2020 年，力争形成 1000 个左右宜居、宜业、宜游的旅游特色村和美丽乡村；2017 年北京市《关于加快休闲农业和乡村旅游发展的意见》，旨在推动农业供给侧结构性改革、建设美丽乡村、带动农民就业增收、传承农耕文明等；2018 年《海南省人民政府关于促进乡村民宿发展的指导意见》，旨在科学引导乡村民宿发展，提高美丽乡村建设水平，增加农民收入；等等。这些政策的功能表现在五个方面：节约交易成本、改善生产效率、替代要素投入、更换生产方式以及改变目标函数（周阳敏等，2014）。

三、乡村旅游地农户拥有的生计资本

以往研究者认为，家庭或个人的生计资本状况是理解家庭或个人应对所处环境风险和所采用的生计策略的基础，也是对农村发展项目进行政策干预的切入点。与纯农业生计方式的农户相比，乡村旅游地农户的原有的五种生计资本（自然资本、人力资本、金融资本、自然资本、社会资本）也发生了或多或少的变化。例如，旅游开发使得农户的耕地被占用，耕地面积减少；乡村旅游开发一方面向外拓展了农户的社会关系，另一方面也使得农村"熟人社会"出现瓦解迹象，一定程度上恶化了原有的社会关系网络。乡村旅游地的农户拥有的生计资本类型除了这五种外，还有一些其他类型的因素对乡村旅游发展及农户生计能力提升的作用不可小觑，本书采用参与式乡村评估法，以河南省信阳市郝堂村为案例地进行深度访谈，并结合访谈结果对生计资本评估指标进行调整。

首先，政策及制度因素。制度，即组织互动的原则，可以简单定义为一个社会的博弈规则，分为正式制度（政治规则、经济规则等）和非正式制度（价值观念、道德观念、伦理规范、意识形态和风俗习惯等）（王云，2007）。

长期以来，乡村旅游发展无论是在政策还是资金上，都得到政府的大力支持，虽然现在企业与当地社区开发能力的成长使得政府角色稍有淡化，但研究发现，政府支持仍然是乡村旅游发展最重要的因素，与以前相比有所不同的是，政府的支持内容发生变化，乡村旅游发展不再过多依赖政府的扶持资金，而是要求政府给予更多的优惠政策、健全法律法规、加强市场监管、规范执法（王莹等，2015）。不仅如此，乡村旅游发展涉及文化、自然环境等多方面的资源，涉及规划、建设、环保、旅游等多个政府主管部门，牵扯多方利益，需要政府从宏观规划引导，将乡村旅游开发纳入区域开发的大系统中，全面统筹，减少盲目投资（何景明，2004）。另外，政府通过赋权予能提升农户自组织的综合实力，增强农民在旅乡村游收益、分配、谈判等方面的话语权和能力，也能够让农户进一步积累生计资本，促进可持续生计能力的提升。

　　其次，文化及认知因素。文化是乡村旅游的灵魂，参与乡村旅游的过程很大程度上就是旅游者对乡村文化内涵进行体验的过程。这种文化感受以饱含乡村文化内涵的实物为载体（如乡土建筑、民俗节庆、农业生产工具等），是乡村旅游的核心吸引物。因此，当地居民对乡土文化的识别与认同，以及他们的文化自信，是乡村旅游可持续发展的关键，一个丧失"乡村性"和"乡土味"的地方是吸引不了游客的。当地居民对乡村旅游发展的认同以及对外来游客的态度也是影响乡村旅游发展的重要因素，因此，必须加强对当地农民旅游发展意识的引导，提高其对乡村旅游的认同感。再者，上文阐述过国家和地方政策对乡村旅游的推动作用，那么，农户对政策的知晓程度和利用程度则直接关系到政策的实施效果，能够正确解读乡村旅游政策内涵并加以有效利用，也是乡村旅游地农户重要的生计资本之一。

　　综上，将乡村旅游地农户的生计资本分为七类：人力资本、自然资本、物质资本、金融资本、社会资本、制度资本及认知资本。

四、乡村旅游地农户选择的生计策略

　　生计策略是农户对其所拥有的生计资本进行组合和使用的方式。农户生计策略的选择不仅受其资本禀赋影响，而且农户家庭所处的地形、区位和通达度等区域因素差异也会导致不同的生计策略（安士伟等，2018）。对于少数民族地区来讲，除政策和经济两大决定性因素外，少数民族的生计策略还受到区域或者民族因素的影响（毛舒欣等，2018）。乡村旅游在引起农户生计资本变动的同时，也改变了他们的生计策略。陈佳等（2017）通过对三类乡村旅游地的研究，发现三类旅游地的农户生计策略都由传统的农业生计方式转向新型的旅游经营主导的生计方式。贺爱琳等（2014）研究发现，乡村旅游使得农户传统单一的生计方式趋于多样化。还有研究证明，乡村旅游地农户的生计策略出现分层和空间极化现象，并形成兼业型和旅游主导型两种生计模式（席建超等，2016）。蔡晶晶（2018）对福建省永春县北溪村乡村旅游发展历程进行梳理，发现当地农户兼业现象普遍，纯粹以务农为收入来源的农户比例不到调研户数的20%，农业生产的重要性降低。不难看出，乡村旅游发展改变了当地农户的生计多样性水平，而农户家庭收入是与他们所选择的生计策略紧密相关的，这就表明乡村旅游发展在改变农户生计多样性水平的同时也会相应地使其收入多样性水平发生变化。

五、乡村旅游地农户获得的生计结果

发展乡村旅游能够提高农村居民收入（王鹏飞等，2017）、推进农村产业联动发展（李娟文等，2007）、实现乡村地区的包容性增长（章牧等，2014）。乡村文化是乡村旅游之魂（黄震方等，2018），赋予乡村旅游独特的底蕴。为了招揽游客，当地政府或开发商会极力挖掘当地的文化习俗和风土人情，这无疑会正面促进乡土文化的传承，但是有些地方却走向了另一极端：将一些陋习也作为原生态文化的一部分进行大肆宣传，更有甚者不惜杜撰、假借、附会历史事实，这些做法显然是对本地文化的亵渎（张荣彬，2019）。自然环境方面，乡村旅游发展会促使农户和旅游者产生保护环境的意识，但是随着游客量的增多，势必也会对自然环境造成一定的破坏。总体而言，乡村旅游的发展对农户生态适应性有明显的正向作用，参与乡村旅游的人数越多，生态适应性越强，并且旅游农户的生态适应性明显高于非旅游农户的生态适应性（邓楚雄等，2019）；乡村旅游经营管理者通过开展居民培训，提升居民文化知识与技能，促进社区女性精英的产生和成长，让她们从传统的"持家能手"发展到新时代的"经济能人"（苏醒等，2019）。DFID提出的可持续生计分析框架中的生计结果是指生计策略或目标的实现或结果，具体表现为收入的增多、福利的提升、脆弱性的降低、食物安全性和自然资源可持续利用的提高。与以上正面、积极的生计结果相比，乡村旅游地的生计输出则是多重的，其中既有积极结果，也有消极结果。积极方面：发展乡村旅游增加了就业机会、提高了农户收入和生活水平、促进了当地基础设施的完善、提高了农民的环保意识、改善了社区的卫生环境、促进了民俗文化的保护、提升乡村社区的知名度等；消极方面：导致本地物价上涨、传统文化受到外来文化的冲击容易丧失本真性等。

六、乡村旅游研究中的可持续生计分析框架 RT-SLA

通过以上分析得到，乡村旅游发展在四个方面影响到农户的可持续生计：脆弱性背景、生计资本、生计策略、生计结果。本书借鉴 DFID 可持续生计分析框架，针对乡村旅游对农户可持续生计的影响，构建乡村旅游—可持续生计分析框架（rural tourism-sustainable livelihood analysis framework，RT-SLA），如图 3 - 1 所示。

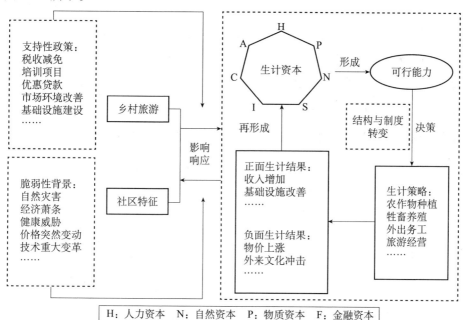

图 3 - 1　乡村旅游—可持续生计分析框架 RT-SLA

第三节 乡村旅游—可持续生计分析框架中各要素的测量指标及方法

从前文对乡村旅游地农户生计的脆弱性背景分析可以看出，自然灾害、生态脆弱、健康威胁、经济萧条、分配机制不健全等生态的、经济的、政治的脆弱性背景，基本都是由农户所处的地理位置和大区域环境所决定。所以，脆弱性背景是农户生计活动的前提和既定因素，直接影响农户生计资本大小及构成，并间接影响农户生计策略和生计结果，但是脆弱性背景却受农户生计活动影响较小。因此，在运用乡村旅游—可持续生计分析框架（RT-SLA）来分析乡村旅游对当地农户可持续生计的影响时，需重点考虑乡村旅游发展对农户生计资本、生计策略及生计结果的影响。

一、乡村旅游地农户生计资本的测量指标及方法

本书对生计资本已有的五类测量指标的选取，参照国内外学者对生计资本量化的已有研究。另根据乡村旅游发展所需的特殊资源、环境，以及上述对乡村旅游研究中的生计资本分析结果，对上述研究中的指标体系进行调整，最终形成乡村旅游地农户生计资本的测量指标体系（见表 3 - 2）。最后，选取合适的方法对生计资本各要素值、生计资本总值、均值、标准差等进行测算。

表 3 - 2　　　　　乡村旅游地农户生计资本测量指标体系及量化方法

分项目	指标及代码	量化方法
人力资本（H）	家庭人口总数（H1）	实际家庭总人口数量（人）
	家庭劳动力数（H2）	全劳动力记 1（身体健康的成人）；半劳动力记 0.5（年满 16 周岁的孩子或 60 ~ 65 岁的老人）；非劳动力记 0（年纪小于 16 周岁的孩子、年纪大于 65 岁的老人、不具有劳动能力的残疾人）
	成年劳动力最高教育程度（H3）	大专以上记 1；高中记 0.75；初中记 0.5；小学记 0.25；文盲为 0
	旅游从业技能（H4）	有 = 1；无 = 0

续表

分项目	指标及代码	量化方法
物质资本 （P）	住房结构（P1）	混凝土房记 1；砖混房/木房记 0.5；砖瓦房记 0.25；土瓦房及草房记 0
	旅游经营房屋面积（P2）	实际用于旅游经营的房屋面积（m²）
	耐用消费品数量（P3）	有 1 项记 1，有 2 项记 2，……，以此类推
	生产工具状况（P4）	大型农业器械记 1；中小型农业器械记 0.5；手工传统农具记 0.25 分；动物役畜或无记 0
自然资本 （N）	原有总耕地面积（N1）	农户家庭实际拥有的耕地面积（亩）
	耕地质量（N2）	优良记 1；较好记 0.75；一般记 0.5；贫瘠记 0.25
	发展旅游的耕地面积（N3）	实际用于旅游发展的土地面积（亩）（含流转出的耕地面积）
金融资本 （F）	家庭现金年收入（F1）	家庭实际现金年收入（万元）
	获得贷款的机会（F2）	能否从银行/信用社获得现金借贷。若能，赋值为 1，否则为 0
	获得借款的机会（F3）	能否从亲戚/朋友处获得现金借款。若能，赋值为 1，否则为 0
	获得无偿资金援助的机会（F4）	在过去的一年内是否收到过无偿资金援助。若有，赋值为 1，否则为 0
社会资本 （S）	参加旅游业技能培训机会（S1）	有 =1；无 =0
	参加合作社或协会等组织（S2）	有 =1；无 =0
	社会联结度（S3）	是否有近亲属在机关或企事业单位任职，有 =1；无 =0
	对游客的友好程度（S4）	非常欢迎记 1；比较欢迎 0.75；一般记 0.5；不太欢迎记 0.25；完全不欢迎记 0
	参与乡村旅游发展的意愿（S5）	非常愿意记 1；比较愿意 0.75；一般记 0.5；不太愿意记 0.25；完全不愿意记 0
制度资本 （I）	参与旅游决策的机会（I1）	有 =1；无 =0
	参与旅游投资的机会（I2）	有 =1；无 =0
	参与利益分配的机会（I3）	有 =1；无 =0

续表

分项目	指标及代码	量化方法
认知资本（C）	对旅游政策的知晓程度（C1）	非常熟悉记1；比较熟悉记0.75；一般记0.5；了解较少记0.25；完全不了解记0
	对乡村旅游发展的认同度（C2）	非常认同记1；比较认同记0.75；一般记0.5；不太认同记0.25；完全不认同记0
	对乡土文化的熟悉程度（C3）	非常熟悉记1；比较熟悉记0.75；一般记0.5；了解较少记0.25；完全不了解记0

注：表中指标赋值0、0.25、0.5、0.75、1均为仅有比较意义的纯量。

（一）指标选取

1. 人力资本的测量指标

在七种类型的生计资本中，人力资本作为家庭是否贫困的决定因素，决定着其他几类资本的获取与利用程度。相对于社会资本来说，人力资本对贫困户收入提高的作用更加显著，并且有利于缩小农户之间的收入差距（李晓嘉等，2018）。苏芳等（2009）用"农户的劳动能力""成年男性劳动力""成年劳动力受教育程度"这三个指标来进行生计资本的量化；何仁伟等（2017）用"劳动能力""教育文化""职业技能"这三项来测量农户的生计资本；张灿强（2017）将农户的人力资本分为五个方面：农户家庭劳动力数量、家庭整体健康状况、户主教育程度、农业或非农业技能培训次数、是否是手艺人或种田能手。本书将用四项指标来测量乡村旅游地农户的生计资本：家庭人口总数、家庭劳动力数、成年劳动力的最高受教育程度、旅游从业技能。

2. 物质资本的测量指标

物质资本是提高农户家庭劳动生产力的重要因素，一般来说，物质资本越高的农户家庭，劳动生产力越高，富余劳动力越多，通过农业生产劳动获取的收入也越高。农户物质资本既包括私人物质资本（房屋、生产设备等），也包括集体公有的物质资本（道路、公共场所等）。蒙吉军等（2013）将农牧户的物质资本（资产）分为牲畜资产、生产资产、生活资产及住房资产；翟彬等（2015）使用"住房情况""家庭固定资产""基础设施及公共服务条件"作为物质资本的测量指标；陈佳等（2017）除"房屋面积"之外，还将"日常耐用消费品"（农户拥有的固定资产种类数）纳入物质资本的测量指标。本书主要针对农户个人的私人物质资本进行研究。由于"住房面积"这一指标对农村家庭来说区别不是特别明显，而实际用于旅游经营的房屋面积区别较大；此外，现代农业生产工具对农民家庭来说至关重要，所以本书选取四项指标来测量乡村旅游地农户的物质资本：住房结构、旅游经营房屋面积、耐用消费品数量、生产工具状况。

3. 自然资本的测量指标

耕地资源对于中国的农民来讲，是最重要的自然资本。王新歌等（2015）在对大连金石滩旅游度假区农户的自然资本进行测算时，选取的指标有"耕地面积""耕地质量""林地面积""海上养殖场面积"；吴孔森等（2016）用"人均耕地面积""耕地质量"以及耕地的"有效灌溉度"这三项指标来测量；崔晓明等（2018）认为，乡村旅游影响下的农户生计资本可用"自然环境更优美、自然资源得以保护""森林面积增加、生物多样性好转""用于旅游经营的土地/园地面积增加""立法保护自然环境，有管理机制"这四项指标有无明显提升来测量。实际上，农户的田地收益除了与耕地面积有关，还与耕地质量密切相关。因此，本书采用三项指标来测量乡村旅游地农户的自然资本：原有总耕地面积、耕地质量、发展旅游的耕地面积。

4. 金融资本的测量指标

农户的金融资本指的是农户凭借自身能力，能够筹措到资金，并不只限于银行借贷资本。徐定德等（2015）从"人均年现金收入""从正规金融渠道获得贷款的机会""从非金融渠道获得资助的机会"这三方面来衡量农户的金融资本；王凯等（2016）用"家庭固定资本""家庭年收入""获得无偿现金援助的机会""获得信贷难易程度"这四项指标来衡量农户的金融资本；韩自强等（2016）将农户的金融资本分为存款、贷款总额和牲畜存栏量。本书采用四项指标来测量乡村旅游地农户的金融资本：家庭现金年收入、获得贷款的机会、获得借款的机会、获得现金援助的机会。需要特别说明的是，现有文献关于农户获得现金借贷的机会多数采用"农户在最近一年内是否从银行、信用社或亲朋好友处获得现金借贷，若是，赋值为1，否则为0"。但是，通过对农户的深入访谈发现，大多数家庭与经济状况较差的农户都在最近一年内没有从银行、信用社或亲朋好友处获得现金借贷，而其中的原因却不一致：经济状况较好的农户没有借贷行为是因为拥有的现金量能够满足其投资需求；经济状况较差的农户没有借贷行为则是因为没有投资需求，拥有的现金可以满足家庭基本生活，所以也无须借贷。因此，用"农户在最近一年内是否从银行、信用社或亲朋好友处获得现金借贷"这一问题来测量农户的金融资本是不准确的，它无法反映经济状况较好与经济状况较差农户的金融资本之间的差别。而农户获得有效借贷机会与其在社会网络中的社会资本、文化资本关系密切，这些资本质量越高，农户可能获得有效借贷机会越多，反之，则越少（陈熹等，2018）。因此，农户最了解他们自身的借贷能力。本书通过向农户询问"能否从银行/信用社获得贷款"和"能否从亲戚/朋友处获得借款"这两个问题来衡量农户的借贷机会，若能，赋值为 1，否则为 0。

5. 社会资本的测量指标

社会资本具有很强的历史及文化属性，因此不同地域、不同层面下社会资本的测量标准会有所不同，选择适合中国农村社会经济及乡村旅游发展特点的测量指标是本书的重点之一。国外关于社会资本测量的研究分别从国家、社区和个人三个层面进行，然而中国城市和农村社会资本具有自身特性，因此在社会资本的变量选取中本书主要参考国内文献。相对于人力资本来说，社会资本对非贫困户收入提高的作用更加显著，同时不利于缩小农户之间的收入差距（李晓嘉等，2018）。赵文娟等（2016）将"领导能力""彩礼支出""参与社区公共祭祀活动"作为农户社会资本的测量指标；丁士军等（2016）认为，农户的社会资本可以通过七项指标来衡量：拜年户数、资金支持户数、劳动力支持户数、亲朋是村干部、亲朋在企事业单位、亲朋是企业老板或高管、参加民间协会组织；乌云花等（2017）在测算内蒙古牧民的社会资本时选取的衡量指标为：家庭中有无村干部、参加社会组织情况、亲戚圈（亲戚中是否有公务员）。本书采用五项指标来测量乡村旅游地农户的社会资本：旅游技能培训机会、参加合作社或协会等组织、社会联结度、对游客的友好程度、参加乡村旅游发展的意愿。

6. 制度资本的测量指标

所谓制度资本，就是将制度作为投入要素来参与生产和销售，并因此获得"利润"分享机会和"收益"权利（周阳敏，2002）。而我们研究的乡村旅游发展中农户的制度资本就是农户将自身所拥有的各类制度要素投入乡村旅游发展之中，依靠与政府、合作社、企业等签订的合约取得"利润"分享机会，得到"收益"的权利。沈等（Shen et al.，2008）认为，制度资本指的是进入旅游市场的难易程度、参与旅游决策的机会、获得利益分享的机会以及参与政治决策的意愿；崔晓明等（2017）用"国家/政府对乡村旅游支持政策及扶持力度"来衡量乡村旅游发展中的制度性因素；拉索等（Lasso et al.，2018）将农户加入当地的纪念品协会与政府对当地旅游发展的利好政策作为制度资本的衡量指标。本书采用三项指标来测量乡村旅游地农户的制度资本：参与旅游决策的机会、参与旅游投资的机会、参与利益分配的机会。

7. 认知资本的测量指标

认知能力是人脑加工、储存和提取信息的能力。认知能力比受教育年限能更好地反映人与人之间的人力资本差异（孟亦佳，2014）。认知资本是指为不同个体提供共同理解的解释、表达与意义系统的资源（Nahapiet et al.，1998），是信息沟通的基础（李彦勇，2018）。从前文关于乡村旅游地农户拥有的生计资本阐述可以看出，农户对于乡村旅游政策、当地文化以及旅游业发展的认知度影响到当地乡村旅游发展。张灿强（2017）将地方文化认知作为生计资本的一部分，并用"对民风民俗的了解程度"和"对传统农耕知识的了解程度"来进行测量；吴吉林等（2018）在考察传统村落农户对乡村旅游发展中的"文化适应性"时，选取了十项指标：提供旅游服务项目种类、民族服饰穿戴情况、传统饮食习俗保留程度、传统农耕工具保留种类、民族语言文字掌握程度、民族建筑元素保存状况、民族音乐舞蹈熟练程度、传统手工艺掌握程度、民俗文化表演参与度、传统节庆活动参与度。本书采用三项指标来测量乡村旅游地农户的认知资本：对旅游政策的知晓程度、对乡村旅游发展的认同度、对乡土文化的熟悉程度。

（二）测算方法

采用生计资本总指数和生计资本耦合协调度来评价农户生计资本量的大小及生计资本质量。在进行生计资本总指数和生计资本耦合协调度测算之前，需要对指标进行归一化处理。

1. 指标分值的归一化处理

数据的归一化是将数据按比例缩放，使之落入一个小的特定区间，去除数据的单位限制，将其转化为无量纲的纯数值，便于不同单位或量级的指标能够进行比较和加权。参考现有研究成果，用极差法对测量指标的量化值进行数据归一化处理（使数据落入 0 ~ 1 之间）较为常见，计算公式为：

$$U_{ij} = \frac{X_{ij} - \min\ (X_j)}{\max\ (X_j)\ - \min\ (X_j)} \qquad (3-1)$$

其中，U_{ij} 为第 i 个样本的第 j 项指标的归一化值；X_{ij} 为第 i 个样本的第 j 项指标的实际测量值；$\max\ (X_j)$ 为第 j 项指标的实际测量的最大值；$\min\ (X_j)$ 为第 j 项指标的实际测量的最小值。

如表 3 - 2 所示，生计资本的测量指标具有不同的量纲和数量级，为保持各指标值的相对差距不变，需要对部分指标分值进行归一化处理。需要归一化处理的指标有七项：家庭人口总数（H1）、家庭劳动力数（H2）、旅游经营房屋面积（P2）、耐用消费品数量（P3）、原有总耕地面积（N1）、发展旅游的耕地面积（N2）、家庭现金年收入（F1）。

2. 生计资本指数测算

根据指标的归一化值，可以求得每个农户家庭的七类生计资本指数以及生计资本总指数，同样也可以得到样本区内农户生计资本总指数（等于样本区内农户生计资本总指数的平均值）。

各类生计资本指数的计算公式为：

$$Q_i = W_{ij} U_{ij} \qquad (3-2)$$

每个农户家庭七类生计资本总指数的计算公式为：

$$L_j = \sum_{i=1}^{7} Q_i = \sum_{i=1}^{7} W_{ij} U_{ij} \qquad (3-3)$$

各村民组七类生计资本总指数的计算公式为：

$$T = \frac{\sum_{j=1}^{n} \sum_{i=1}^{7} Q_i}{n} = \frac{\sum_{j=1}^{n} \sum_{i=1}^{7} W_{ij} U_{ij}}{n} \qquad (3-4)$$

其中，T 为各村民组生计资本总指数；i 为生计资本种类，如表 3 - 1 所示的七类生计资本，故 $i \in \{1, 2, 3, 4, 5, 6, 7\}$；$Q_i$ 为各类生计资本指数；L_j 为第 j 个农户家庭的生计资本总指数；W_{ij} 为第 j 个样本的第 i 项生计资本的权重值；U_{ij} 为第 i 个样本的第 j 项指标的归一化值；n 为样本总数。$Q_i \in [0, 1]$，当 $Q_i = 1$ 时，农户的该类生计资本为最理想状态，Q_i 值由高到低表示农户该类生计资本指数逐渐降低，$Q_i = 0$ 时，农户该类生计资本状况最差。

3. 生计资本耦合协调度测算

耦合度①是指双方相互作用程度的强弱，不分利弊，度量的是系统间的关联程度；协调度是指相互作用中良性耦合程度的大小，体现了协调状况好坏程度（刘定惠，2011）。农户生计的可持续性不仅与其拥有的各类资本量有关，还需要各类资本之间保持良好的耦合协调状态。因此，不同类型生计资本间的耦合协调度也是评价农户生计资本质量的指标之一。本书把七类生计资本彼此影响、相互作用、协调发展的程度定义为生计资本耦合协调度，并运用模型定量测度七者的耦合关系与协调程度。计算公式为：

$$N = \left\{ \frac{\prod\limits_{i=1}^{7} Q_i}{\left[\sum\limits_{i=1}^{7} Q_i \right]^7} \right\}^{\frac{1}{7}} \tag{3-5}$$

$$D = \sqrt{N \cdot T} \tag{3-6}$$

其中，D 为七类生计资本的耦合协调度；N 为七类生计资本的耦合度；T 为生计资本总指数；Q_i 为各类生计资本指数；$i \in \{1, 2, 3, 4, 5, 6, 7\}$。$D \in [0, 1]$，引入耦合协调度等级评价标准（舒小林等，2015），如表3-3所示。

表3-3　　　　　　　　　耦合协调度等级评价标准

耦合协调度	耦合协调等级	耦合协调度	耦合协调等级
0~0.09	极度失调	0.50~0.59	勉强协调
0.10~0.19	严重失调	0.60~0.69	初级协调
0.20~0.29	中度失调	0.70~0.79	中级协调
0.30~0.39	轻度失调	0.80~0.89	良好协调
0.40~0.49	濒临失调	0.90~1	优质协调

二、乡村旅游地农户生计策略的测量指标及方法

（一）指标选取

农户生计策略作为实现生计目标所采取的活动，在一定的背景条件下，决

---

① 耦合指的是两个（或两个以上的）系统或运动形式通过各种相互作用而彼此影响的现象；互惠互利为良性耦合，彼此掣肘为恶性耦合。

定了农户的生计结果（Birch-Thomsen et al.，2001）。目前，国际上对农户生计策略变化的研究主要集中在生计多样化和生计替代两个方面（Niehof，2004）。国内学者对生计策略变化的研究以生计策略与生计资本的关系居多（道日娜，2014；郝文渊等，2014；吴小影等，2017；韦惠兰等，2018），其次是生计策略的影响因素（李聪等，2013；胡晗等，2018），对于如何判断生计策略优劣的研究很少。

农户应对严苛且脆弱的生态环境的策略包括生计多样化、土地扩张化、土地集约化、生态移民策略等（肖祥，2017）。在土地适度规模经营的条件下，多样化策略能很好地规避风险，其中包括生计多样化和收入多样化。其中，生计多样化是农户生计策略中规避风险、增加收入、改善生活质量的重要途径。生计多样性指数高低反映的是农户生计稳定性强弱和农户选择的生计策略优劣程度，生计多样性指数越高，农户生计越稳定，表明其选择的生计策略越好。收入多样性指数反映了农户收入来源个数及均衡程度，收入多样化数值越高，表明农户收入来源越多、各收入占比越均匀、农户抗风险能力越强、生计越稳定性、生计策略越好。本书选择生计多样性指数、收入多样性指数、参与旅游业的意愿这三项指标来衡量乡村旅游地农户的生计策略。乡村旅游地农户的生计方式大致可分为：种植业、养殖业、旅游经营（农家乐等）、打工、房屋出租、其他个体经商及其他收入。

（二）测算方法

1. 生计多样性指数测算

以往研究对生计多样性指数的测算，有的选择直接用农户家庭生计活动的种类数作为生计多样性指数（阎建忠，2009；赵雪雁，2013），有的选择用农户家庭生计活动的种类数与样本地农户所有生计活动种类数的比值进行测算（徐爽等，2018），本书选择后者，计算公式为：

$$K = \frac{Y_j}{Y} \tag{3-7}$$

其中，K 表示农户生计多样性指数；Y_j 表示第 j 户农户家庭拥有的生计活动的种类数；Y 代表所有农户生计活动种类数；$j = (1, 2, 3, \cdots)$。

2. 收入多样性指数测算

现有的多样性测度方法主要有国家平均法（national averages）、肩形图法

（ogive）、熵值法（entropy index）和赫芬达尔指数（Herfindahl index）、耐用品指数（the durable goods index）以及组合方差法（portfolio variance）等（Mack，2007）。其中，熵值法是最常用的多样化测度方法之一，通过对比区域收入结构与指定的参照对象来测算收入多样性，本书选择熵值法，计算公式为：

$$V = -\sum_{s=1}^{n} G_s \ln G_s \qquad (3-8)$$

其中，V 是收入多样性指数；G_s 为样本地农户家庭第 s 种收入来源产生的收入占家庭总收入的比重；$s = (1, 2, 3, \cdots, n)$；如果该地区农户只有一种收入来源，则熵值为 0，说明收入多样性程度最低；熵值越大，则收入多样性程度越高。

3. 参与乡村旅游发展的意愿

将农户是否愿意选择将旅游业作为生计方式之一，纳入乡村旅游地农户生计策略的测量指标（非常愿意 =1；比较愿意 =0.75；一般 =0.5；不太愿意 =0.25；完全不愿意 =0），可以进一步测量农户对当地乡村旅游发展的真实态度。

三、乡村旅游地农户生计结果的测量指标及方法

（一）指标选取

旅游发展对农民及农村地区产生的影响是双重的，既有正面的也有负面的。目前大多数研究仅考虑了积极的生计结果，例如，贺爱琳（2014）认为，乡村旅游发展给当地农户带来三项生计产出：收入、社会福利及旅游资源的可持续利用；王瑾等（2014）将生态旅游地农户的生计结果分为四个方面：福利提升、脆弱性降低、食物安全性提高及自然资源的利用更加持续；崔晓明等（2018）用生活水平有无明显变化、就业机会有无显著增加、自然资源能否实现可持续利用、乡村旅游扶贫效果是否显著、农民对家乡的自豪感与依恋感是否提升、当地的城镇化率是否提高这七项作为乡村旅游地农户生计结果的测量指标。本书将乡村旅游地农户生计结果分为正面生计结果和负面生计结果。正面生计结果的测量指标有七项：就业机会增多、收入增加、基础设施改善、人

居环境优化、环保意识增强、文化保护意识增强、农民综合素质提高；负面生计结果的测量指标有六项：物价上涨、贫富差距扩大、传统文化受到冲击、邻里关系恶化、环境污染加重、社会风气变差。

（二）测算方法

社区居民是当地旅游发展的"证人"，因此，从农民感知角度来测量乡村旅游对农户生计结果产生的影响及程度大小是必要且有效的。具体操作方法是，（1）采用层次分析法分别确定正面生计结果与负面生计结果所包含测量指标的权重；（2）采用李克特5级量表获得各指标的打分结果（见表3-4）；（3）结合测量指标权重及打分结果，采用模糊综合评价法计算乡村旅游地农户生计结果的整体得分。选用模糊综合评价法的原因在于：模糊综合评价方法既可用于主观因素的综合评价，又可用于客观因素的综合评价；它对含有主观因素的问题进行模糊化处理，确定各个单因素的模糊隶属度，使得定性指标向定量指标转化，具有一定的优势。本书研究的农户对生计结果的感知是一种心理判断过程，具有很强的模糊性，而且生计结果的测量指标和李克特量表打分过程也都具有模糊性，所以对乡村旅游地农户生计结果的研究适合使用此方法（模糊综合评价法的具体步骤参考已有文献，这里不作赘述）。

表3-4　　　　　　乡村旅游地农户生计结果的测量题项及评分标准

总项目	分项目	指标	评分标准（1~5分）
生计结果	正面生计结果	就业机会增多	每个指标评价有五个档次：完全不同意、不太同意、一般、基本同意、完全同意，分别对应1分、2分、3分、4分、5分
		收入增加	
		基础设施改善	
		居住环境优化	
		环境保护意识增强	
		文化保护意识增强	
		农民综合素质提高	
	负面生计结果	物价上涨	
		贫富差距扩大	
		传统文化受到冲击	
		邻里关系恶化	
		环境污染加剧	
		社会风气变差	

本章小结

本章在回顾 DFID 提出的可持续生计分析框架基础上，结合乡村旅游发展的特殊性，对可持续生计分析框架进行了修正，使其能够应用于乡村旅游地的农户生计问题分析。本章共包含以下三部分。

第一，分析可持续生计分析框架在乡村旅游研究中改进的必要性。首先，阐述可持续生计分析框架的来源及其基本内容；其次，分析乡村旅游与可持续生计的关系。分析得到，乡村旅游这种新的生计方式与传统农业具有相似性：它们的目标都是为了让农户获得更好的生计结果；它们的发展都需要生计资本作为起点；它们都具有自身独特的脆弱性背景。

第二，构建乡村旅游研究中的可持续生计分析框架。以 DFID 可持续生计分析框架为基础，分析乡村旅游农户面临的脆弱性背景、中央/地方对乡村旅游的支持政策、乡村旅游地农户拥有的生计资本、选择的生计策略以及获得的生计资本，以此为依据，构建乡村旅游—可持续生计分析框架（RT-SLA）。该框架中，乡村旅游地农户的生计资本被分为七种类型：人力资本、物质资本、自然资本、金融资本、社会资本、制度资本、认知资本。

第三，RT-SLA 中各要素的测量指标及方法。结合已有文献和前文分析，选取生计资本、生计策略、生计结果的测量指标及相应的测算方法。其中，生计资本方面，人力资本的测量指标有四项：家庭人口总数、家庭劳动力数、成年劳动力的最高受教育程度、旅游从业技能；物质资本的测量指标有四项：住房结构、旅游经营房屋面积、耐用消费品数量、生产工具状况；自然资本的测量指标有三项：原有总耕地面积、耕地质量、发展旅游的耕地面积；金融资本的测量指标有四项：家庭现金年收入、获得贷款的机会、获得借款的机会、获得现金援助的机会；社会资本的测量指标有五项：旅游技能培训机会、参加合作社或协会等组织、社会联结度、对游客的友好程度、参加乡村旅游发展的意愿；制度资本的测量指标有三项：参与旅游决策的机会、参与旅游投资的机会、参与利益分配的机会；认知资本的测量指标有三项：对旅游政策的知晓程度、对乡村旅游发展的认同度、对乡土文化的熟悉程度；生计资产的测算方法是生计资本总指数与生计资本耦合协调度。生计策略方面，选择生计多样性指数、收入多样性指数、参与旅游业的意愿这三项指标来衡量乡村旅游地农户的生计策略。乡村旅游地农户的生计方式大致可分为种植业、养殖业、旅游经营（农家乐等）、打工、房屋出租、其他个体经商及其他收入。生计结果方面，将乡村旅游地农户生计结果分为正面生计结果和负面生计结果。正面生计结果的测量指标有七项：就业机会增多、收入增加、基础设施改善、人居环境优化、环保意识增强、文化保护意识增强、农民综合素质提高；负面生计结果的测量指标有六项：物价上涨、贫富差距扩大、传统文化受到冲击、邻里关系恶化、环境污染加重、社会风气变差。运用模糊综合评价法来计算农户对乡村旅游发展的结果感知。

第四章 预试问卷设计与实施结果分析

为了论证乡村旅游地农户的可持续生计相关问题，需要采用问卷调查作为直接获取数据信息的重要手段。问卷调查法一般分为设计问卷、发放问卷、回收问卷、处理问卷和分析问卷五个步骤。其中，问卷设计在整个调查过程中处于核心地位，所以科学合理地设计问卷是调查成功的基础。为保证正式的调研问卷具有良好的信度和效度，本书将调研工作设计分为预调研和正式调研两个阶段。在进行正式调研之前，先设计预试问卷，通过对预调研的结果分析，对初始的测量题项的可靠性和有效性进行分析判断，并进一步修改初始测量量表，最终形成正式调研问卷。

第一节 预试问卷设计与分析程序

围绕本次调研目的和内容，本着目的性、逻辑性及通俗性等原则来进行预试问卷设计，在设计过程中反复与专家学者及样本地的受访者就调查问卷初稿进行研讨并反复修正，设计完成之后，进行预试问卷施测并对结果进行分析，作为修正预试问卷的依据。

一、预试问卷设计原则与过程

（一）预试问卷设计原则

1. 目的性原则

在设计调查问卷之前，必须透彻研究调研项目的主题，拟出调查问题，要做到既不能遗漏一个主要问题，也不能多设计一个无用题项。在本书中，紧紧围绕生计资本、生计策略、生计结果所要测量的维度来设计题项，避免可有可无的问题。

2. 逻辑性原则

问题的排列应有一定的逻辑顺序，符合一般人的思维程序。简而言之，就是设计题项时要将简单的、容易理解的题项放在问卷前面，将比较烦琐、较难理解的题项尽量放在靠后位置。这样安排题项既方便调研人员先简后繁、层层深入地向受访者提问，也容易被受访者接受。

3. 语言准确、通俗性原则

问卷是调查人员与被调查人员进行语言交流和信息沟通的媒介和桥梁。在设计问卷时要尽量站在被调查者的角度去表述问题，才能保证题项能够被准确无误地理解。问卷中的问题表述要尽量简单、准确、通俗，能让人一目了然、轻松回答，当受访对象的文化程度普遍较高或者只针对某一专业群体时，可以使用较专业的词汇表达。

4. 篇幅适宜性原则

被调查者的耐心是有限度的，问卷篇幅过长，从一定程度上就"吓"到了被调查人员，会让被调查人员对问卷心存不满。所以，问卷设计人员应当在撰写问题时，力求语言精练，简化问题，消除被调查人员的抵触心理，在表达问题时，言简意赅，易于理解，直击关键点。

（二）预试问卷设计过程

本书严格遵循问卷调查领域的权威专家风笑天（1994）、丘吉尔和雅科布奇（Churchill and Lacobucci，2010）、罗胜强和姜燕（2014）等提出的关于问卷设计需要注意的关键事项，在第三章提出的"乡村旅游研究中的可持续生计分析框架（RT-SLA）"与表 3 – 2"乡村旅游地农户生计资本测量指标体系及量化方法"的基础上设计本书的预试问卷。步骤如下。

第一步，围绕调研目的、运用周边资源尽可能全面地收集样本地的相关资料。在广泛收集网络材料和纸质材料的基础上，笔者于 2018 年 6 月走访了样本地的多家农户，并与当地的村委会成员和农家乐经营者进行了深入沟通，更加清晰、明确地掌握样本地的真实情况，为下一步有的放矢地设置题项做好准备。这种半结构化的访谈方式让受访者无戒备地畅所欲言，方便笔者收集到更多客观意见，而且这种较为全面的信息也有利于笔者进一步完善调研结构。

第二步，将乡村旅游研究中的可持续生计分析框架（RT-SLA）中的问题具体化和可操作化，形成一系列可测量的变量并根据这些变量设置相应的问题。调查问卷中的变量最终要通过若干题项来呈现给被调查者，题项的设置是问卷设计的重中之重。不合理的、模棱两可的、涉及敏感问题的题项均可能导致不真实的调查结果。本书根据搜集的资料，从理论前沿和真实农村中更加准确地提炼出测量题项内容，形成问卷初稿。

第三步，与相关领域的专家学者及受访者就问卷初稿进行研讨并修正。本书采用当面请教、邮件、电话、微信等途径将设计好的调查问卷初稿交予在旅游管理和农业经济管理领域专家学者们阅读和分析，并根据其意见对措辞不当的题项进行修改或删除。每轮修改完成后，再次请专家对问卷进行审核：一是检查问题间的逻辑关系是否合理；二是核实题项与样本地的实际情况是否吻合；三是检查题项的表述是否通俗易懂、无歧义。反复修改直至问卷结构和内容符合学术研究要求。

二、预试问卷基本内容

本书的大多数问题选用封闭式问答形式，由被调查者直接从备选项中勾选，少部分选项要求被调查者根据自己家庭的实际情况填写。具体内容可分为四个部分，共包含32个题项（详见附录A）。

1. 封面信/问卷说明

封面信/问卷说明是一封致被调查者的短信，要求语言中肯、篇幅小，简明扼要地解释有关调查的一切情况。封面信质量的高低决定着研究者能否让被调查者接受调查并认真地填写问卷。在封面信中，主要说明以下几个内容：（1）调查者的身份，即"我是谁"。（2）调查的大致内容，即"调查什么"。本书的调查内容主要包括两大块：农户家庭生计资本状况和农户对乡村旅游发展的结果感知。（3）调查的主要目的，即"为什么调查"。（4）对调查结果保密的措施。本次问卷采用不记名的方式，调查结果仅用于学术研究。（5）表达感谢。在封面信的结尾处，真诚地感谢被调查者。

2. 农户家庭生计资本状况调查

根据第三章中表3-2"乡村旅游地农户生计资本测量指标体系及量化方

法",将通过人力资本、物质资本等七个方面来测量农户家庭的生计资本状况。该部分共包括23个测量题项（为调研方便，人力资本的4个题项由1个表格代替，在问卷中表述为1个题项）。生计方式组合状况由1个题项表述。农户家庭生计资本状况调查共计24题，如表4-1所示。

表4-1 农户家庭生计资本及其组合状况测量题项

构面及代码	题项摘要及代码	题项表述
人力资本（H）	家庭人口总数（H1）	1. 您家里有_____口人，请分别将他/她们的基本信息填在表格内。（基本信息包括年龄、性别、受教育程度、健康状况、有无旅游业相关技能）
	家庭劳动力数（H2）	
	成年劳动力最高教育程度（H3）	
	旅游从业技能（H4）	
物质资本（P）	住房结构（P1）	2. 您家里的住房是_____。（单选题。备选项：混凝土房、砖混房/木房、砖瓦房、土瓦房及其他）
	旅游经营房屋面积（P2）	3. 您家里是否有用于旅游经营的房屋？如果有，面积约有_____平方米
	耐用消费品数量（P3）	4. 下列生活用品中，您家里有哪些？（多选题。备选项：洗衣机、电冰箱、彩色电视机、空调、热水器、电瓶车、摩托车、轿车、移动电话、电脑、电饭煲）
	生产工具状况（P4）	5. 下列农用工具中，您家里有哪些？请按最高级别勾选（单选题。备选项：大型农业器械、中小型农业器械、手工传统农具、动物役畜、以上都没有）
自然资本（N）	原有总耕地面积（N1）	6. 您家里原有耕地面积_____亩
	耕地质量（N2）	7. 您对家里原有耕地质量的评价是_____。（单选题。备选项：非常好、比较好、一般、较差、非常差）
	发展旅游的耕地面积（N3）	8. 您家里有用于旅游发展的耕地吗？如果有，请填上具体面积_____亩
金融资本（F）	家庭现金年收入（F1）	9. 2017年，您家庭的现金收入是_____万元
	获得贷款的机会（F2）	10. 您能否从银行或信用社获得贷款？（单选题。备选项：是、否）
	获得借款的机会（F3）	11. 您能否从亲戚/朋友处获得借款？（单选题。备选项：是、否）
	获得无偿资金援助的机会（F4）	12. 您家里在过去一年内是否收到过无偿资金援助？（单选题。备选项：是、否）

续表

构面 及代码	题项摘要及代码	题项表述
社会资本 （S）	参加旅游业技能培训机会（S1）	13. 您或您的家人是否有机会参加旅游相关技能培训？（单选题。备选项：是、否）
	参加合作社或协会等组织（S2）	14. 您或您的家人是否加入合作社或旅游协会等组织？（单选题。备选项：是、否）
	社会联结度（S3）	15. 您家里是否有近亲属现在机关或企事业单位任职？（单选题。备选项：是、否）
	对游客的友好程度（S4）	16. 您家里对外来游客的态度是_____。（单选题。备选项：非常欢迎、比较欢迎、一般、不太欢迎、完全不欢迎）
	参与乡村旅游发展的意愿（S5）	17. 您对参与乡村旅游发展的态度是_____。（单选题。备选项：非常愿意；比较愿意；一般；不太愿意；完全不愿意）
制度资本 （I）	参与旅游决策的机会（I1）	18. 您家里是否有机会参与本地旅游发展决策？（单选题。备选项：是、否）
	参与旅游投资的机会（I2）	19. 您家里是否有机会投资本地旅游发展项目？（单选题。备选项：是、否）
	参与利益分配的机会（I3）	20. 您家里是否有机会参与本地旅游发展成果分红？（单选题。备选项：是、否）
认知资本 （C）	对旅游政策的知晓程度（C1）	21. 您对旅游政策的知晓程度如何？（单选题。备选项：非常熟悉、比较熟悉、一般、了解较少、完全不了解）
	对乡村旅游发展的认同度（C2）	22. 您对本地乡村旅游发展的认同度如何？（单选题。备选项：非常认同、比较认同、一般、不太认同、完全不认同）
	对乡土文化的熟悉程度（C3）	23. 您对本地乡土文化的熟悉程度如何？（单选题。备选项：非常熟悉、比较熟悉、一般、了解较少、完全不了解）
生计方式组合状况		24. 2017 年，您家里主要有下列哪几种经济来源？请在方框中勾选并在后面横线上填上具体年收入。（多选题。备选项：种植业、养殖业、旅游经营、其他个体经商、打工、房屋出租、其他）

注："生计方式组合状况"中农户的经济来源除上述所列 7 项之外，还有国家给予的耕地保护补贴和公益林补贴，但是经过对郝堂村的初步了解发现，耕地保护补贴标准为 144 元/亩/年，公益林补贴为 9 元/亩/年，由于当地耕地面积较少，大多数家庭的这两项收入总和每年不超过 500 元，并且大多数农民并不太关心自己家庭每年得到的耕地保护补贴和公益林补贴的金额，表示这些收入对家庭生活状况影响很小，没有显著作用。所以，本次预试问卷暂不将耕地保护补贴和公益林补贴作为主要的经济来源。

3. 农户对乡村旅游发展的结果感知状况调查

根据第三章中"乡村旅游地农户生计结果的测量指标及方法"阐述及表 3 - 4 "乡村旅游地农户生计结果的测量题项及评分标准",将用 13 个题项来测量农户对乡村旅游发展的结果感知状况。具体表述如表 4 - 2 所示。

表 4 - 2　　　农户对乡村旅游发展的结果感知测量题项及评价标准

题项	评价标准				
	完全不同意	不太同意	一般	基本同意	完全同意
25. 乡村旅游发展为本地带来了更多就业机会（R1）	1	2	3	4	5
26. 乡村旅游发展使得本地农民收入增加（R2）	1	2	3	4	5
27. 乡村旅游发展改善了本地基础设施（R3）	1	2	3	4	5
28. 乡村旅游发展优化了农村居住环境（R4）	1	2	3	4	5
29. 乡村旅游发展使得农民环境保护意识增强（R5）	1	2	3	4	5
30. 乡村旅游发展使得农民文化保护意识增强（R6）	1	2	3	4	5
31. 乡村旅游发展普遍提高了农民的综合素质（R7）	1	2	3	4	5
32. 乡村旅游发展导致本地物价上涨（R8）	1	2	3	4	5
33. 乡村旅游发展导致本地贫富差距扩大（R9）	1	2	3	4	5
34. 乡村旅游发展导致传统文化受到冲击（R10）	1	2	3	4	5
35. 乡村旅游发展导致邻里关系恶化（R11）	1	2	3	4	5
36. 乡村旅游发展导致环境污染加剧（R12）	1	2	3	4	5
37. 乡村旅游发展导致社会风气变差（R13）	1	2	3	4	5

4. 结束语

结语部分为致谢。另外,主动询问被调查者是否还有本次问卷调查之外的其他意见或建议。本次预试问卷的结束语:问卷调查到此结束,再次感谢您的配合! 如果您对本地乡村旅游发展还有其他的意见或建议,请填写在下面的横线上＿＿＿＿＿＿＿＿＿＿＿＿＿＿。

三、预试问卷施测与数据分析流程

预试问卷施测完成之后,要根据收集数据进行预试问卷项目分析、效度检验、信度检验,并将分析结果作为编制正式问卷的依据(吴明隆,2010)。本书的预调研实施与数据分析流程共有以下四个步骤。

第一步，实施预调研。预调研的实施包括问卷发放地区、渠道及对象的选择。本次预试问卷的发放地区是河南省信阳市郝堂村的红星村民组、郝湾村民组、徐湾村民组和红庙村民组，调研对象为当地农民，采取入户调研的方式收集数据。

第二步，项目分析。项目分析的主要目的是删除没有区分力、辨识度不高的项目。项目分析可分为质的分析和量的分析，质的分析检验的是题项的内容和形式；量的分析是采用统计方法来分析题项的质量。通过项目分析剔除那些不合要求的项目，提高量表的信度和效度。

第三步，问卷的信效度检验。信度（reliability）衡量的是问卷中各量表测量结果的一致性，效度（validity）是为了检验问卷中各量表测量结果的真实性。本书是通过调查问卷的形式来获取研究数据，需要对调查结果进行信度、效度检验，用来增加问卷的可信性和解释力。

第四步，题项净化、形成正式问卷。通过预调研收集的数据对问卷中的各量表进行项目分析、信度检验、效度检验等分析验证，对问卷中含糊不清的测项、重复的测项、不符合客观实际的测项及因子载荷低的测项等进行修正或剔除，题项检验净化后，形成正式问卷。

第二节　预调研实施与结果分析

选取研究区域的一小部分来实施预调研，按要求收集有效问卷数量，并对结果进行分析，按照"项目分析—效度检验—信度检验"的流程来分析预试问卷。

一、预调研实施

（一）预调研样本量确定

吴明隆（2010）认为，预试问卷调研对象应与正式问卷调研对象性质及范围一致，样本量以问卷中分量表最多题项的 3 ~ 5 倍，如果进行因子分析，则样本量应以题项最多的分量表的测量题项的 5 倍以上为佳，且越多越好。本书共有农户家庭生计资本和农户对乡村旅游发展的结果感知 2 个量表，其中农户家庭生计资本量表又包含 7 个构面。这些量表及构面中题项最多的是农户对乡村旅游发展的结果感知量表，共有 13 个测量题项。由于还需要对预试问卷进行验证性因子分析，按照上述说明，预调研的样本量最好要多于 65 个。

（二）预调研数据收集

本次预调研选取的调研区域为河南省信阳市郝堂村。郝堂村位于河南省信阳市平桥区五里店街道办事处南部，全村原有 18 个村民组，约 2385 人，面积约 20 平方千米。除去整体搬迁到信阳市郊区的乌云村民组外，全村还有 17 个村民组，分别是红星组、黄湾组、窑湾组、尖山组、郝湾组、马湾组、胡湾组、曹湾组、王冲上组、王冲下组、学校组、红庙组、徐湾组、陈沟组、糖坊组、张湾组、龙山组（龙山组多数村民已在外买房，目前仅剩两户留守老人，暂不作为本次调研的样本地）。郝堂村的乡村旅游发展在地理位置上以红星组为核心向周围扩散，故本次预调研选取红星组、红星组周边的郝湾组、距离红星组较远的徐湾组和红庙组这四个村民组为样本地，采取逐一入户调研的方式收集数据。由于当地农民文化程度普遍不高，所以大多数问卷由调研人员询问、解释，农民作答，最后由调研人员代为填写问卷答案的方式进行。预调研时间为 2018 年 6 月份，共收集有效问卷 79 份，有效率 100%，其中红星组 24 份、郝湾组 23 份、徐湾组 14 份、红庙组 18 份。回收的 79 份预试问卷中，有75 份问卷信息填写完整，其余 4 份回答不全的问卷则通过二次回访和询问负责该村民组的村干部将信息补齐。

本书将分别从以下几个方面来尽量减少上述主观偏差：首先，撰写调查承诺书。向每一位农户承诺个人填写的调查问卷仅用于学术研究使用，绝对不涉及任何商业用途，他们绝不需要承担任何责任。通过这一途径来降低农户的戒备心理。本书的调查承诺为"本次调研的目的在于了解乡村旅游开发对您生产生活的影响；我们不代表任何官方机构，问卷采用不记名方式，您的回答和所提供的资料仅用于博士论文写作，请您放心作答！"其次，鼓励每一位被调查者根据自身的实际情况如实填写问卷内容，不需要过分考虑其他人的观点。最后，在尽量降低测量题项表达内容隐晦、深奥、难以掌握和理解的前提下，为每位农户耐心解释填写过程中的任何疑惑，并且在面对一些文化程度较低的调查对象时，采取解释、询问、代填的方式完成问卷。

二、预试问卷基本信息描述性统计分析

所谓描述性统计分析，就是将调查问卷所得的样本数据加以整理、归类、简化或绘制成图表，用于描述和突出数据的特征及变量之间的关系，进一步揭示出数据的基本倾向。描述性统计分析的项目很多，本书的预试问卷基本信息包括被调查对象的家庭总人口数、劳动力总数、劳动力的最高受教育程度、旅游业技能、生计方式种类、年收入及旅游业经营收入这七项，其中家庭总人口数、劳动力总数、劳动力的最高受教育程度、旅游业技能、生计方式种类这五个变量为非连续变量（频数分布情况见表4-3），年收入与旅游业经营收入为连续变量（描述性统计情况见表4-4和表4-5）。

表4-3　　　　　　　　　　　　非连续变量频数分布情况

变量	取值	频率	百分比（%）	有效百分比（%）	累积百分比（%）
家庭人口总数	2	7	8.9	8.9	8.9
	3	18	22.8	22.8	31.6
	4	16	20.3	20.3	51.9
	5	10	12.7	12.7	64.6
	6	19	24.1	24.1	88.6
	7	4	5.1	5.1	93.7
	8	4	5.1	5.1	98.7
	9	1	1.3	1.3	100.0
	合计	79	100.0	100.0	
家庭劳动力数	0.5	3	3.8	3.8	3.8
	1.0	1	1.3	1.3	5.1
	1.5	1	1.3	1.3	6.3
	2.0	15	19.0	19.0	25.3
	2.5	1	1.3	1.3	26.6
	3.0	19	24.1	24.1	50.6
	4.0	34	43.0	43.0	93.7
	5.0	2	2.5	2.5	96.2
	6.0	3	3.8	3.8	100.0
	合计	79	100.0	100.0	

续表

变量	取值	频率	百分比（%）	有效百分比（%）	累积百分比（%）
教育程度	0.25	8	10.1	10.1	10.1
	0.50	45	57.0	57.0	67.1
	0.75	19	24.1	24.1	91.1
	1.00	7	8.9	8.9	100.0
	合计	79	100.0	100.0	
旅游从业技能	0	50	63.3	63.3	63.3
	1	29	36.7	36.7	100.0
	合计	79	100.0	100.0	
生计方式种类	1	18	22.8	22.8	22.8
	2	37	46.8	46.8	69.6
	3	22	27.8	27.8	97.5
	4	2	2.5	2.5	100.0
	合计	79	100.0	100.0	

注：数据处理中由于四舍五入的原因，合计数值有时不会正好是100%，余同。

表 4-4 连续变量描述统计

变量	N	极小值	极大值	均值	标准差	方差
家庭现金年收入（万元）	79	1.50	80.00	9.895	9.938	98.759
旅游业经营收入（万元）	79	0.00	25.00	4.109	6.807	46.332
有效的 N（列表状态）	79					

表 4-5 连续变量正态性检验

变量	Kolmogorov-Smirnov[a]			Shapiro-Wilk		
	统计量	df	Sig.	统计量	df	Sig.
家庭现金年收入（万元）	0.255	79	0.000	0.575	79	0.000
旅游业经营收入（万元）	0.360	79	0.000	0.663	79	0.000

注：a. Lilliefors 显著水平修正。

Spss 19.0 统计结果显示，在这 79 份预调研数据中，家庭总人口数最小值为 2、最大值为 9；6 人的家庭最多，有 19 户，占比 24.1%；其次是 3 人，有 18 户，占比 22.8%；4 人的有 16 户，占比 20.3；户数最少的是总人口数为 9 人的家庭，仅有 1 家；家庭总人口的占比情况由大到小顺序为：6 人 > 3 人 > 4

人>5人>2人>7人=8人>9人。家庭劳动力数方面，4个劳动力家庭最多，达到34户，占比43.0%；劳动力在3个及以下的家庭占比达50.6%；劳动力最少（半个劳动力）的家庭有3户，占比3.8%。家庭劳动力的最高受教育程度方面，文盲为0，小学占比10.1%，初中占比57.0%，高中占比24.0%，大专及以上占比8.9%。旅游业技能方面，有29户家庭具备从事旅游行业的技能，占比36.7%；其余50户表示不具备从事旅游服务的技能。家庭现金年收入方面，这79户家庭中，最高年收入为80万元，最低年收入为1.5万元；年收入在5万元及以下的家庭占比3.04%；年收入在10万元及以上的家庭共有29户，占比达36.7%。从生计方式种类看，大多数农户采用3种及以下生计方式，4种生计方式仅有2户，占比2.5%。旅游业经营收入指标显示，有50户家庭没有参与旅游业经营，占比63.3%；从事旅游业经营的29户家庭中，收入在5万元及以下的有7户，占比8.9%，收入在10万元及以上的家庭有17户，占比21.5%。正态性检验结果显示（见表4-5），家庭现金年收入与旅游业经营收入符合正态分布。

三、预试问卷项目分析

项目分析是通过探究预试样本中高低分被调研对象在每个题项上的差异是否显著来判断量表中所含题项的有效性，项目分析结果可作为量表中个别题项删减或修改的依据，一般来讲分为以下七个步骤（吴明隆，2010），全部借助统计软件完成。

1. 量表题项的反向计分

如果量表中有反向题，则需要首先对这些反向题进行反向计分；如果没有反向题，则此步骤可略过。

2. 求出量表总分

将量表中所有被调查者作答的题项结果加总，求出各被调查者在量表上的总分。

3. 量表总分高低排列

将加总后的量表总得分添加为一个新的变量，并将其按照升序或降序进行排列。

4. 找出临界点

一般情况下，按照 27% 分组法来对量表总分进行分组（若预试样本数量较少，则可以采用小于 27% 的分组法）。依据上述总分排序结果，找出前 27%（低分组）和后 27%（高分组）的得分。

5. 进行高、低组编码

将总分中的低分组和高分组识别出来之后，对其进行分别编码。例如，可将低分组的样本编码为 1，高分组的样本编码为 2。

6. 差异检验

用独立样本 t 检验来检验高、低组在量表中每个题项上的差异，得到独立样本 t 检验结果。t 值显著，则表明该题项在高、低组别之间的差异显著，题项具有区分度；反之，则不具有区分度。

7. 剔除不达标题项

由于本书不仅是单纯衡量农户生计资本指数的多少、生计策略的优劣以及生计结果的好坏，并且还涉及 16 个村民组之间的比较研究，因此，要依据上述独立样本 t 检验结果，将其中不具有区分度、t 值不显著的题项删除。

（一）预试问卷生计资本量表项目分析

1. 人力资本构面

按照上述七个步骤，采用极端组法对预试问卷中人力资本构面进行项目分析，独立样本 t 检验结果如下所示。

表 4 - 6 为人力资本构面（H）的组统计量，包括总分组别（1 代表低分组，2 代表高分组）、高分组和低分组的样本个数（N）、高分组和低分组的均值和标准差及高分组和低分组均值的标准误。H1、H2、H3、H4 分别代表人力资本构面中的题项。

独立样本 t 检验的目的在于检验高分组和低分组在每个题项测量值的平均数差异是否显著（ $|t| \geq 3$ ， $p < 0.05$ ），以此来辨别被调研对象在该量表各题项的平均数高低是否因组别的不同而有所差异。一般情况下，两组的差异越大，则 t 检验结果越显著，测量题项越有效。表 4 - 7 为独立样本 t 检验的统计量，首先在方差方程的 Levene 检验中看两组的方差是否相等，若相等，则看"假设方差相等"行的 t 值及显著性水平，若不相等，则看"假设方差相等"

行的 t 值及显著性水平。依此方法可以看出，题项 H1、H2、H3、H4 的 t 统计量达标且显著（$|t| \geq 3$，$p < 0.05$），表示这四个题项在人力资本构面中的鉴别度均较高，四个题项都予以保留。

表 4 - 6 组统计量（N = 21）

题项代码	H 总分组别	均值	标准差	均值的标准误
H1	1	2.810	0.680	0.148
	2	6.619	1.071	0.234
H2	1	1.952	0.805	0.176
	2	4.381	0.740	0.161
H3	1	0.440	0.135	0.029
	2	0.655	0.216	0.047
H4	1	0.095	0.301	0.066
	2	0.810	0.402	0.088

表 4 - 7 独立样本 t 检验

题项		方差方程的 Levene 检验		均值方程的 t 检验						
		F	Sig.	t	df	Sig.（双侧）	均值差值	标准误差值	差分的 95% 置信区间	
									下限	上限
H1	假设方差相等	5.898	0.020	-13.760	40	0.000	-3.810	0.277	-4.369	-3.250
	假设方差不相等			-13.760	33.855	0.000	-3.810	0.277	-4.372	-3.247
H2	假设方差相等	0.040	0.842	-10.180	40	0.000	-2.429	0.239	-2.911	-1.946
	假设方差不相等			-10.180	39.722	0.000	-2.429	0.239	-2.911	-1.946
H3	假设方差相等	5.849	0.020	-3.855	40	0.000	-0.214	0.056	-0.327	-0.102
	假设方差不相等			-3.855	33.503	0.000	-0.214	0.056	-0.327	-0.101
H4	假设方差相等	3.204	0.081	-6.516	40	0.000	-0.714	0.110	-0.936	-0.493
	假设方差不相等			-6.516	37.034	0.000	-0.714	0.110	-0.936	-0.492

2. 物质资本构面

根据项目分析步骤，采用极端组法对预试问卷中物质资本构面进行项目分析，独立样本 t 检验结果如下所示。

表 4 - 8 为物质资本构面（P）的组统计量，包括总分组别（1 代表低分组，2 代表高分组）、高分组和低分组的样本个数（N）、高分组和低分组的均

值和标准差及高分组和低分组均值的标准误。P1、P2、P3、P4 分别代表物质资本构面中的题项。

表 4 - 8 组统计量（N = 21）

题项代码	P 总分组别	均值	标准差	均值的标准误
P1	1	0.321	0.179	0.039
	2	1.000	0.000	0.000
P2	1	47.619	218.218	47.619
	2	371.429	182.737	39.877
P3	1	6.143	1.315	0.287
	2	10.429	0.676	0.148
P4	1	0.262	0.147	0.032
	2	0.131	0.258	0.056

表 4 - 9 为独立样本 t 检验的统计量，首先在方差方程的 Levene 检验中看两组的方差是否相等，若相等，则看"假设方差相等"行的 t 值及其显著性水平，若不相等，则看"假设方差相等"行的 t 值及其显著性水平。依此方法可以看出，题项 P1、P2、P3 的 t 统计量达标且显著（ | t | ≥3，p < 0.05），表示这三个题项在物质资本构面中的鉴别度较高，予以保留；题项 P4（生产工具）的 t = 2.022 < 3，p = 0.052 > 0.05，鉴别度较差，予以删除。

表 4 - 9 独立样本 t 检验

题项		方差方程的 Levene 检验		均值方程的 t 检验						
		F	Sig.	t	df	Sig.（双侧）	均值差值	标准误差值	差分的95%置信区间 下限	上限
P1	假设方差相等	15.517	0.000	-17.345	40	0.000	-0.679	-17.345	40.000	0.000
	假设方差不相等			-17.345	20	0.000	-0.679	-17.345	20.000	0.000
P2	假设方差相等	0.637	0.429	-5.213	40	0.000	-323.810	-5.213	40.000	0.000
	假设方差不相等			-5.213	38.803	0.000	-323.810	-5.213	38.803	0.000
P3	假设方差相等	1.352	0.252	-13.284	40	0.000	-4.286	-13.284	40.000	0.000
	假设方差不相等			-13.284	29.887	0.000	-4.286	-13.284	29.887	0.000
P4	假设方差相等	4.567	0.039	2.022	40	0.050	0.131	2.022	40.000	0.050
	假设方差不相等			2.022	31.827	0.052	0.131	2.022	31.827	0.052

3. 自然资本构面

根据项目分析步骤，采用极端组法对预试问卷中自然资本构面进行项目分析，独立样本 t 检验结果如下所示。

表 4 – 10 为自然资本构面（N）的组统计量，包括总分组别（1 代表低分组，2 代表高分组）、高分组和低分组的样本个数（N）、高分组和低分组的均值和标准差及高分组和低分组均值的标准误。N1、N2、N3 分别代表自然资本构面中的题项。

表 4 – 10　　　　　　　　　　　　组统计量（N = 21）

题项代码	N 总分组别	均值	标准差	均值的标准误
N1	1	2.627	0.708	0.154
	2	4.761	1.327	0.290
N2	1	0.655	0.124	0.027
	2	0.536	0.090	0.020
N3	1	0.243	0.619	0.135
	2	3.006	1.920	0.419

表 4 – 11 为独立样本 t 检验的统计量，首先在方差方程的 Levene 检验中看两组的方差是否相等，若相等，则看"假设方差相等"行的 t 值及其显著性水平，若不相等，则看"假设方差相等"行的 t 值及其显著性水平。依此方法可以看出，题项 N1、N2、N3 的 t 统计量达标且显著（$| t | \geq 3$，$p < 0.05$），表示这三个题项在自然资本构面中的鉴别度均较高，都予以保留。

表 4 – 11　　　　　　　　　　　　独立样本 t 检验

题项		方差方程的 Levene 检验		均值方程的 t 检验					差分的 95% 置信区间	
		F	Sig.	t	df	Sig.（双侧）	均值差值	标准误差值	下限	上限
N1	假设方差相等	9.468	0.004	– 6.504	40	0.000	– 2.134	0.328	– 2.797	– 1.471
	假设方差不相等			– 6.504	30.525	0.000	– 2.134	0.328	– 2.804	– 1.465
N2	假设方差相等	13.559	0.001	3.558	40	0.001	0.119	0.033	0.051	0.187
	假设方差不相等			3.558	36.359	0.001	0.119	0.033	0.051	0.187

题项		方差方程的 Levene 检验				均值方程的 t 检验				
		F	Sig.	t	df	Sig.（双侧）	均值差值	标准误差值	差分的95%置信区间	
									下限	上限
N3	假设方差相等	18.191	0.000	-6.276	40	0.000	-2.763	0.440	-3.653	-1.873
	假设方差不相等			-6.276	24.118	0.000	-2.763	0.440	-3.671	-1.855

4. 金融资本构面

根据项目分析步骤，采用极端组法对预试问卷中金融资本构面进行项目分析，独立样本 t 检验结果如下所示。

表 4 – 12 为金融资本构面（F）的组统计量，包括总分组别（1 代表低分组，2 代表高分组）、高分组和低分组的样本个数（N）、高分组和低分组的均值和标准差及高分组和低分组均值的标准误。F1、F2、F3、F4 分别代表金融资本构面中的题项。

表 4 – 12 　　　　　　　　　组统计量（N = 21）

题项代码	N 总分组别	均值	标准差	均值的标准误
F1	1	3.690	1.123	0.245
	2	20.429	14.524	3.169
F2	1	0.000	0.000	0.000
	2	0.762	0.436	0.095
F3	1	0.238	0.436	0.095
	2	0.857	0.359	0.078
F4	1	0.381	0.498	0.109
	2	0.000	0.000	0.000

表 4 – 13 为独立样本 t 检验的统计量，首先在方差方程的 Levene 检验中看两组的方差是否相等，若相等，则看"假设方差相等"行的 t 值及其显著性水平，若不相等，则看"假设方差相等"行的 t 值及其显著性水平。依此方法可以看出，题项 F1、F2、F3、F4 的 t 统计量达标且显著（$|t| \geqslant 3$，$p < 0.05$），表示这四个题项在金融资本构面中的鉴别度均较高，予以保留。

表 4 - 13   独立样本 t 检验

题项		方差方程的 Levene 检验		均值方程的 t 检验						
		F	Sig.	t	df	Sig.（双侧）	均值差值	标准误差值	差分的95%置信区间	
									下限	上限
F1	假设方差相等	5. 774	0. 021	- 5. 265	40	0. 000	- 16. 738	3. 179	- 5. 265	40
	假设方差不相等			- 5. 265	20. 239	0. 000	- 16. 738	3. 179	- 5. 265	20. 239
F2	假设方差相等	52. 893	0. 000	- 8. 000	40	0. 000	- 0. 762	0. 095	- 8. 000	40
	假设方差不相等			- 8. 000	20. 000	0. 000	- 0. 762	0. 095	- 8. 000	20. 000
F3	假设方差相等	2. 477	0. 123	- 5. 022	40	0. 000	- 0. 619	0. 123	- 5. 022	40
	假设方差不相等			- 5. 022	38. 549	0. 000	- 0. 619	0. 123	- 5. 022	38. 549
F4	假设方差相等	332. 800	0. 000	3. 508	40	0. 001	0. 381	0. 109	3. 508	40
	假设方差不相等			3. 508	20. 000	0. 002	0. 381	0. 109	3. 508	20. 000

5. 社会资本构面

根据项目分析步骤，采用极端组法对预试问卷中社会资本构面进行项目分析，独立样本 t 检验结果如下所示。

表 4 - 14 为社会资本构面（S）的组统计量，包括总分组别（1 代表低分组，2 代表高分组）、高分组和低分组的样本个数（N）、高分组和低分组的均值和标准差及高分组和低分组均值的标准误。S1、S2、S3、S4、S5 分别代表社会资本构面中的题项。

表 4 - 14   组统计量（N = 21）

题项代码	N 总分组别	均值	标准差	均值的标准误
S1	1	0. 048	0. 218	0. 048
	2	0. 857	0. 359	0. 078
S2	1	0. 048	0. 218	0. 048
	2	0. 476	0. 512	0. 112
S3	1	0. 000	0. 000	0. 000
	2	0. 667	0. 483	0. 105
S4	1	0. 845	0. 201	0. 044
	2	0. 988	0. 055	0. 012
S5	1	0. 845	0. 230	0. 050
	2	0. 976	0. 075	0. 016

表 4 – 15 为独立样本 t 检验的统计量,首先在方差方程的 Levene 检验中看两组的方差是否相等,若相等,则看"假设方差相等"行的 t 值及其显著性水平,若不相等,则看"假设方差相等"行的 t 值及其显著性水平。依此方法可以看出,题项 S1、S2、S3、S4 的 t 统计量达标且显著(|t| ≥3,p < 0.05),表示这四个题项在社会资本构面中的鉴别度均较高,予以保留。但是,题项 S5(参与乡村旅游发展的意愿)中 t 值虽然显著,但其检验统计量较低(|t| =2.478),如果单从决断值的指标(|t| ≥3)来判别,S5 未达到临界比值的 t 统计量标准,鉴别度较差,但是考虑到该题项是后面衡量农户生计策略的重要依据之一,所以暂且将该题项保留。

表 4 – 15 独立样本 t 检验

题项		方差方程的 Levene 检验		均值方程的 t 检验						
		F	Sig.	t	df	Sig.(双侧)	均值差值	标准误差值	差分的95%置信区间	
									下限	上限
S1	假设方差相等	4.774	0.035	– 8.838	40	0.000	– 0.810	0.092	– 0.995	– 0.624
	假设方差不相等			– 8.838	33.028	0.000	– 0.810	0.092	– 0.996	– 0.623
S2	假设方差相等	88.404	0.000	– 3.530	40	0.001	– 0.429	0.121	– 0.674	– 0.183
	假设方差不相等			– 3.530	27.040	0.002	– 0.429	0.121	– 0.678	– 0.179
S3	假设方差相等	160.000	0.000	– 6.325	40	0.000	– 0.667	0.105	– 0.880	– 0.454
	假设方差不相等			– 6.325	20.000	0.000	– 0.667	0.105	– 0.887	– 0.447
S4	假设方差相等	49.607	0.000	– 3.141	40	0.003	– 0.143	0.045	– 0.235	– 0.051
	假设方差不相等			– 3.141	22.925	0.005	– 0.143	0.045	– 0.237	– 0.049
S5	假设方差相等	25.550	0.000	– 2.478	40	0.018	– 0.131	0.053	– 0.238	– 0.024
	假设方差不相等			– 2.478	24.222	0.021	– 0.131	0.053	– 0.240	– 0.022

6. 制度资本构面

根据项目分析步骤,采用极端组法对预试问卷中制度资本构面进行项目分析,独立样本 t 检验结果如下所示。

表 4 – 16 为制度资本构面(I)的组统计量,包括总分组别(1 代表低分组,2 代表高分组)、高分组和低分组的样本个数(N)、高分组和低分组的均值和标准差及高分组和低分组均值的标准误。I1、I2、I3 分别代表制度资本构

面中的题项。

表 4 – 16　　　　　　　　　　组统计量（N = 21）

题项代码	N 总分组别	均值	标准差	均值的标准误
I1	1	0.00	0.000	0.000
	2	0.95	0.218	0.048
I2	1	0.00	0.000	0.000
	2	0.95	0.218	0.048
I3	1	0.00	0.000[a]	0.000
	2	0.00	0.000[a]	0.000

注：a. 无法计算 t，因为两个组的标准差都为 0。

　　表 4 – 17 为独立样本 t 检验的统计量，首先在方差方程的 Levene 检验中看两组的方差是否相等，若相等，则看"假设方差相等"行的 t 值及其显著性水平，若不相等，则看"假设方差相等"行的 t 值及其显著性水平。依此方法可以看出，题项 I1、I2 的 t 统计量达标且显著（$|t| \geq 3$，$p < 0.05$），表示这两个题项在金融资本构面中的鉴别度均较高，予以保留。但是组统计量显示，题项 I3（参与利益分配的机会）的 t 值因为其在高分组和低分组的标准差都为 0 而无法计算，查看题项 I3 原始数据得到，该题项在 79 份预试问卷中的取值都为 0，直接可以判断该题项无鉴别度，予以删除。

表 4 – 17　　　　　　　　　　独立样本 t 检验

题项		方差方程的 Levene 检验		均值方程的 t 检验						
		F	Sig.	t	df	Sig.（双侧）	均值差值	标准误差值	差分的 95% 置信区间	
									下限	上限
I1	假设方差相等	4.432	0.042	– 20.000	40	0.000	– 0.952	0.048	– 1.049	– 0.856
	假设方差不相等			– 20.000	20.000	0.000	– 0.952	0.048	– 1.052	– 0.853
I2	假设方差相等	4.432	0.042	– 20.000	40	0.000	– 0.952	0.048	– 1.049	– 0.856
	假设方差不相等			– 20.000	20.000	0.000	– 0.952	0.048	– 1.052	– 0.853

7. 认知资本构面

　　根据项目分析步骤，采用极端组法对预试问卷中认知资本构面进行项目分析，独立样本 t 检验结果如下所示。

表 4 - 18 为认知资本构面（C）的组统计量，包括总分组别（1 代表低分组，2 代表高分组）、高分组和低分组的样本个数（N）、高分组和低分组的均值和标准差及高分组和低分组均值的标准误。C1、C2、C3 分别代表认知资本构面中的题项。

表 4 - 18 组统计量 （N = 21）

题项代码	N 总分组别	均值	标准差	均值的标准误
C1	1	0.083	0.165	0.036
	2	0.500	0.354	0.077
C2	1	0.643	0.127	0.028
	2	0.988	0.055	0.012
C3	1	0.500	0.158	0.035
	2	11.724	16.113	3.516

表 4 - 19 为独立样本 t 检验的统计量，首先在方差方程的 Levene 检验中看两组的方差是否相等，若相等，则看"假设方差相等"行的 t 值及其显著性水平，若不相等，则看"假设方差相等"行的 t 值及其显著性水平。依此方法可以看出，题项 C1、C2、C3 的 t 统计量达标且显著（｜t｜≥3，p < 0.05），表示这三个题项在金融资本构面中的鉴别度均较高，予以保留。

表 4 - 19 独立样本 t 检验

题项		方差方程的 Levene 检验		均值方程的 t 检验						
		F	Sig.	t	df	Sig.（双侧）	均值差值	标准误差值	差分的95%置信区间	
									下限	上限
C1	假设方差相等	10.702	0.002	-4.896	40	0.000	-0.417	0.085	-0.589	-0.245
	假设方差不相等			-4.896	28.278	0.000	-0.417	0.085	-0.591	-0.242
C2	假设方差相等	75.625	0.000	-11.463	40	0.000	-0.345	0.030	-0.406	-0.284
	假设方差不相等			-11.463	27.162	0.000	-0.345	0.030	-0.407	-0.283
C3	假设方差相等	6.411	0.015	-3.192	40	0.003	-11.224	3.516	-18.330	-4.117
	假设方差不相等			-3.192	20.004	0.005	-11.224	3.516	-18.559	-3.889

（二）预试问卷乡村旅游发展结果感知量表项目分析

根据项目分析步骤，采用极端组法对预试问卷中农户对乡村旅游发展结果感知量表进行项目分析，独立样本 t 检验结果如下所示。

表 4-20 为该量表（R）的组统计量，包括总分组别（1 代表低分组，2 代表高分组）、高分组和低分组的样本个数（N）、高分组和低分组的均值和标准差及高分组和低分组均值的标准误。R1~R13 分别代表该量表中的题项。

表 4-20　　　　　　　　　　　　组统计量（N=21）

题项代码	N 总分组别	均值	标准差	均值的标准误
R1	1	2.52	1.504	0.328
	2	4.86	0.359	0.078
R2	1	1.76	1.136	0.248
	2	4.76	0.436	0.095
R3	1	2.14	1.315	0.287
	2	4.81	0.602	0.131
R4	1	2.48	1.365	0.298
	2	5.00	0.000	0.000
R5	1	3.14	1.389	0.303
	2	4.90	0.301	0.066
R6	1	2.95	1.396	0.305
	2	4.81	0.512	0.112
R7	1	3.33	1.426	0.311
	2	5.00	0.000	0.000
R8	1	3.95	0.669	0.146
	2	4.67	0.577	0.126
R9	1	3.67	0.730	0.159
	2	4.29	0.784	0.171
R10	1	3.76	0.700	0.153
	2	4.05	0.590	0.129
R11	1	3.90	0.768	0.168
	2	4.90	0.301	0.066

续表

题项代码	N 总分组别	均值	标准差	均值的标准误
R12	1	4. 33	0. 730	0. 159
	2	4. 48	0. 602	0. 131
R13	1	3. 81	0. 602	0. 131
	2	4. 48	0. 602	0. 131

　　表 4 - 21 为独立样本 t 检验的统计量，首先在方差方程的 Levene 检验中看两组的方差是否相等，若相等，则看"假设方差相等"行的 t 值及其显著性水平，若不相等，则看"假设方差相等"行的 t 值及其显著性水平。依此方法可以看出，题项 R1、R2、R3、R4、R5、R6、R7、R8、R11、R13 的 t 统计量达标且显著（∣t∣≥3，p<0.05），表示这十个题项在金融资本构面中的鉴别度均较高，予以保留。但是，题项 R9（贫富差距扩大）中 t 值虽然显著，但其检验统计量较低（∣t∣=2.648），如果单从决断值的指标（∣t∣≥3）来判别，题项 R9 未达到临界比值的 t 统计量标准，鉴别度较差，由于该题项"贫富差距扩大"指标对于判断乡村旅游发展产生的消极影响意义重要，所以暂且保留，结合后面的效度与信度分析结果再做判断。题项 R10（∣t∣=1.430<3，p=0.160>0.05）和题项 R12（∣t∣=0.692<3，p=0.493>0.05）的 t 统计量既不达标也不显著，予以删除。

表 4 - 21　　　　　　　　　　独立样本 t 检验

题项		方差方程的 Levene 检验		均值方程的 t 检验					差分的95%置信区间	
		F	Sig.	t	df	Sig.（双侧）	均值差值	标准误差值	下限	上限
R1	假设方差相等	33. 824	0. 000	- 6. 916	40	0. 000	- 2. 333	0. 337	- 3. 015	- 1. 651
	假设方差不相等			- 6. 916	22. 266	0. 000	- 2. 333	0. 337	- 3. 033	- 1. 634
R2	假设方差相等	9. 912	0. 003	- 11. 297	40	0. 000	- 3. 000	0. 266	- 3. 537	- 2. 463
	假设方差不相等			- 11. 297	25. 778	0. 000	- 3. 000	0. 266	- 3. 546	- 2. 454
R3	假设方差相等	13. 767	0. 001	- 8. 452	40	0. 000	- 2. 667	0. 316	- 3. 304	- 2. 029
	假设方差不相等			- 8. 452	28. 023	0. 000	- 2. 667	0. 316	- 3. 313	- 2. 020

续表

题项		方差方程的 Levene 检验				均值方程的 t 检验				
		F	Sig.	t	df	Sig.（双侧）	均值差值	标准误差值	差分的95%置信区间	
									下限	上限
R4	假设方差相等	95.520	0.000	-8.476	40	0.000	-2.524	0.298	-3.126	-1.922
	假设方差不相等			-8.476	20.000	0.000	-2.524	0.298	-3.145	-1.903
R5	假设方差相等	19.257	0.000	-5.682	40	0.000	-1.762	0.310	-2.389	-1.135
	假设方差不相等			-5.682	21.872	0.000	-1.762	0.310	-2.405	-1.119
R6	假设方差相等	26.096	0.000	-5.725	40	0.000	-1.857	0.324	-2.513	-1.202
	假设方差不相等			-5.725	25.283	0.000	-1.857	0.324	-2.525	-1.189
R7	假设方差相等	49.557	0.000	-5.356	40	0.000	-1.667	0.311	-2.296	-1.038
	假设方差不相等			-5.356	20.000	0.000	-1.667	0.311	-2.316	-1.018
R8	假设方差相等	0.033	0.857	-3.704	40	0.001	-0.714	0.193	-1.104	-0.325
	假设方差不相等			-3.704	39.161	0.001	-0.714	0.193	-1.104	-0.324
R9	假设方差相等	0.181	0.673	-2.648	40	0.012	-0.619	0.234	-1.092	-0.147
	假设方差不相等			-2.648	39.802	0.012	-0.619	0.234	-1.092	-0.147
R10	假设方差相等	2.876	0.098	-1.430	40	0.160	-0.286	0.200	-0.689	0.118
	假设方差不相等			-1.430	38.871	0.161	-0.286	0.200	-0.690	0.118
R11	假设方差相等	14.558	0.000	-5.553	40	0.000	-1.000	0.180	-1.364	-0.636
	假设方差不相等			-5.553	25.988	0.000	-1.000	0.180	-1.370	-0.630
R12	假设方差相等	1.001	0.323	-0.692	40	0.493	-0.143	0.206	-0.560	0.274
	假设方差不相等			-0.692	38.585	0.493	-0.143	0.206	-0.561	0.275
R13	假设方差相等	0.852	0.361	-3.591	40	0.001	-0.667	0.186	-1.042	-0.291
	假设方差不相等			-3.591	40.000	0.001	-0.667	0.186	-1.042	-0.291

（三）项目分析结果

通过上述分析，问卷中量表及构面的项目分析结果见表 4-22。项目分析后，生计资本量表中保留 23 个题项，删除 4 个题项。

P4（生产工具）：项目分析结果显示，此题项鉴别度较差，与现实情况相符。由于郝堂村地处大别山腹地，耕地质量普遍较差且人均耕地面积较小，种田成本较高，利润很低，很多耕地处于摞荒状态。因此，绝大部分农户家庭并没有采用机械化劳作，生产工具以手工传统农具为主。这一状况在预调研的这四个村民组普遍存在，故该题项鉴别度差。

I3（参与利益分配的机会）：项目分析结果显示，此题项无鉴别度，与现实情况相符。郝堂村是一个开放式的旅游目的地，到目前为止没有收售门票的规定，游客都是自由出入，村里没有门票收入，也没有其他的可观的公共收入，所有村民都没有享受利益分配的机会。所以，该题项无鉴别度。

R10（传统文化受到冲击）：项目分析结果显示，此题项鉴别度较差，与现实情况相符。一方面，去郝堂旅游的大部分游客来自本省及周边省份，与郝堂村的文化差距不大，所以，当地农民并不认为自己的传统文化受外来游客的影响；另一方面，与我国其他地方的传统文化一样，郝堂村的传统文化也在随着我国经济的发展而变化，而这些变化只是我国农村传统文化流失的一个缩影，并不是当地乡村旅游发展带来的。所以，绝大部分农民认为乡村旅游发展并没有给他们的传统文化带来冲击。故此题项鉴别度较差。

R12（环境污染加剧）：项目分析结果显示，此题项鉴别度较差，与现实情况相符。由于郝堂村旅游发展的核心在红星村民组，并且辐射面较小，所以产生的环境污染也集中在红星村民组。在调研中发现，基本上只有红星组的村民对乡村旅游发展带来的环境污染加剧表示同意，而其他村民组村民基本感觉不到环境污染加剧的情况。这是导致该题项在高低分组无鉴别度的主要原因。

表 4 - 22　　　　　　　　　　　项目分析结果

量表	构面	题项代码	项目分析结果
生计资本	人力资本	H1	t 统计量达标且显著，题项保留
		H2	t 统计量达标且显著，题项保留
		H3	t 统计量达标且显著，题项保留
		H4	t 统计量达标且显著，题项保留
	物质资本	P1	t 统计量达标且显著，题项保留
		P2	t 统计量达标且显著，题项保留
		P3	t 统计量达标且显著，题项保留
		P4	t 统计量不达标且不显著，题项删除

续表

量表	构面	题项代码	项目分析结果
生计资本	自然资本	N1	t 统计量达标且显著，题项保留
		N2	t 统计量达标且显著，题项保留
		N3	t 统计量达标且显著，题项保留
	金融资本	F1	t 统计量达标且显著，题项保留
		F2	t 统计量达标且显著，题项保留
		F3	t 统计量达标且显著，题项保留
		F4	t 统计量达标且显著，题项保留
	社会资本	S1	t 统计量达标且显著，题项保留
		S2	t 统计量达标且显著，题项保留
		S3	t 统计量达标且显著，题项保留
		S4	t 统计量达标且显著，题项保留
		S5	t 统计量显著但不达标，题项暂且保留
	制度资本	I1	t 统计量达标且显著，题项保留
		I2	t 统计量达标且显著，题项保留
		I3	无法计算 t 统计量，题项删除
	认知资本	C1	t 统计量达标且显著，题项保留
		C2	t 统计量达标且显著，题项保留
		C3	t 统计量达标且显著，题项保留
乡村旅游发展结果感知		R1	t 统计量达标且显著，题项保留
		R2	t 统计量达标且显著，题项保留
		R3	t 统计量达标且显著，题项保留
		R4	t 统计量达标且显著，题项保留
		R5	t 统计量达标且显著，题项保留
		R6	t 统计量达标且显著，题项保留
		R7	t 统计量达标且显著，题项保留
		R8	t 统计量达标且显著，题项保留
		R9	t 统计量显著但不达标，题项暂且保留
		R10	t 统计量不达标且不显著，题项删除
		R11	t 统计量达标且显著，题项保留
		R12	t 统计量不达标且不显著，题项删除
		R13	t 统计量达标且显著，题项保留

四、预试问卷效度检验

项目分析之后，为进一步了解量表质量，需要对量表作效度检验。通俗讲，效度就是为了检验研究中所使用的量表是否真的可以度量目标构念。根据现行美国标准《教育和心理测试标准》第 5 版，常用于调查问卷效度分析的方法主要有以下几种。

（1）内容效度（content validity）。内容效度主要检验三个问题：①量表所测量的内容是否完全包含了研究所要测量的目标构念；②测量指标是否具有代表性及其重要性比例分配如何；③问卷的形式和表达方式对被调查对象来说是否妥当，是否符合他们的用语习惯。检验量表的内容效度的方法有三种：专家判断法、逻辑分析法、实证研究法。

（2）效标效度（criteria validity）。效标效度指的是测量结果与外在标准一致性程度，也称"效标关联效度"。测量结果与外在效标之间的相关越高，则表示量表的效标效度越高。

（3）建构效度（construct validity）。建构效度是指用量表所得到的数据是否与之前对目标构念的预期结构一致。由于建构效度以逻辑分析为基础，并借助实际数据来检验理论的正确性，因此，它是一种非常严谨的效度检验方法（吴明隆，2010）。

本书的预试问卷究是基于可持续生计理论和内生发展理论，同时参考国内外众多学者在该领域实证研究过程中使用的较为成熟的量表，并且邀请乡村旅游及农业经济管理领域的专家学者参与讨论、修改和完善后得到，是一份经过反复斟酌与推敲的调查问卷。但是，生计资本量表中的题项是对农户家庭实际情况的调查，并非态度类量表，因此生计资本量表及其包含的七个构面不适合作建构效度或效标效度检验，现对其作内容效度检验，从主观上来对其进行效度分析。农户对乡村旅游地发展结果感知量表属于态度类量表，可以用因子分析法来定量检验量表的建构效度。

（一）预试问卷生计资本量表效度检验

检验内容效度一般可采用逻辑分析法、专家判断法或实证研究法，其中专家判断法是最常用的一种内容效度检验方法。本书采用专家判断法，并通过观察得到的内容效度指数（content validity index，CVI）来检验预试问卷生计资本量表的内容效度。步骤如下。

第一步，选择专家。评判专家的质量直接影响内容效度的评价结果，所以要求评判专家必须具备较高的专业素养，在乡村旅游或农业经济管理领域有比较扎实的理论基础及丰富的实地调研经验。评判专家的数量不能少于 3 人，最好是 5 人以上（Davis，1992），但是专家人数超过 10 人意义也不大（Polit et al.，2007）。根据要求，本次预试问卷的内容效度检验选取乡村旅游领域的教授 1 名、博士研究生 4 名，共 5 名评判专家组成评判小组。

第二步，专家评判。评判过程按照严格的标准执行。首先制定内容评价表，条目评定一般用的是 4 分制的相关性评价，每位专家将根据条目与其所属构面的相关关系来打分，1 = 不相关，2 = 弱相关，3 = 较强相关，4 = 强相关；然后向各位评判专家详细介绍本次评判的目的和意义、评价表中的相关概念等（见表 4 - 23）；最后请专家按照要求进行客观评分。

表 4 - 23　　　　　　　　生计资本量表内容效度评分表

构面	条目	评判标准			
		1	2	3	4
人力资本	H1（家庭人口总数）				
	H2（家庭劳动力数）				
	H3（劳动力受教育程度）				
	H4（旅游从业技能）				
⋮	⋮	⋮			
认知资本	C1（对旅游政策的知晓程度）				
	C2（对乡村旅游发展的认同度）				
	C3（对乡土文化的熟悉程度）				

第三步，计算内容效度。内容效度指数包括条目水平的内容效度指数（item-level content validity index，I-CVI）和量表水平的内容效度指数（scale-level content validity index，S-CVI）。S-CVI 又分为两种：全体一致 S-CVI（universal agreement，S-CVI/UA）和平均 S-CVI（S-CVI/AVE）。

I-CVI = 评分为 3 或 4 的专家数/专家总数，I-CVI ≥ 0.78 说明条目水平的内容效度指数较优，低于 0.78 的条目可以考虑修改或删除。

S-CVI/UA = 被所有专家均评为 3 或 4 分的条目数/条目总数，S-CVI/UA 反映的是全体专家一致认为相关的情况，S-CVI/UA ≥0.8 则提示量表内容效度优。

S-CVI/AVE = 量表所有条目的 I-CVI 的平均值，S-CVI ≥0.90 才说明量表水平的内容效度指数较优。

根据项目分析结果，预试问卷共有 24 个题项进入效度分析。按照上述三个步骤，预试问卷的生计资本量表中七个构面的条目水平的内容效度指数（I-CVI）均较好，平均 S-CVI（S-CVI/Ave）也提示各构面内容效度优，但是，人力资本构面和金融资本构面的全体一致 S-CVI（S-CVI/UA）稍低，为 0.75，构面题项较少是导致这一结果的重要原因之一。通过计算整个生计资本量表的 S-CVI/UA 得到，生计资本量表的 S-CVI/UA = 0.91 > 0.8。总体看来，预试问卷中生计资本量表的内容效度较好，没有需要删除的题项（见表 4 - 24）。

表4 - 24　　　　生计资本量表内容效度的专家评分及计算结果

构面	条目	专家评分					I-CVI	S-CVI/UA	S-CVI/AVE	评价
		A	B	C	D	E				
人力资本	H1	2	3	4	3	4	0.80	0.75	0.95	优
	H2	4	4	4	3	3	1			
	H3	3	4	4	3	4	1			
	H4	4	4	4	4	4	1			
物质资本	P1	3	4	3	3	4	1	1	1	优
	P2	4	3	3	3	3	1			
	P3	4	4	4	4	4	1			
自然资本	N1	3	3	4	3	3	1	1	1	优
	N2	3	4	4	3	4	1			
	N3	3	3	3	4	3	1			
金融资本	F1	3	4	4	4	4	1	0.75	0.95	优
	F2	4	4	3	4	4	1			
	F3	4	4	3	3	3	1			
	F4	3	3	3	2	3	0.8			

续表

构面	条目	专家评分					I-CVI	S-CVI/UA	S-CVI/AVE	评价
		A	B	C	D	E				
社会资本	S1	3	3	4	3	4	1	0.80	0.96	优
	S2	4	4	4	3	4	1			
	S3	4	3	4	4	4	1			
	S4	3	4	4	4	3	1			
	S5	2	3	4	3	3	0.8			
制度资本	I1	4	4	4	3	4	1	1	1	优
	I2	3	3	4	4	3	1			
认知资本	C1	3	3	3	4	4	1	1	1	优
	C2	4	4	3	4	4	1			
	C3	3	4	3	4	4	1			

（二）预试问卷乡村旅游发展结果感知量表效度检验

本书采用因子分析法判断乡村旅游发展结果感知量表内部结构效度。常用的因子分析方法有探索性因子分析（exploratory factor analysis，EFA）和验证性因子分析（confirmatory factor analysis，CFA）。在量表的开发过程中，当我们对构念结构还不太清楚时，采用探索性因子分析的方法；如果对构念结构已有预期或者检验前人的已有量表时，使用验证性因子分析法（罗生强等，2014）。本书预试问卷中的乡村旅游发展结果感知量表属于前者，故采用探索性因子分析来检验其结构效度。

在作因子分析之前需要进行取样适切性量数值（Kaiser-Meyer-Olkin，KMO）和巴特利特球体检验（Barlett test of sphericity），检验变量是否适合作因子分析。只有通过这两项检验，才能进行因子分析。KMO 根据变量间净相关系数计算得出，指标值介于 0～1 之间，数值越大，说明变量或指标间共同性越强，越适合作因素分析。一般认为，0.9 以上表示非常适合，0.8～0.9 表示适合，0.7～0.8 表示尚可进行，0.6～0.7 表示勉强可以进行因素分析，0.5～0.6 表示不适合因素分析，小于 0.5 表示完全不适合作因素分析。Bartlett 球形检验则用来检验变量间是否独立，只有当它的统计量显著时方可进行因子分析。本书选用主成分分析法进行探索性因子分析，结合特征根大于 1 和陡坡图萃取共同因子，要求萃取共同因素累积解释变量能够达到 60% 以上。累计解释变量达到 60% 以上表示共同因素是可靠的（吴明隆，2010）。

根据项目分析结果，乡村旅游发展结果感知量表共有 11 个题项进入探索性因子分析环节。采用主成分分析法提取特征根大于 1 的共同因素，使用方差最大法旋转成分矩阵。表 4 - 25 显示，KMO 值为 0.773，Bartlett 的球形度检验结果显著，表示量表中的题项可以进行因子分析。表 4 - 26 显示，共提取特征根大于 1 的共同因素有 3 个，累积所有题项 67.296% 的变异量，共同因素可靠。表 4 - 27 旋转成分矩阵显示，每个题项的因子载荷都大于 0.4 且没有题项同时在多个因子上具有较大载荷，每个因子至少包含 3 个题项，所以量表中的 11 个题项都无须删减。但是，与之前将这 11 个题项简单分为正面生计结果和负面生计结果相比，探索性因子分析将它们分为三个构面，其中题项 R1、R2、R3、R4 属于一个构面，可以命名为"生活水平"，题项 R5、R6、R7 属于一个构面，可以命名为"意识水平"，题项 R8、R9、R11、R13 属于一个构面，都是乡村旅游带来的负面影响，可以命名为"负面影响"。本书将依据探索性因子分析结果对预试问卷进行修正。

表 4 - 25　　　　　　　　　　　KMO 和 Bartlett 的检验

取样足够度的 Kaiser-Meyer-Olkin 度量		0.773
Bartlett 的球形度检验	近似卡方	441.452
	df	55
	Sig.	0.000

表 4 - 26　　　　　　　　　　　解释的总方差

成分	初始特征值			提取平方和载入			旋转平方和载入		
	合计	方差的 %	累积 %	合计	方差的 %	累积 %	合计	方差的 %	累积 %
1	4.550	41.367	41.367	4.550	41.367	41.367	3.529	32.085	32.085
2	1.587	14.429	55.796	1.587	14.429	55.796	2.165	19.685	51.770
3	1.265	11.500	67.296	1.265	11.500	67.296	1.708	15.526	67.296
4	0.951	8.648	75.945						
5	0.845	7.685	83.630						

续表

成分	初始特征值			提取平方和载入			旋转平方和载入		
	合计	方差的 %	累积 %	合计	方差的 %	累积 %	合计	方差的 %	累积 %
6	0.519	4.718	88.348						
7	0.392	3.565	91.914						
8	0.339	3.081	94.994						
9	0.282	2.566	97.560						
10	0.162	1.475	99.035						
11	0.106	0.965	100.000						

表 4 – 27　　　　　　　　　　旋转成分矩阵

题项	成分		
	1	2	3
R2	**0.910**	0.155	0.182
R3	**0.846**	0.118	0.194
R4	**0.832**	0.226	0.008
R1	**0.808**	0.151	0.166
R7	0.261	**0.798**	0.048
R5	0.394	**0.740**	− 0.026
R6	0.386	**0.693**	− 0.020
R13	− 0.197	0.311	**0.556**
R8	0.127	− 0.191	**0.840**
R11	0.185	0.125	**0.782**
R9	0.056	0.166	**0.538**

五、预试问卷信度检验

因素分析完成后，为进一步了解问卷的可靠性，还要继续对预试问卷的量表及其各构面作信度检验。所谓信度，指的就是测量工具所得结果的稳定性和一致性，量表的信度越大，测量的标准误就越小。但需要注意的是，并非问卷中所有内容都需要进行信度检验。例如，人口统计学内容（如年龄、性别、出生地、教育程度、家庭成员数量、婚姻状况、收入等）就不必进行信度检验，因为这些内容不太可能有测量误差（张力为，2002）。

本书预试问卷中的生计资本量表中人力资本构面、物质资本构面、自然资本构面及金融资本构面属于事实类量表，其余的三个构面也不完全属于意见式量表；乡村旅游发展结果感知量表属于意见类量表。依据上述分析，生计资本量表中的人力资本构面、物质资本构面、自然资本构面及金融资本构面无须作信度检验；社会资本、制度资本及认知资本构面的效度检验适用重测信度法，乡村旅游发展结果感知量表的信度检验适用 α 信度系数法。

重测信度法（test-retest reliability）。重测信度属于稳定系数，该方法就是在间隔一定时间后用同样的问卷对同一组被调查者重复施测，计算两次施测结果的相关系数。重测信度使用组内相关系数（interclass correlation coefficient, ICC）对重复测试结果一致程度进行评定：当 ICC 值≥0.75，认为可信度很好；0.60≤ICC<0.75，认为可信度较好；0.40≤ICC<0.60，认为信度尚可；ICC<0.40，则认为可信度低（Dauty et al.，2003）。重测信度法特别适用于事实式问卷。

α 信度系数法（Cronbach's Alpha）。Cronbach's α 信度系数属于内在一致性系数，是目前最常用的信度系数，计算公式为：

$$\alpha = \frac{K}{K-1}\left(1 - \frac{\sum S_i^2}{S^2}\right) \qquad (4-1)$$

其中，K 为量表中题项的总数，S_i^2 为第 i 题得分的题内方差，S^2 为全部题项总得分的方差。这种方法适用于态度、意见式问卷（量表）的信度分析。α 的取值范围如表 4-28 所示（吴明隆，2010）。

表 4-28　　　　　　　　内部一致性系数指标判断原则

内部一致性系数值	构面	总量表
α 系数<0.50	不理想，舍弃不用	非常不理想，舍弃不用
0.50≤α 系数<0.60	可以接受，增列题项或修改语句	不理想，重新编订或修订
0.60≤α 系数<0.70	尚佳	勉强接受，最好增列题项或修改语句
0.70≤α 系数<0.80	佳（信度高）	可以接受
0.80≤α 系数<0.90	理想（甚佳，信度很高）	佳（信度高）
α 系数≥0.90	非常理想（信度非常好）	非常理想（甚佳，信度很高）

（一）预试问卷生计资本量表信度检验

由于生计资本量表中人力资本构面、物质资本构面、自然资本构面及金融资本构面无须进行信度检验，现采用重测信度法对其中的社会资本、制度资本及认知资本构面进行信度检验。

在第一次取得量表数据两周之后，又对同一组被试进行了第二次调研，XS 总分、XI 总分、XC 总分分别代表第一次测量的社会资本构面、制度资本构面、认知资本构面的题项总分，YS 总分、YI 总分、YC 总分分别代表第二次测量的社会资本构面、制度资本构面、认知资本构面的题项总分。由表 4 - 29 可以看出，XS 总分与 YS 总分的积差相关系数为 0.758，显著性概率值 p = 0.000 < 0.01，达到显著水平，社会资本构面间隔两周的重测信度为 0.758，重测信度佳，表示该构面的稳定性较高；XI 总分与 YI 总分的积差相关系数为 0.802，显著性概率值 p = 0.000 < 0.01，达到显著水平，制度资本构面间隔两周的重测信度为 0.802，重测信度佳，表示该构面的稳定性较高；XC 总分与 YC 总分的积差相关系数为 0.711，显著性概率值 p = 0.000 < 0.01，达到显著水平，认知资本构面间隔两周的重测信度为 0.758，重测信度佳，表示该构面的稳定性较高；三个构面都无须删减题项。

表 4 – 29　　社会资本构面、制度资本构面、认知资本构面的积差相关

题项总分	样本量	Pearson 相关性（ICC）	显著性（双侧）
XS 总分与 YS 总分	79	0.758 **	0.000
XI 总分与 YI 总分	79	0.802 **	0.000
XC 总分与 YC 总分	79	0.711 **	0.000

注：** 表示在 0.01 水平上（双侧）显著相关。

（二）预试问卷乡村旅游发展结果感知量表信度检验

效度分析将预试问卷乡村旅游发展结果感知量分为"生活水平""意识水平""负面影响"三个构面，并且无删减题项。现用 Spss 19.0 对预试问卷中乡村旅游发展结果感知量表的三个构面及剩余的 11 个题项进行内部一致性信度检验。表 4 – 30 显示，总量表、"生活水平"构面、"意识水平"构面的信度较好，"负面影响"构面信度较差。根据信度分析中题项删减标准可知，当题项删除时，构面的 Cranach's Alpha 值大于未删除时的值，且该题项修正的项

目总相关系数低于 0. 45 时，可以将该题项删除。由表 4 - 30 可知，题项 R13 的 CITC 为 0. 211 < 0. 45，且题项删除时构面及总量表的 Cranach's Alpha 值反而由原来的 0. 600 增加到 0. 630，按照上述标准，该题项予以删除。虽然删除后"负面影响"构面的 Cranach's Alpha 值依然较低（等于 0. 630，仅达到勉强接受的标准），但考虑到删除题项 R13 后总量表的信度（等于 0. 872）比较理想，所以将该构面保留，只删除题项 R13。

表 4 - 30　　　　　　　预试问卷乡村旅游发展结果感知量表信度检验

构面	题项	修正的项目总相关（CITC）	项目删除时的 Cranach's Alpha 值	Cranach's Alpha 值	信度评价
生活水平	R1	0. 743	0. 901	0. 910	非常理想
	R2	0. 909	0. 841		
	R3	0. 795	0. 884		
	R4	0. 744	0. 901		
意识水平	R5	0. 745	0. 785	0. 854	甚佳
	R6	0. 754	0. 769		
	R7	0. 688	0. 835		
负面影响	R8	0. 616	0. 295	0. 600	尚佳
	R9	0. 446	0. 474		
	R11	0. 383	0. 580		
	R13	0. 211	0. 630		
总量表				0. 872	佳

第三节　形成正式问卷

依据预试问卷的项目分析及信效度检验结果，对题项进行筛选与修正，并形成正式问卷，为正式调研的实施奠定基础。

一、题项筛选结果

本书的预试问卷共含两个量表：生计资本量表（共有七个构面）、乡村旅游发展结果感知量表（共有三个构面），共计 37 个测量题项。通过对预试问卷的项目分析、效度检验、信度检验，得到如下结果。

项目分析后，删除生计资本量表的题项 P4（生产工具）和题项 I3（分配机会），删除乡村旅游发展结果感知量表的题项 R10（传统文化受到冲击）和题项 R12（环境污染加剧）。

效度分析后，将乡村旅游发展结果感知量表的 11 个题项分为三个构面，其中题项 R1、R2、R3、R4 属于一个构面，命名为"生活水平"，题项 R5、R6、R7 属于一个构面，命名为"意识水平"，题项 R8、R9、R11、R13 属于一个构面，命名为"负面影响"。无题项删减。

信度分析后，删除乡村旅游发展结果感知量表的题项 R13（社会风气变差）。

经过上述分析与检验之后，生计资本量表剩余 21 个题项，乡村旅游发展结果感知量表剩余 10 个题项。

二、正式问卷形成

按照上述分析结果对预调研问卷进行修正，最终确定一份正式调查问卷（见附录 B）。正式问卷结构简介如表 4 - 31 所示。

表 4 - 31 　　　　　　　　　　正式问卷结构简介

内容结构	构面	测量题项数目
问候语	/	/
生计资本量表	人力资本、物质资本、自然资本、金融资本、社会资本、制度资本、认知资本	21
生计方式组合状况	/	1
乡村旅游发展结果感知量表	生活水平、意识水平、负面影响	10
结束语	/	/
共计		32

注：为调研方便，人力资本构面的 4 个题项在问卷中显示在同一个表格内，列为 1 个题项。

本章小结

初始问卷设计过程中会不可避免地出现人为偏差、描述不准确等问题，因此，预试问卷设计及预调研是社会科学研究中必不可少的环节；问卷预调研的目的在于让正式调研的结果更加科学、可信。本章将"预试问卷设计与实施结果分析"分为以下三部分。

第一，预试问卷设计与分析程序。首先，制定预试问卷的设计原则与过程，包括目的性原则、逻辑性原则、语言准确性与通俗性原则、篇幅适宜性原则；本着这四个原则，紧密围绕研究主题，并与专家学者深入探讨设计预试问卷。其次，明确预试问卷的基本内容，大致包括：封面信/问卷说明、农户家庭生计资本状况调查、农户对乡村旅游发展的结果感知状况调查、结束语。最后，确定预试问卷施测与数据分析流程。

第二，预调研实施与结果分析。首先，选择样本地、确定样本数量，实施预调研，收集数据；本次预调研选取红星组、红星组周边的郝湾组、距离红星组较远的徐湾组和红庙组这四个村民组为样本地，采取逐一入户调研的方式收集数据，最后得到 79 份有效问卷。其次，进行预调研问卷基本信息描述性统计分析。分析的变量包括被调查对象的家庭总人口数、劳动力总数、劳动力的最高受教育程度、旅游业技能、生计方式种类、家庭现金年收入及旅游业经营收入这七项，其中家庭总人口数、劳动力总数、劳动力的最高受教育程度、旅游业技能、生计方式种类这五个变量为非连续变量，年收入与旅游业经营收入为连续变量。再次，采用极端组法对预试问卷进行项目分析。分析结果显示，物质资本量表中的题项 P4（生产工具）、题项 I3（参与利益分配的机会）、乡村旅游发展结果感知量表中的题项 R10（传统文化受到冲击）、题项 R12（环境污染加剧）不达标，将这四个题项删除。最后，进行预试问卷的信效度分析。效度分析后，将乡村旅游发展结果感知量表的 11 个题项分为三个构面，其中题项 R1、R2、R3、R4 属于一个构面，命名为"生活水平"，题项 R5、R6、R7 属于一个构面，命名为"意识水平"，题项 R8、R9、R11、R13 属于一个构面，命名为"负面影响"；无题项删减；信度分析后，删除乡村旅游发展结果感知量表的题项 R13（社会风气变差）。

第三，形成正式问卷。按照上述分析结果对预调研问卷进行修正，最终确定一份正式调查问卷。正式问卷中，生计资本量表包含 7 个构面、21 个题项，生计方式组合状况为 1 道复选综合题，乡村旅游发展结果感知量表包含 3 个构面、10 个题项。正式问卷共包含 32 个题项。

第五章 乡村旅游内生发展效应 评价与圈层分异

通过"预调研问卷设计—预调研—预调研结果分析—预调研问卷修正—正式问卷形成"这五个环节，得到本书的正式问卷。利用正式问卷实施大样本调研、收集数据，并对问卷数据进行描述性统计分析、效度分析和信度分析。在确定量表指标权重的基础上，进行乡村旅游内生发展效应评价及圈层分异分析。

第一节 正式调研的设计与实施

本书的核心数据来源于正式调研的设计与实施。利用正式问卷，有根据地选择调研区域，确定样本规模和调查方法，收集问卷数据。

一、研究区域的选择

（一）研究区域的典型性分析

本书的研究目的在于比较、评价乡村旅游内生发展效应，因此，研究区域应当是一个以内生力量为主要发展动力的内生型乡村旅游目的地。选择河南省信阳市郝堂村作为研究乡村旅游内生发展效应的样本点，它的内生典型性表现在以下四个方面。

1. 自己动手，整治环境

实施"清洁家园行动"。从推广垃圾分类做起，建立垃圾分类处理中心，家家户户配备两个垃圾桶进行垃圾干湿分离，村里设立6个卫生保洁员，全天候轮班保洁；从改进卫生设施抓起，大力实施"厕所革命"，推广家用沼气技术，自建水冲式三格化粪池卫生厕所 400 座、家庭户用型沼气池 120 座，卫生公厕 3 座、村小学尿粪分离式卫生厕所 1 座；从建立长效机制管起，开展"携手建家园"活动，实施常态化卫生评比，表彰卫生农户、文明村组，引导村民改掉不讲卫生的习惯。

2. 自愿参与，改建村居

采取政府免费提供图纸、规划引导、政策扶持，群众自愿、自行筹资的方式，循序推进民居改造。"不是帮他们盖房子，而是教他们盖房子"是郝堂村民居改建时秉承的宗旨。一直遵循公众参与式的营造方式，充分发挥郝堂村村民的主观能动性，让他们参与从设计到施工的每一个环节。在设计上，尽量保留原有的住宅建筑，重庭院、轻建筑，尽量使用本地材料，严格控制建筑垃圾、降低环境污染，将环保理念渗透到村居改建的方方面面；在施工环节，不是交由专业施工队来实施建造，而是由村民自行组织，使用低于市场造价的成本完成旧物改造。

3. 自力更生，发展经济

围绕生态下功夫、做文章，走绿色生态发展之路。做强茶产业，立足自然资源优势，整治原种茶园 3000 亩，研发自有品牌。做大有机农业，推广种植有机水稻 300 亩，不撒化肥、不打农药、生产加工优质糙米；发展观赏性荷花 220 亩，新鲜莲蓬按个卖。做好乡村休闲游，引导群众开办农家乐 40 余家，兴办豆腐坊、酒坊、肉坊、手工坊等农家作坊 10 多家；环村规划建设了 34 公里长的骑行休闲健身绿道，使村庄成为城乡居民放松心情、休闲健身的好地方。

4. 自我管理，规范制度

郝堂村在抓好硬件建设的同时，着力抓好软件建设。对村级重大事务，村支两委充分征求群众意见，召开村民会议决议，使群众意愿得到充分尊重，民主权利得到保障，促进了农村和谐。另外，村两委带领全体村民讨论制定《郝堂村规民约》，明确了社会治安、村民风俗、婚姻家庭、权利义务等七大项、38 个小项的具体内容要求，随着建设发展进程又及时充实完善了房屋改造、垃圾日常清扫、农家乐评比等多项制度，民主管理机制进一步健全。

（二）研究区域的代表性分析

郝堂村位于河南省信阳市平桥区五里店街道驻地 18 公里处，浉河以南山区。郝堂村东与佛山村连接，与佛岭山茶厂有乡村公路相连；南与震雷山街道隔山相望，有震雷山双桥公路相通；西与辛店村接壤，村村相接；北与七桥村相邻，有柏油公路与平矿路、黑马石大道接轨，与市内相连。2011 年开展"可持续发展实验区"建设以来，发展乡村旅游，有效地促进了村民增收创收，走出了一条生态农业、饮食、文化、旅游、服务为一体的特色产业增收模式，郝堂村民人均年收入从 2010 年的 6800 元，快速增加到 2016 年的 11000元。从 2013 年《人民日报》"寻找中国最美乡村专题组"首个报道聚焦郝堂村开始，郝堂村先后荣获全国第一批 12 个"美丽宜居村庄示范"名单、全国"美丽乡村"首批创建试点乡村，以及"中国最美休闲乡村""全国生态文化村""全国特色景观旅游名村""中国人居环境奖""中国农业公园"等多项国家级荣誉。被授予的这些奖项表明，郝堂村的乡村旅游发展在全国同类旅游地中较具代表性。

截至 2017 年底，全村有 640 户，2385 人。郝堂村总面积约 20 平方公里，耕地面积 2392 亩，农作物以水稻、玉米、花生为主；山林面积 20360 亩，以种植茶叶、板栗为主。郝堂村现有曹湾、马湾、郝湾、红星、胡湾、王冲上、王冲下、尖山、徐湾、张湾、窑湾、黄湾、塘坊、红庙、学校、龙山、陈沟、乌云 18 个村民组，居委会驻地红星组；其中，乌云组已整体搬迁到信阳市郊区，龙山组仅剩 2 户留守老人，所以这两个村民组暂不作为本书的样本地。研究中的 16 个村民组概况见表 5 - 1。

表 5 - 1　　　　　　　　　　郝堂村辖村民组基本数字

组名	户数（户）	人口总数（人）	耕地面积（亩）	与红星组的距离
红星	46	181	185	／
曹湾	72	260	258	红星南 3 公里
马湾	52	198	208	红星南 2 公里
郝湾	55	232	218	红星东 1 公里
胡湾	27	95	98	红星东 2 公里
王冲上	22	90	91	红星北 2.5 公里

续表

组名	户数（户）	人口总数（人）	耕地面积（亩）	与红星组的距离
王冲下	23	95	95	红星北 2.5 公里
张湾	38	160	146	红星北 1.5 公里
窑湾	20	70	71	红星西 500 米
黄湾	20	78	78	红星西 1 公里
尖山	46	160	160	红星西北 1 公里
徐湾	45	160	168	红星西北 3 公里
陈沟	44	154	155	红星西 2.8 公里
塘坊	35	154	138	红星西 2.5 公里
红庙	40	155	148	红星西北 2 公里
学校	20	87	88	红星西北 2.5 公里
合计	605	2329	2305	/

经过上述分析可以得到，郝堂村是一个典型的内生型乡村旅游地，并且在河南省乃至全国都具有一定的代表性，所以，本书选择郝堂村为案例地是有理有据的。本书的后续内容全部围绕郝堂村展开，进行乡村旅游内生效应评价及其圈层分异研究。

二、样本规模的确定

为了有效检验各变量的建构效度，主要从两个方面确定样本的数量：一方面是从样本的绝对数量来判断，科雷和李（Comrey and Lee，1992）认为，样本数量 200 是一个重要的下线，300 左右是好的，500 左右是非常好的，1000 左右是相当理想的；另一方面是从样本的相对数量来判断，戈萨奇（Gorsuch，1983）认为，测试样本数量最好为量表题项的 5 倍，如果样本数量是量表题项的 10 倍，则结果会更有稳定性。按照上述要求，本书要获取 300 份以上的问卷数据才能满足要求。由于郝堂村有许多村民常年在外务工等原因，无法对其进行问卷调查，所以在调查执行中无法百分之百地调查到所有预先选定的被调查者。为了保证实际调查的样本能够满足研究要求，在调查之前应当把无应答①数量计入调查方案，这样就需要设定一个大于研究需要的被调查者数量的样本规模，才会使有效的调查人数接近研究需要的被调查者数量（郝大海，2007）。根据这一方法，本次调查的预计样本数应当在 600 左右才有可能收集到 300 份以上的有效数据。

三、调查方法的选取

根据风笑天《现代社会调查方法（第五版）》中阐述，调查方法可以根据调查对象的范围、调查目的等分为不同的类别。根据调查对象的范围，可分为普遍调查、抽样调查、典型调查、个案调查；根据收集资料的方法，可分为问卷调查（自填和邮寄）、访问调查（当面和电话）；根据调查的目的或作用，可分为描述性调查、解释性调查、预测性调查；根据调查的性质或应用领域可分为行政统计调查、生活状况调查、社会问题调查、市场调查、民意调查、研究性调查；根据调查的目的，可分为应用性调查和学术性调查；根据调查的内容，可分为综合性调查和专题性调查。

在选择调查方法之前首先要确定样本规模，本次调查的预计样本数应当在 600 左右。从研究区域概况可以看出，列为调查范围的 16 个村民组共有 605 户，因此，本书应当选择普遍调查的方式收集数据。

四、问卷的收集结果

在确定了样本规模和调查方法之后，本书组织了 3 名专业调研人员（1 名旅游管理专业博士研究生、1 名旅游管理专业硕士研究生、1 名心理学硕士研究生），3 名调研人员均有较好的专业素养和沟通能力，调研经验丰富，工作认真踏实。正式调研时间从 2018 年 7 月 9 日开始，至 2018 年 7 月 25 日结束，历时 17 天。采用逐一入户调研的方式，对在家的农户进行问卷调查。调研过程中遇到的问题有：（1）由于多数农民受文化程度限制或是一边劳作一边接受调研，不能自行填写问卷，故多数问卷由调研人员在调研过程中依据农户的回答代为填答；（2）除红星组外，被调研的 16 个村民组中每个村民组都有

---

① 无应答是指社会调查中由于种种原因没有能够对被抽中的样本单元的全部或部分进行回答。

相当一部分村民常年在外务工，无人在家；（3）除红星组外，在家的村民以留守老人和留守儿童为主，这些被调查对象中有一部分不愿意配合填写问卷，还有一部分对乡村旅游发展不是太关心，无法有效填答问卷。经过调研小组 17 天的全天调研，共收集问卷 325 份，在郝堂村委的帮助下对其中信息不齐的 16 份问卷进行补填，最后共收集有效问卷 313 份（红星 25 份、黄湾 22 份、窑湾 14 份、郝湾 24 份、马湾 26 份、尖山 19 份、胡湾 19 份、曹湾 42 份、王冲上 13 份、王冲下 13 份、张湾 18 份、徐湾 14 份、陈沟 17 份、塘坊 16 份、学校 12 份、红庙 19 份），问卷的有效回收率为 96%。无论是从样本的绝对数量看还是相对数量看，313 份问卷已经达到了合格的样本量要求。

第二节　样本的描述性统计分析

本书正式问卷基本信息包括被调查对象的家庭总人口数、劳动力总数、劳动力的最高受教育程度、旅游业技能、生计方式种类、家庭现金年收入及旅游业经营收入这七项，其中家庭总人口数、劳动力总数、劳动力的最高受教育程度、旅游业技能、生计方式种类这五个变量为非连续变量，年收入与旅游业经营收入为连续变量。

一、非连续变量的描述性统计分析

表 5-2 显示，家庭人口总数方面，郝堂村家庭人口最多的 11 人，最少的 1 人，其中以四口之家居多，共有 80 户，占比 25.6%。家庭劳动力方面，家庭劳动力数最多的 6 人，最少的为 0（留守老人，年龄太大或身有残疾，失去劳动能力），拥有 4 个劳动力的家庭最多，有 94 户，占比 30%；拥有 3 个劳动力的家庭有 92 户，占比 29.7%。受教育程度方面，家庭劳动力最高受教育程度为初中的占比最多，为 57.5%；其次是高中，占比 20.8%；大专以上仅占比 7.7%。有效调研的 313 户家庭中，具备旅游业从业技能的家庭有 75 户，占比 24%；不具备该技能的家庭占比居多，有 76%。生计方式种类最多是 4 种，

最少是1种，其中采用2种生计方式的家庭最多，有169户，占比54%；采用4类生计方式的最少，共7户，仅占比2.2%。

表5-2　　　　　　　　　　非连续变量频数分布表

变量	取值	频率	百分比（%）	有效百分比（%）	累积百分比（%）
家庭人口总数	1	3	1.0	1.0	1.0
	2	46	14.7	14.7	15.7
	3	56	17.9	17.9	33.5
	4	80	25.6	25.6	59.1
	5	59	18.8	18.8	78.0
	6	41	13.1	13.1	91.1
	7	12	3.8	3.8	94.9
	8	9	2.9	2.9	97.8
	9	5	1.6	1.6	99.4
	10	1	0.3	0.3	99.7
	11	1	0.3	0.3	100.0
	合计	313	100.0	100.0	
家庭劳动力数	0.0	4	1.3	1.3	1.3
	0.5	11	3.5	3.5	4.8
	1.0	12	3.8	3.8	8.6
	1.5	3	1.0	1.0	9.6
	2.0	76	24.3	24.3	33.9
	2.5	1	0.3	0.3	34.2
	3.0	93	29.7	29.7	63.9
	3.5	1	0.3	0.3	64.2
	4.0	94	30.0	30.0	94.2
	4.5	1	0.3	0.3	94.6
	5.0	8	2.6	2.6	97.1
	6.0	9	2.9	2.9	100.0
	合计	313	100.0	100.0	

续表

变量	取值	频率	百分比（%）	有效百分比（%）	累积百分比（%）
受教育程度	0.00	2	0.6	0.6	0.6
	0.20	1	0.3	0.3	1.0
	0.25	41	13.1	13.1	14.1
	0.50	180	57.5	57.5	71.6
	0.75	65	20.8	20.8	92.3
	1.00	24	7.7	7.7	100.0
	合计	313	100.0	100.0	
旅游业技能	0	238	76.0	76.0	76.0
	1	75	24.0	24.0	100.0
	合计	313	100.0	100.0	
生计方式种类	1	54	17.2	17.2	17.2
	2	169	54.0	54.0	71.2
	3	83	26.5	26.5	97.8
	4	7	2.2	2.2	100.0
	合计	313	100.0	100.0	

二、连续变量的描述性统计分析

表5-3显示，有效调研的313户家庭中，收入最少的为0.4万元/年，收入最多的家庭现金年收入为80万元；年收入在5万元及以下的家庭累积占比41.5%；旅游业经营收入中，多数家庭没有参与旅游经营，而从事旅游经营的家庭中收入最多的为30万元/年。

表5-3 　　　　　　　　　　连续变量描述统计（N=313）

变量	N	极小值	极大值	均值	标准差	方差
家庭现金年收入（万元）	313	0.40	80.00	7.375	9.938	6.396
旅游业经营收入（万元）	313	0.00	30.00	1.909	6.807	4.936

三、家庭现金年收入的单因素方差分析

方差分析分为单因素方差分析（one-way ANOVA）和多因素方差分析，当

需要考察自变量在不同类别上的平均数差异，自变量的个数是 1 且被分为 2 个以上类别的时候，需要用到单因素方差分析。例如，当我们考察本书中 16 个村民组在"家庭现金年收入"变量（变量个数为 1，被分为 16 个类别）上是否有显著差异时，就需要采用单因素方差分析（见表 5 – 4）。

表 5 – 4   "家庭现金年收入"描述

村民组	样本量	均值	标准差	标准误	均值的95%置信区间		极小值	极大值
					下限	上限		
红星	25	1.0862	0.26276	0.05255	0.9777	1.1947	0.40	1.48
黄湾	22	0.7859	0.31057	0.06621	0.6482	0.9236	0.00	1.30
窑湾	14	0.6127	0.29082	0.07773	0.4448	0.7806	0.00	1.18
郝湾	24	0.8923	0.29101	0.05940	0.7694	1.0152	0.48	1.90
马湾	26	0.8117	0.19143	0.03754	0.7344	0.8890	0.30	1.08
尖山	19	0.7850	0.14809	0.03397	0.7137	0.8564	0.60	1.08
胡湾	19	0.8224	0.22144	0.05080	0.7157	0.9292	0.18	1.30
曹湾	42	0.7175	0.35575	0.05489	0.6066	0.8283	– 0.40	1.48
王冲上	13	0.3495	0.33646	0.09332	0.1462	0.5529	– 0.10	1.30
王冲下	13	0.7451	0.39319	0.10905	0.5075	0.9827	0.18	1.48
张湾	18	0.6650	0.31736	0.07480	0.5072	0.8228	– 0.30	1.18
徐湾	14	0.7360	0.16944	0.04528	0.6382	0.8339	0.40	1.00
陈沟	17	0.8157	0.15861	0.03847	0.7342	0.8973	0.60	1.18
塘坊	16	0.7022	0.24929	0.06232	0.5693	0.8350	0.18	0.95
学校	12	0.6854	0.24898	0.07188	0.5272	0.8436	0.30	1.00
红庙	19	0.7110	0.24331	0.05582	0.5937	0.8282	0.18	1.08
合计	313	0.7654	0.30328	0.01714	0.7316	0.7991	– 0.40	1.90

（一）单因素方差分析

方差分析摘要表（表 5 – 5）显示，整体检验的 F 值达到显著（F = 5.461，p = 0.000 < 0.05），拒绝原假设，表示至少有两个村民组在"家庭现金年收入"上的均值差异达到显著水平。

表 5-5   "家庭现金年收入" ANOVA

变量	平方和	df	均方	F	显著性
组间	6.204	15	0.414	5.461	0.000
组内	22.494	297	0.076		
总数	28.697	312			

(二) 方差齐性检验

若要准确判断是哪几对村民组在"家庭现金年收入"这一变量上的均值差异达到显著性水平，必须进一步进行事后多重比较①。在事后多重比较之前，首先要对"家庭现金年收入"作方差齐性检验（见表 5-6）。当样本方差具有齐次性时，直接采用"假定方差齐性"的 LSD 法进行事后多重比较；当样本方差不齐时，则应进行数据转换或者改用"未假定方差齐性"的检验方法。方差齐性检验结果显示，p = 0.002 < 0.05，结果显著，拒绝原假设，表示"家庭现金年收入"在 16 个村民组之间的方差不齐，故不能对原始数据直接进行单因素方差分析。这里采用数据转换的方式再次作方差齐性检验。对"家庭现金年收入"作对数转换，消除数据的异方差性，然后再作方差齐性检验（见表 5-7）。检验结果显示，p = 0.202 > 0.05，结果不显著，接受原假设，表示"家庭现金年收入"在 16 个村民组之间的方差具有齐次性，适用于事后多重比较。

表 5-6   "家庭现金年收入"原始数据方差齐性检验

Levene 统计量	df1	df2	显著性
2.526	15	297	0.002

表 5-7   "家庭现金年收入"对数转换后的方差齐性检验

Levene 统计量	df1	df2	显著性
1.298	15	297	0.202

(三) 事后多重比较

经过事后多重比较（LSD 法）发现，红星组与其他 15 个村民组之间在

---

① 事后多重比较法用在方差分析之后，若发现平均数有显著差异时，则再从所处理的实验组中检验一对或多对平均数间是否有差异存在。

"家庭现金年收入"这一变量上的均值差异均达到显著水平；黄湾组只与红星组和王冲上组在"家庭现金年收入"这一变量均值上存在显著性差异；窑湾组与红星、郝湾、马湾、胡湾、王冲上、陈沟组均存在显著性差异；郝湾组与红星、窑湾、曹湾、王冲上、张湾、塘坊、学校、红庙组都存在显著性差异；马湾组只与红星、郝湾、王冲上组存在显著性差异；尖山组只与红星、王冲上组存在显著性差异；胡湾组只与红星、窑湾、王冲上组存在显著性差异；曹湾组只与红星、郝湾、王冲上组存在显著性差异；王冲上组与其他 15 个村民组都存在显著性差异；王冲下组只与红星、王冲上组存在显著性差异；张湾组只与红星、郝湾、王冲上组存在显著性差异；徐湾组只与红星、王冲上组存在显著差异；陈沟组只与红星、郝湾、王冲上组存在显著差异；塘坊组只与红星、郝湾、王冲上组存在显著差异；学校组只与红星、郝湾、王冲上组存在显著差异；红庙组只与红星、郝湾、王冲上组存在显著差异。具体数值见表 5 - 8，由于有 16 个组别，事后多重比较的 Spss 处理结果篇幅较长，因此，这里只列出在"家庭现金年收入"这一变量上的差异达到显著水平的组别。

表 5 - 8　　　　　"家庭现金年收入"事后多重比较（LSD）

（I）村民组	（J）村民组	均值差（I-J）	标准误	显著性	95% 置信区间	
					下限	上限
红星	黄湾	0.30028 *	0.08045	0.000	0.1420	0.4586
	窑湾	0.47352 *	0.09186	0.000	0.2927	0.6543
	郝湾	0.19389 *	0.07865	0.014	0.0391	0.3487
	马湾	0.27449 *	0.07709	0.000	0.1228	0.4262
	尖山	0.30115 *	0.08376	0.000	0.1363	0.4660
	胡湾	0.26375 *	0.08376	0.002	0.0989	0.4286
	曹湾	0.36870 *	0.06952	0.000	0.2319	0.5055
	王冲上	0.73666 *	0.09410	0.000	0.5515	0.9219
	王冲下	0.34107 *	0.09410	0.000	0.1559	0.5263
	张湾	0.42120 *	0.08507	0.000	0.2538	0.5886
	徐湾	0.35016 *	0.09186	0.000	0.1694	0.5309
	陈沟	0.27045 *	0.08651	0.002	0.1002	0.4407
	塘坊	0.38404 *	0.08811	0.000	0.2107	0.5574
	学校	0.40075 *	0.09665	0.000	0.2106	0.5910
	红庙	0.37522 *	0.08376	0.000	0.2104	0.5401

续表

（I）村民组	（J）村民组	均值差（I-J）	标准误	显著性	95%置信区间	
					下限	上限
黄湾	红星	-0.30028*	0.08045	0.000	-0.4586	-0.1420
	王冲上	0.43638*	0.09627	0.000	0.2469	0.6258
窑湾	红星	-0.47352*	0.09186	0.000	-0.6543	-0.2927
	郝湾	-0.27962*	0.09255	0.003	-0.4618	-0.0975
	马湾	-0.19903*	0.09123	0.030	-0.3786	-0.0195
	胡湾	-0.20977*	0.09693	0.031	-0.4005	-0.0190
	王冲上	0.26314*	0.10600	0.014	0.0545	0.4717
	陈沟	-0.20307*	0.09932	0.042	-0.3985	-0.0076
郝湾	红星	-0.19389*	0.07865	0.014	-0.3487	-0.0391
	窑湾	0.27962*	0.09255	0.003	0.0975	0.4618
	曹湾	0.17481*	0.07042	0.014	0.0362	0.3134
	王冲上	0.54277*	0.09477	0.000	0.3563	0.7293
	张湾	0.22731*	0.08581	0.009	0.0584	0.3962
	塘坊	0.19015*	0.08882	0.033	0.0154	0.3649
	学校	0.20686*	0.09730	0.034	0.0154	0.3983
	红庙	0.18133*	0.08451	0.033	0.0150	0.3476
马湾	红星	-0.27449*	0.07709	0.000	-0.4262	-0.1228
	窑湾	0.19903*	0.09123	0.030	0.0195	0.3786
	王冲上	0.46217*	0.09348	0.000	0.2782	0.6461
尖山	红星	-0.30115*	0.08376	0.000	-0.4660	-0.1363
	王冲上	0.43551*	0.09906	0.000	0.2406	0.6305
胡湾	红星	-0.26375*	0.08376	0.002	-0.4286	-0.0989
	窑湾	0.20977*	0.09693	0.031	0.0190	0.4005
	王冲上	0.47291*	0.09906	0.000	0.2780	0.6678
曹湾	红星	-0.36870*	0.06952	0.000	-0.5055	-0.2319
	郝湾	-0.17481*	0.07042	0.014	-0.3134	-0.0362
	王冲上	0.36795*	0.08734	0.000	0.1961	0.5398

续表

（I）村民组	（J）村民组	均值差（I-J）	标准误	显著性	95%置信区间	
					下限	上限
王冲上	红星	-0.73666*	0.09410	0.000	-0.9219	-0.5515
	黄湾	-0.43638*	0.09627	0.000	-0.6258	-0.2469
	窑湾	-0.26314*	0.10600	0.014	-0.4717	-0.0545
	郝湾	-0.54277*	0.09477	0.000	-0.7293	-0.3563
	马湾	-0.46217*	0.09348	0.000	-0.6461	-0.2782
	尖山	-0.43551*	0.09906	0.000	-0.6305	-0.2406
	胡湾	-0.47291*	0.09906	0.000	-0.6678	-0.2780
	曹湾	-0.36795*	0.08734	0.000	-0.5398	-0.1961
	王冲下	-0.39559*	0.10794	0.000	-0.6080	-0.1832
	张湾	-0.31546*	0.10017	0.002	-0.5126	-0.1183
	徐湾	-0.38650*	0.10600	0.000	-0.5951	-0.1779
	陈沟	-0.46621*	0.10139	0.000	-0.6658	-0.2667
	塘坊	-0.35262*	0.10276	0.001	-0.5548	-0.1504
	学校	-0.33591*	0.11017	0.003	-0.5527	-0.1191
	红庙	-0.36144*	0.09906	0.000	-0.5564	-0.1665
王冲下	红星	-0.34107*	0.09410	0.000	-0.5263	-0.1559
	王冲上	0.39559*	0.10794	0.000	0.1832	0.6080
张湾	红星	-0.42120*	0.08507	0.000	-0.5886	-0.2538
	郝湾	-0.22731*	0.08581	0.009	-0.3962	-0.0584
	王冲上	0.31546*	0.10017	0.002	0.1183	0.5126
徐湾	红星	-0.35016*	0.09186	0.000	-0.5309	-0.1694
	王冲上	-0.35016*	0.09186	0.000	-0.5309	-0.1694
陈沟	红星	-0.27045*	0.08651	0.002	-0.4407	-0.1002
	窑湾	0.20307*	0.09932	0.042	0.0076	0.3985
	王冲上	0.46621*	0.10139	0.000	0.2667	0.6658
塘坊	红星	-0.38404*	0.08811	0.000	-0.5574	-0.2107
	郝湾	-0.19015*	0.08882	0.033	-0.3649	-0.0154
	王冲上	0.35262*	0.10276	0.001	0.1504	0.5548

续表

(I) 村民组	(J) 村民组	均值差 (I-J)	标准误	显著性	95% 置信区间	
					下限	上限
学校	红星	− 0.40075 *	0.09665	0.000	− 0.5910	− 0.2106
	郝湾	− 0.20686 *	0.09730	0.034	− 0.3983	− 0.0154
	王冲上	0.33591 *	0.11017	0.003	0.1191	0.5527
红庙	红星	− 0.37522 *	0.08376	0.000	− 0.5401	− 0.2104
	郝湾	− 0.18133 *	0.08451	0.033	− 0.3476	− 0.0150
	王冲上	0.36144 *	0.09906	0.000	0.1665	0.5564

注：* 表示均值差的显著性水平为 0.05。

第三节　正式问卷的效度与信度检验

本书的正式问卷包含两个总量表：生计资本量表和乡村旅游发展结果感知量表，其中生计资本量表不再进行效度与信度分析，原因有三点：第一，生计资本量表属于事实类量表，是关于农户家庭基本信息及其生活状况的调查，严格说这类量表不需要进行信度与效度分析；第二，为了增加问卷说服力，在前面的预试问卷研究部分，已经采用内容效度法和重测信度法对该量表进行效度与信度检验，并依据结果对量表题项进行删减，直至符合要求，在正式形成的问卷中该量表并没有增加新的题项，因此，可以认为正式问卷中生计资本量表已经具备较好的效度与信度；第三，若要对事实类量表作效度与信度检验，还需要采用内容效度法与重测信度法，内容效度已经在预试问卷部分通过专家判断法进行检验，此处无须再做；重测信度则要求在间隔时间后对同一样本进行问卷再测，这对本书来说非常不现实，因为本书所获取的 313 份有效问卷已经对全村的 16 个村民组进行了普查，如果要作重测信度，就还需要对这 16 个村民组进行再次普查，工作量大，而且要将这 313 个已测样本全部找到难度系数高。综上，本部分不再对生计资本量表进行效度与信度检验。

一、正式问卷的效度检验

本部分将对乡村旅游发展结果感知量表进行效度检验。如前文介绍，可以作为效度证据的有内容效度、建构效度、聚合效度、区分效度等。本书的正式问卷是与相关领域的专家学者反复讨论、求证后得到的，因此，可以认为乡村旅游发展结果感知量表已经具备内容效度；检验量表建构效度的方法有探索性因子分析法（EFA）和验证性因子法（CFA），预试问卷研究部分已经通过探索性因子分析知晓该量表的基本结构，所以这里只需要对其作验证性因子分析来进行建构效度检验，并依据验证性因子分析结果作聚合效度和区分效度分析。

（一）建构效度

验证性因子分析反映的是观察变量（构面）和潜变量（题项）之间的内在关系，用来检验探索性因子分析中得到的因子结构模型与实际数据的适配度，从而检验量表的建构效度。验证性因子分析的判断指标有：绝对拟合指数、相对拟合指数及简约拟合指数。绝对拟合指数包括卡方自由度比（χ^2/df）、近似误差的均方根（RMSEA）、拟合优度指数（GFI）、调整的拟合优度指数（AGFI），相对拟合指数包括规范拟合指数（NFI）、非规范拟合指数（NNFI）、比较拟合指数（CFI）等。具体判断标准如表 5 - 9 所示。

表 5 - 9　　　　　　　　　模型适配统计量及其标准

判断指标	绝对拟合指数				相对拟合指数		
	χ^2/df	RMSEA	GFI	AGFI	NFI	NNFI	CFI
判断标准	< 5 （< 3 效果更佳）	< 0.1 （< 0.08 效果更佳）	> 0.90	> 0.80	> 0.90	> 0.90	> 0.90

由第五章所形成的正式问卷可知，本书的乡村旅游发展结果感知量表包括生活水平、意识水平、负面影响三个潜变量，其中，生活水平潜变量包括四个观察变量，题项代码分别为 LS1、LS2、LS3、LS4；意识水平潜变量包括三个观察变量，题项代码分别为 CS1、CS2、CS3；负面影响潜变量包括三个观察变量，题项代码分别为 NI1、NI2、NI3。该量表的验证性因子分析的整体概念模

型如图 5 – 1 所示。

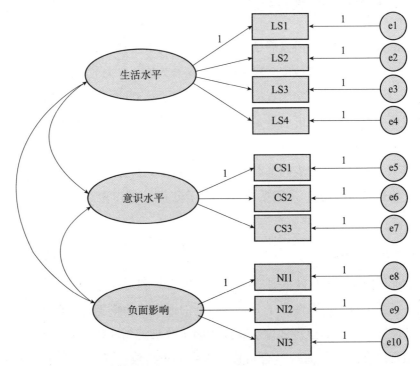

图 5 – 1 乡村旅游发展结果感知量表验证性因子分析的概念模型

运用 Amos 23.0 对上述概念模型进行拟合，结果显示，$\chi^2/df = 4.724$，RMSEA = 0.109，这两项指标不符合要求。现按照 Amos 运行结果中提供的修正指标（modification indices）对上述模型进行修正，建立误差变量 e1 与 e2 的共变关系后再对模型进行拟合发现：$\chi^2/df = 2.587$，RMSEA = 0.071，GFI = 0.956，AGFI = 0.92，NFI = 0.938，NNFI = 0.943，CFI = 0.961，各项指标均满足要求，整体模型与样本观察值的适配度良好，并且各个因子的标准化载荷值均大于 0.50，说明乡村旅游发展结果感知量表的建构效度佳。修正后的模型如图 5 – 2 所示。

（二）聚合效度

聚合效度也叫收敛效度，反映的是量表所含题项之间的关联程度，一般通过验证性因子分析进行检验，检验标准有三个：（1）各题项的标准化因子载荷值要大于 0.50；（2）平均方差抽取量（average variances extracted，AVE）

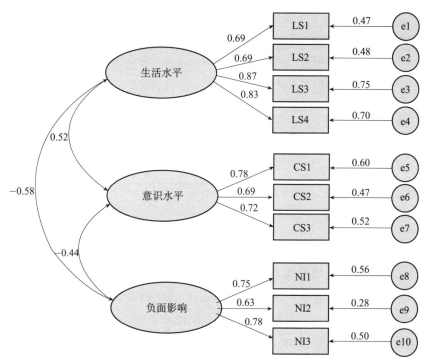

图5-2 乡村旅游发展结果感知量表验证性因子分析的修正模型及标准化估计值

要大于0.50；（3）组合信度（composite reliability，CR）要大于0.7，同时满足以上三个条件的则认为量表的聚合效度较高。

由图5-2与表5-10可以看出，量表中10个题项的标准化因子载荷都大于0.50，第一个条件满足；通过吴明隆提供的建构效度计算软件可得到：生活水平 AVE = 0.60、意识水平 AVE = 0.53、负面影响 AVE = 0.52，各潜变量的AVE值均大于0.50，第二个条件满足；通过吴明隆提供的建构效度计算软件可得到：生活水平 CR = 0.86、意识水平 CR = 0.78、负面影响 CR = 0.77，均大于0.7，第三个条件满足。综上，乡村旅游发展结果感知量表聚合效度良好。

表5-10　　　　乡村旅游发展结果感知量表验证性因子分析结果

潜变量	观察变量	标准化载荷系数	标准误S. E.	临界比值C. R.	P
生活水平	LS1（就业机会增多）	0.689			
	LS2（收入增加）	0.690	0.064	15.750	***
	LS3（基础设施改善）	0.866	0.087	12.920	***
	LS4（居住环境优化）	0.834	0.088	12.704	***

续表

潜变量	观察变量	标准化载荷系数	标准误 S. E.	临界比值 C. R.	P
意识水平	CS1 (环境保护意识增强)	0.775			
	CS2 (文化保护意识增强)	0.681	0.093	10.659	***
	CS3 (农民综合素质提高)	0.719	0.094	11.026	***
负面影响	NI1 (物价上涨)	0.749			
	NI2 (贫富差距扩大)	0.634	0.085	7.855	***
	NI3 (邻里关系恶化)	0.778	0.078	9.048	***

(三) 区分效度

区分效度也叫判别效度，是指一个测量值与其他不同潜变量之间的不相关程度，一般通过变量的平均方差抽取量 AVE 值与该变量和其他变量之间的相关系数平方的比较来衡量。若该变量的 AVE 大于该变量与其他变量相关系数的平方，则表示该变量与其他潜变量具有比较明显的区分效度。由聚合效度分析结果可知，生活水平 AVE = 0.60、意识水平 AVE = 0.53、负面影响 AVE = 0.52。由图 5 - 2 可知，生活水平潜变量与其他两个潜变量的相关系数分别为 0.52、- 0.58，相关系数平方之后分别为 0.2704、- 0.3364，均小于 0.60，该潜变量与其他两个潜变量之间的区分效度良好；意识水平潜变量与其他两个潜变量的相关系数分别为 0.52、- 0.44，相关系数平方之后分别为 0.2704、- 0.1936，均小于 0.53，该潜变量与其他两个潜变量之间的区分效度良好；负面影响与其他两个潜变量的相关系数分别为 - 0.58、- 0.44，相关系数平方之后分别为 - 0.3364、- 0.1936，均小于 0.52，该潜变量与其他两个潜变量之间的区分效度良好。综上，乡村旅游发展结果感知量表区分效度良好。

二、正式问卷的信度检验

信度反映的是量表所得结果的稳定性和一致性，量表的信度越大，测量的标准误就越小。本章仍然用 Cronbach's α 系数法来测量正式问卷中乡村旅游发展结果感知量表信度的高低。Spss 19.0 对该量表的信度分析结果如表 5 - 11 所示，量表中三个构面的 Cronbach's α 值分别为 0.874、0.771、0.715，总量表的 Cronbach's α 值为 0.784，均通过检验。

表 5 – 11　　　　　　　乡村旅游发展结果感知量表信度分析结果

构面	Cronach's Alpha 值	信度评价
生活水平	0.874	甚佳
意识水平	0.771	佳
负面影响	0.715	佳
总量表	0.784	可以接受

本节通过对乡村旅游发展结果感知量表的效度与信度分析，证明该量表结构稳定且题项指向明确，效度和信度均达标，可以进行后续的计算和分析。

第四节　量表的指标权重确定

在进行生计资本测算与生计结果综合评价之前，需要分别确定生计资本量表和乡村旅游发展结果感知量表中的指标权重。关于指标确定的方法很多，根据计算权重数据的来源不同，可分为主观赋权法、客观赋权法、综合赋权法。其中，主观赋权法又包括层次分析法、专家调查法、二项系数法等，客观赋权法包括熵值法、主成分分析法、多目标规划法等，综合赋权法包括"乘法"集成法和"加法"集成法。这些方法都各有优缺点，本书采用层次分析法进行指标赋权。

层次分析法（analytic hierarchy process，AHP）是 20 世纪 70 年代由美国运筹学家萨蒂（Saaty）提出，具有系统、简洁、灵活的优点。运用该方法来确定指标权重需要以下四个步骤（邓雪等，2012）。

第一步，建立层次结构模型。首先将所要研究的问题条理化，建立一个有层次的结构模型，其次再将结构模型由高到低分为三个层次：目标层、准则层、方案层。

第二步，构造层次判断矩阵。针对调研区域的实际情况，对相关领域的专家进行访谈或问卷调查，对指标之间的相对重要性进行判断、赋值。这里采用萨蒂提出的九标度法作为比较标度（见表 5 – 12）。

表 5 – 12   九标度法及其定义

标度值	含义
1	代表两个指标相比，具有同等重要性
3	代表两个指标相比，一个指标比另一个指标稍微重要
5	代表两个指标相比，一个指标比另一个指标明显重要
7	代表两个指标相比，一个指标比另一个指标强烈重要
9	代表两个指标相比，一个指标比另一个指标极端重要
2，4，6，8	上述两相邻判断的中间值
$1/a_{ij}$	代表两个指标的反比较

第三步，层次单排序及一致性检验。根据上述两两比较矩阵，计算得到每个矩阵的最大特征根 λ_{max} 及对应的特征向量。在验证一致性与修正矩阵方面，采用一致性比率（consistency ratio，CR）作为判别的标准，$CR = CI/RI$，其中，CI 为一致性指标（consistency index，CI），$CI = (\lambda_{max} - n)/(n-1)$，$RI$ 具体取值见表 5 – 13，n 矩阵阶数。当 $CR \leq 0.1$ 时，则指标一致性水平为可以接受的标准，指标两两比较结果有效；若 $CR > 0.1$，则需要对矩阵进行修改，直到符合要求。

表 5 – 13   RI 取值一览表

n	3	4	5	6	7	8	9	10
RI	0.58	0.91	1.12	1.24	1.32	1.41	1.45	1.53

第四步，层次总排序及一致性检验。最终要得到方案层各指标对目标层的权重，需要计算各层要素对总目标的合成权重，用方案层的指标权重乘以所在目标层的指标权重即可得到合成权重。总排序的一致性比率 $CR = \dfrac{\sum\limits_{i=1}^{n} b_i CI_i}{\sum\limits_{i=1}^{n} b_i RI_i}$，其中，$b_i$ 为准则层指标的权重值。

一、生计资本量表的指标权重确定

（一）建立层次结构模型

根据预试问卷分析结果来构建生计资本量表的层次结构模型，如表 5 – 14

所示。

表 5 – 14　　　　　　　　　生计资本量表的层次结构

目标层	准则层	方案层
生计资本	H 人力资本	ZH1（家庭人口总数）
		ZH2（家庭劳动力数）
		ZH3（劳动力受教育程度）
		ZH4（旅游从业技能）
	P 物质资本	ZP1（住房结构）
		ZP2（旅游经营房屋面积）
		ZP3（耐用品数量）
	N 自然资本	ZN1（原有总耕地面积）
		ZN2（耕地质量）
		ZN3（发展旅游的耕地面积）
	F 金融资本	ZF1（家庭现金年收入）
		ZF2（获得贷款的机会）
		ZF3（获得借款的机会）
		ZF4（获得无偿资金援助的机会）
	S 社会资本	ZS1（参加旅游技能培训的机会）
		ZS2（参加合作社或协会等组织）
		ZS3（社会联结度）
		ZS4（对游客的友好程度）
		ZS5（参加乡村旅游发展的意愿）
	I 制度资本	ZI1（参与旅游决策的机会）
		ZI2（参与旅游投资的机会）
	C 认知资本	ZC1（对旅游政策的知晓程度）
		ZC2（对乡村旅游发展的认同度）
		ZC3（对乡土文化的熟悉程度）

（二）构造层次判断矩阵

本书就量表的指标赋权这一问题访谈了 3 名旅游管理专业博士生、2 名农业经济管理专业博士生、2 名从事乡村旅游开发与经营的业主、3 名郝堂村委会成员，共 10 名受访者。根据他们对指标相对重要性的判断和赋值情况，构建生计资本量表的层次判断矩阵。参考已有研究（胡晨成，2016；马光耀，2017），将生计资本准则层的七个元素的权重视为均等（均为 1/7，0.143），不需要再确定权重。因此，此处只需要确定方案层指标的权重。现根据专家访谈结果，构造方案层指标的判断矩阵（见表 5-15 至表 5-20）。

（三）层次单排序及一致性检验

层次单排序首先要计算判断矩阵的最大特征根及其所对应的特征向量。本书采用最常用的和积法求最大特征根及其对应的特征向量，运用 Expert Choice 11.5 进行矩阵运算。

1. 人力资本因素

人力资本因素的判断矩阵、最大特征根、特征向量、一致性检验、权重向量的计算过程及结果见表 5-15。

表 5-15　　　　　　　　准则层因素"人力资本"判断矩阵

指标代码	ZH1	ZH2	ZH3	ZH4
ZH1	1	1/5	1/5	1/3
ZH2	5	1	1	2
ZH3	5	1	1	2
ZH4	3	1/2	1/2	1

由表 5-15 得到"人力资本"判断矩阵 $A_H = \begin{bmatrix} 1 & 1/5 & 1/5 & 1/3 \\ 5 & 1 & 1 & 2 \\ 5 & 1 & 1 & 2 \\ 3 & 1/2 & 1/2 & 1 \end{bmatrix}$，运算

得到该矩阵的最大特征根 $\lambda_{max} = 4.004$，对应的特征向量为（0.126，0.658，0.658，0.345）；对其作一致性检验，$CI = \dfrac{\lambda_{max} - n}{n - 1} = \dfrac{4.004 - 4}{4 - 1} \approx 0.001$，查表得 $RI = 0.91$，故 $CR = \dfrac{CI}{RI} \approx 0.001 < 0.1$，通过一致性检验；对特征向量进行归一化处理，得到"人力资本"对应方案层的权重向量 W_H =（0.071，0.368，0.368，0.193）。

2. 物质资本因素

物质资本因素的判断矩阵、最大特征根、特征向量、一致性检验、权重向量的计算过程及结果见表 5 - 16。

表 5 - 16　　　　　准则层因素"物质资本"判断矩阵

指标代码	ZP1	ZP2	ZP3
ZP1	1	1	5
ZP2	1	1	5
ZP3	1/5	1/5	1

由表 5 - 16 得到"物质资本"判断矩阵 $A_P = \begin{bmatrix} 1 & 1 & 5 \\ 1 & 1 & 5 \\ 1/5 & 1/5 & 1 \end{bmatrix}$，运算得到该

矩阵的最大特征根 $\lambda_{max} = 3$，对应的特征向量为（0.700，0.700，0.140）；对

其作一致性检验，$CI = \dfrac{\lambda_{max} - n}{n - 1} = 0$，故 $CR = \dfrac{CI}{RI} = 0 < 0.1$，通过一致性检验；对

特征向量进行归一化处理，得到"物质资本"对应方案层的权重向量 $W_P = $

（0.455，0.455，0.091）。

3. 自然资本因素

自然资本因素的判断矩阵、最大特征根、特征向量、一致性检验、权重向量的计算过程及结果见表 5 - 17。

表 5 - 17　　　　　准则层因素"自然资本"判断矩阵

指标代码	ZN1	ZN2	ZN3
ZN1	1	1	1/2
ZN2	1	1	1/2
ZN3	2	2	1

由表 5 - 17 得到"自然资本"判断矩阵 $A_N = \begin{bmatrix} 1 & 1 & 1/2 \\ 1 & 1 & 1/2 \\ 2 & 2 & 1 \end{bmatrix}$，运算得到该矩

阵的最大特征根 $\lambda_{max} = 3$，对应的特征向量为（0.408，0.408，0.816）；对其

作一致性检验，$CI = \dfrac{\lambda_{max} - n}{n - 1} = 0$，故 $CR = \dfrac{CI}{RI} = 0 < 0.1$，通过一致性检验；对特

征向量进行归一化处理，得到"自然资本"对应方案层的权重向量 $W_N =$ (0.250，0.250，0.500)。

4. 金融资本因素

金融资本因素的判断矩阵、最大特征根、特征向量、一致性检验、权重向量的计算过程及结果见表 5-18。

表 5-18　　　　　　　准则层因素"金融资本"判断矩阵

指标代码	ZF1	ZF2	ZF3	ZF4
ZF1	1	5	5	7
ZF2	1/5	1	1	2
ZF3	1/5	1	1	2
ZF4	1/7	1/2	1/2	1

由表 5-18 得到"金融资本"判断矩阵 $A_F = \begin{bmatrix} 1 & 5 & 5 & 7 \\ 1/5 & 1 & 1 & 2 \\ 1/5 & 1 & 1 & 2 \\ 1/7 & 1/2 & 1/2 & 1 \end{bmatrix}$，运算

得到该矩阵的最大特征根 $\lambda_{max} = 4.016$，对应的特征向量为（0.949，0.207，0.207，0.114）；对其作一致性检验，$CI = \frac{\lambda_{max} - n}{n-1} = \frac{4.016-4}{4-1} \approx 0.005$，查表得 $RI = 0.91$，故 $CR = \frac{CI}{RI} \approx 0.006 < 0.1$，通过一致性检验；对特征向量进行归一化处理，得到"金融资本"对应方案层的权重向量 $W_F =$（0.643，0.140，0.140，0.077）。

5. 社会资本因素

社会资本因素的判断矩阵、最大特征根、特征向量、一致性检验、权重向量的计算过程及结果见表 5-19。

表 5-19　　　　　　　准则层因素"社会资本"判断矩阵

指标代码	ZS1	ZS2	ZS3	ZS4	ZS5
ZS1	1	2	2	3	3
ZS2	1/2	1	1	2	2

指标代码	ZS1	ZS2	ZS3	ZS4	ZS5
ZS3	1/2	1	1	2	2
ZS4	1/3	1/2	1/2	1	1
ZS5	1/3	1/2	1/2	1	1

由表 5 - 19 得到"社会资本"判断矩阵 $A_S = \begin{bmatrix} 1 & 2 & 2 & 3 & 3 \\ 1/2 & 1 & 1 & 2 & 2 \\ 1/2 & 1 & 1 & 2 & 2 \\ 1/3 & 1/2 & 1/2 & 1 & 1 \\ 1/3 & 1/2 & 1/2 & 1 & 1 \end{bmatrix}$，运

算得到该矩阵的最大特征根 $\lambda_{max} = 5.013$，对应的特征向量为 （0.745，0.417，

0.417，0.221，0.221）；现对其作一致性检验，$CI = \dfrac{\lambda_{max} - n}{n-1} = \dfrac{5.013 - 5}{5 - 1} \approx$

0.003，查表得 $RI = 1.12$，故 $CR = \dfrac{CI}{RI} \approx 0.003 < 0.1$，通过一致性检验；对特征

向量进行归一化处理，得到"社会资本"对应方案层的权重向量 W_s =

（0.369，0.206，0.206，0.109，0.109）。

6. 制度资本因素

"制度资本"方案层只包含两个指标，可以直接给出两个指标的权重，所以
不需要进行特征矩阵运算。受访专家比较一致地认为，对于郝堂村来说，"制度
资本"中"参与旅游投资机会"比"参与旅游决策机会更重要"。根据专家赋值
结果，得到"制度资本"对应方案层的权重向量 W_1 = （0.300，0.700）。

7. 认知资本因素

认知资本因素的判断矩阵、最大特征根、特征向量、一致性检验、权重向
量的计算过程及结果见表 5 - 20。

表 5 - 20　　　　　　准则层因素"认知资本"判断矩阵

指标代码	ZC1	ZC2	ZC3
ZC1	1	3	5
ZC2	1/3	1	2
ZC3	1/5	1/2	1

由表 5 – 20 得到"认知资本"判断矩阵 $A_c = \begin{bmatrix} 1 & 3 & 5 \\ 1/3 & 1 & 2 \\ 1/5 & 1/2 & 1 \end{bmatrix}$，运算得到该

矩阵的最大特征根 $\lambda_{max} = 3.004$，对应的特征向量为（0.928，0.329，0.175）；

对其作一致性检验，$CI = \dfrac{\lambda_{max} - n}{n - 1} = 0.002$，查表得 $RI = 0.58$，故 $CR = \dfrac{CI}{RI} \approx$

0.003 < 0.1，通过一致性检验；对特征向量进行归一化处理，得到"认知资本"对应方案层的权重向量 $W_c =$（0.648，0.230，0.122）。

（四）层次总排序及一致性检验

利用方案层层次单排序的计算结果乘以对应的准则层的权重，即可得出方案层所有指标相对于目标层次的权重值（见表 5 – 21）。

表 5 – 21　　　　　　　　　生计资本指标权重层次总排序

方案层权重／准则层权重	人力资本	物质资本	自然资本	金融资本	社会资本	制度资本	认知资本	最终权重
	0.143	0.143	0.143	0.143	0.143	0.143	0.143	
家庭人口总数	0.071							0.010
家庭劳动力数	0.368							0.053
劳动力受教育程度	0.368							0.053
旅游从业技能	0.193							0.028
住房结构		0.455						0.065
旅游经营房屋面积		0.455						0.065
耐用品数量		0.091						0.013
原有耕地面积			0.250					0.036
耕地质量			0.250					0.036
发展旅游的耕地面积			0.500					0.072
家庭现金年收入				0.643				0.092
获得贷款的机				0.140				0.020
获得借款的机会				0.140				0.020
获得无偿资金援助的机会				0.077				0.011

续表

方案层权重/ 准则层权重	人力 资本	物质 资本	自然 资本	金融 资本	社会 资本	制度 资本	认知 资本	最终 权重
	0.143	0.143	0.143	0.143	0.143	0.143	0.143	
参加旅游技能培训的 机会					0.369			0.053
参加合作社或协会等 组织					0.206			0.029
社会联结度					0.206			0.029
对游客的友好程度					0.109			0.016
参加乡村旅游发展的 意愿					0.109			0.016
参与旅游决策的机会						0.300		0.043
参与旅游投资的机会						0.700		0.100
对旅游政策的知晓 程度							0.648	0.093
对乡村旅游发展的认 同度							0.230	0.033
对乡土文化的熟悉 程度							0.122	0.017
合计								≈1

对其作一致性检验，总排序的一致性比率 $CR = \dfrac{\sum\limits_{i=1}^{n} b_i\, CI_i}{\sum\limits_{i=1}^{n} b_i\, RI_i} = \dfrac{0.011 \times 0.143}{4.68 \times 0.143} \approx$

0.002，CR 小于 0.1，一致性检验通过，表明方案层对目标层的权重总排序有效。

二、乡村旅游发展结果感知量表的指标权重确定

（一）建立层次结构模型

根据预试问卷分析结果来构建乡村旅游发展结果感知量表的层次结构模型，见表 5 - 22。

表 5 – 22 乡村旅游发展结果感知量表的层次结构

目标层	准则层	方案层
乡村旅游发展结果感知	LS 生活水平	LS1（就业机会增多）
		LS2（收入增加）
		LS3（基础设施改善）
		LS4（居住环境优化）
	CS 意识水平	CS1（环境保护意识增强）
		CS2（文化保护意识增强）
		CS3（农民综合素质提高）
	NI 负面影响	NI1（物价上涨）
		NI2（贫富差距扩大）
		NI3（邻里关系恶化）

（二）构造层次判断矩阵

本书对乡村旅游发展结果感知量表的指标赋值同样是在 10 名专家访谈的基础上进行，根据他们对指标相对重要性的判断和赋值情况，构建量表的层次判断矩阵。参考已有研究，将准则层的三个元素的权重视为均等（均为 1/3，0.333），不需要再确定权重。因此，此处只需要确定方案层指标的权重。现根据专家访谈结果，构造方案层指标的判断矩阵（见表 5 – 23 至表 5 – 25）。

（三）层次单排序及一致性检验

层次单排序首先要计算判断矩阵的最大特征根及其所对应的特征向量。本书采用最常用的和积法求最大特征根及其对应的特征向量，运用 Expert Choice 11.5 进行矩阵运算。

1. 生活水平因素

生活水平因素的判断矩阵、最大特征根、特征向量、一致性检验、权重向量的计算过程及结果见表 5 – 23。

表 5 – 23 准则层因素"生活水平"判断矩阵

指标代码	LS1	LS2	LS3	LS4
LS1	1	1	2	3

指标代码	LS1	LS2	LS3	LS4
LS2	1	1	2	3
LS3	1/2	1/2	1	2
LS4	1/3	1/3	1/2	1

由表 5 - 23 得到"生活水平"判断矩阵 $A_{LS} = \begin{bmatrix} 1 & 1 & 2 & 3 \\ 1 & 1 & 2 & 3 \\ 1/2 & 1/2 & 1 & 2 \\ 1/3 & 1/3 & 1/2 & 1 \end{bmatrix}$，运算

得到该矩阵的最大特征根 $\lambda_{max} = 4.010$，对应的特征向量为（0.647，0.647，

0.349，0.201）；对其作一致性检验，$CI = \dfrac{\lambda_{max} - n}{n - 1} = \dfrac{4.010 - 4}{4 - 1} \approx 0.003$，查表得

$RI = 0.91$，故 $CR = \dfrac{CI}{RI} \approx 0.003 < 0.1$，通过一致性检验；对特征向量进行归一

化处理，得到"生活水平"对应方案层的权重向量 W_{LS} =（0.351，0.351，

0.189，0.109）。

2. 意识水平因素

意识水平因素的判断矩阵、最大特征根、特征向量、一致性检验、权重向

量的计算过程及结果见表 5 - 24。

表 5 - 24 　　　　　　　　准则层因素"意识水平"判断矩阵

指标代码	CS1	CS2	CS3
CS1	1	3	1/3
CS2	1/3	1	1/6
CS3	3	6	1

由表 5 - 24 得到"意识水平"判断矩阵 $A_{CS} = \begin{bmatrix} 1 & 3 & 1/3 \\ 1/3 & 1 & 1/6 \\ 3 & 6 & 1 \end{bmatrix}$，运算得到

该矩阵的最大特征根 λ_{max} = 3.018，对应的特征向量为（0.353，0.135，

0.926）；对其作一致性检验，$CI = \dfrac{\lambda_{max} - n}{n - 1} = 0.009$，查表得 $RI = 0.58$，故 $CR =$

$\frac{CI}{RI} \approx 0.016 < 0.1$，通过一致性检验；对特征向量进行归一化处理，得到"意识水平"对应方案层的权重向量 W_{CS} = （0.250，0.095，0.655）。

3. 负面影响因素

负面影响因素的判断矩阵、最大特征根、特征向量、一致性检验、权重向量的计算过程及结果见表 5 - 25。

表 5 - 25　　　　　　　　准则层因素"负面影响"判断矩阵

指标代码	NI1	NI2	NI3
NI1	1	1/2	2
NI2	2	1	4
NI3	1/2	1/4	1

由表 5 - 25 得到"负面影响"判断矩阵 $A_{NI} = \begin{bmatrix} 1 & 1/2 & 2 \\ 2 & 1 & 4 \\ 1/2 & 1/4 & 1 \end{bmatrix}$，运算得到该矩阵的最大特征根 $\lambda_{max} = 3$，对应的特征向量为 （0.436，0.873，0.218）；对其作一致性检验，$CI = \frac{\lambda_{max} - n}{n - 1} = 0$，故 $CR = \frac{CI}{RI} = 0 < 0.1$，通过一致性检验；对特征向量进行归一化处理，得到"负面影响"对应方案层的权重向量 W_{NI} = （0.286，0.572，0.143）。

（四）层次总排序及一致性检验

利用方案层层次单排序的计算结果乘以对应的准则层的权重，即可得出方案层所有指标相对于目标层次的权重值，见表 5 - 26。

表 5 - 26　　　　　乡村旅游发展结果感知量表指标权重层次总排序

方案层权重/准则层权重	生活水平	意识水平	负面影响	最终权重
	0.333	0.333	0.333	
就业机会增多	0.351			0.117
收入增加	0.351			0.117
基础设施改善	0.189			0.063
居住环境优化	0.109			0.036

续表

方案层权重/准则层权重	生活水平	意识水平	负面影响	最终权重
	0.333	0.333	0.333	
环境保护意识增强		0.250		0.083
文化保护意识增强		0.095		0.032
农民综合素质提高		0.655		0.218
物价上涨			0.286	0.095
贫富差距扩大			0.572	0.190
邻里关系恶化			0.143	0.048
合计				1

对其作一致性检验，总排序的一致性比率 $CR = \dfrac{\sum\limits_{i=1}^{n} b_i \, CI_i}{\sum\limits_{i=1}^{n} b_i \, RI_i} = \dfrac{0.012 \times 0.333}{2.67 \times 0.333} \approx$

0.004，CR 小于 0.1，一致性检验通过，表明方案层对目标层的权重总排序有效。

第五节　乡村旅游内生发展效应评价

本书将乡村旅游地农户生计资本、生计策略及生计结果的测算与评价结果作为乡村旅游内生发展效应评价的依据。下面将在问卷调研数据的基础上，通过对郝堂村农户生计资本水平、生计策略及生计结果的测算与比较，来进行乡村旅游内生发展效应评价。

一、生计资本

（一）指标分值的归一化处理

由于生计资本包含的指标量纲、数量级存在差异，为保持各指标值的相对差距不变，需要对部分指标分值进行归一化处理。需要归一化处理的指标有：家庭人口总数（ZH1）、家庭劳动力数（ZH2）、旅游经营房屋面积（ZP2）、耐用消费品数量（ZP3）、人均耕地面积（ZN1）、发展旅游的耕地面积（ZN3）家庭人均现金年收入（ZF1）。本书采用极差法对测量指标的量化值进行数据归一化处理（使数据落入 0～1 之间），计算公式为：

$$U_{ij} = \frac{X_{ij} - \min(X_j)}{\max(X_j) - \min(X_j)} \qquad (5-1)$$

其中，U_{ij} 为第 i 个样本的第 j 项指标的归一化值；X_{ij} 为第 i 个样本的第 j 项指标的实际测量值；$\max(X_j)$ 为第 j 项指标的实际测量的最大值；$\min(X_j)$ 为第 j 项指标的实际测量的最小值。

（二）生计资本总指数测算

根据第四章中给出的七类生计资本指数的计算公式、每个农户家庭七类生计资本总指数的计算公式、区域内所有农户家庭七类生计资本总指数的计算公式，可以分别求出郝堂村下辖 16 个村民组的生计资本总指数以及整个郝堂村的生计资本总指数（等于样本区内所有农户生计资本总指数的平均值）。

各类生计资本指数的计算公式为：

$$Q_i = W_{ij}U_{ij} \qquad (5-2)$$

每个农户家庭七类生计资本总指数的计算公式为：

$$L_j = \sum_{i=1}^{7} Qi = \sum_{i=1}^{7} W_{ij}U_{ij} \qquad (5-3)$$

各村民组七类生计资本总指数的计算公式为：

$$T = \frac{\sum_{j=1}^{n} \sum_{i=1}^{7} Q_i}{n} = \frac{\sum_{j=1}^{n} \sum_{i=1}^{7} W_{ij}U_{ij}}{n} \qquad (5-4)$$

其中，T 为各村民组生计资本总指数；i 为生计资本种类，$i \in \{1, 2, 3, 4, 5, 6, 7\}$；$Q_i$ 为各类生计资本指数；L_j 为第 j 个农户家庭的生计资本总指数；W_{ij} 为第 j 个样本的第 i 项生计资本的权重值；U_{ij} 为第 i 个样本的第 j 项指标的归一化值；n 为样本总数。$Q_i \in [0, 1]$，当 $Q_i = 1$ 时，农户的该类生计资本为最理想状态，Q_i 值由高到低表示农户该类生计资本指数逐渐降低，$Q_i = 0$ 时，农户该类生计资本状况最差。

求得 16 个村民组、郝堂（整体）的七类生计资本指数及总指数如表 5-27 和图 5-3 所示。红星组的生计资本总指数最高（0.579），其次是郝湾组

（0.437）、黄湾组（0.431）、窑湾组（0.406），生计资本总指数最低的是王冲
上组（0.246）。16个村民组中，人力资本指数最高的是红星组（0.097）、最
低的是学校组（0.048），物质资本指数最高的是红星组（0.089）、最低的是
王冲上组（0.036），自然资本指数最高的是红星组（0.072）、最低的是曹湾
组（0.017），金融资本指数最高的是红星组（0.038）、最低的是王冲上组
（0.015），社会资本指数最高的是红星组（0.089）、最低的是陈沟组
（0.038），制度资本指数中最高的是红星组（0.112）、最低的是塘坊组
（0.000），认知资本指数中最高的是郝湾组（0.087）、最低的是王冲上组
（0.044）。郝堂村整体生计资本总指数为0.338，七类生计资本指数分别为：
人力资本0.064、物质资本0.051、自然资本0.038、金融资本0.023、社会资
本0.057、制度资本0.036、认知资本0.070。

表 5 - 27　　　　　　　　　　　　生计资本指数测算结果

村民组/指数	七类生计资本指数（Q_i）							总指数（T）
	人力资本	物质资本	自然资本	金融资本	社会资本	制度资本	认知资本	
红星	0.097	0.089	0.072	0.038	0.089	0.112	0.082	0.579
黄湾	0.068	0.061	0.049	0.027	0.067	0.084	0.075	0.431
窑湾	0.068	0.058	0.040	0.023	0.066	0.068	0.083	0.406
郝湾	0.072	0.062	0.042	0.030	0.065	0.079	0.087	0.437
马湾	0.069	0.058	0.023	0.022	0.077	0.061	0.075	0.385
尖山	0.069	0.052	0.024	0.020	0.051	0.020	0.069	0.305
胡湾	0.060	0.041	0.023	0.022	0.059	0.026	0.075	0.306
曹湾	0.069	0.056	0.017	0.019	0.055	0.038	0.079	0.333
王冲上	0.054	0.036	0.042	0.015	0.044	0.011	0.044	0.246
王冲下	0.055	0.044	0.036	0.028	0.063	0.033	0.056	0.315
张湾	0.055	0.051	0.042	0.017	0.049	0.015	0.069	0.298
徐湾	0.062	0.037	0.041	0.021	0.052	0.003	0.068	0.284
陈沟	0.070	0.048	0.027	0.021	0.038	0.014	0.070	0.288
塘坊	0.052	0.042	0.043	0.018	0.042	0.004	0.062	0.263
学校	0.048	0.038	0.040	0.020	0.048	0.004	0.064	0.262
红庙	0.053	0.038	0.042	0.019	0.047	0.008	0.064	0.271
郝堂村（整体）	0.064	0.051	0.038	0.023	0.057	0.036	0.070	0.338

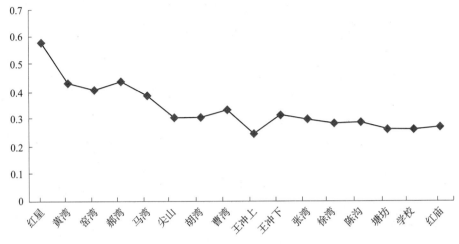

图 5 – 3　生计资本总指数

七类生计资本中，认知资本的指数最高，其次是人力资本，最低的是金融资本，制度资本及自然资本也较低。总体来看，郝堂村生计资本指数偏低，其中，16 个村民组中生计资本状况较好的是红星组，最差的是王冲上组。16 个村民组生计资本状况由好到差排序为：红星 > 郝湾 > 黄湾 > 窑湾 > 马湾 > 曹湾 > 王冲下 > 胡湾 > 尖山 > 张湾 > 陈沟 > 徐湾 > 红庙 > 塘坊 > 学校 > 王冲上。

导致郝堂村 16 个村民组的生计资本指数现状的原因可能在于：第一，人力资本较高的主要原因在于郝堂村农户家庭人口总数及劳动力总数偏高。第二，物质资本指数偏高的主要原因在于郝堂村农户家庭的耐用消费品数量的均值较高，并且住房质量整体处于中等偏上水平。第三，自然资本指数偏低的主要原因是郝堂村人均耕地面积太少（人均不到 1 亩），而且地处大别山区，耕地质量总体较差；再者，由于郝堂村乡村旅游发展的辐射范围较小，所以只有红星、郝湾、黄湾等少数几个村民组的大部分土地用于发展旅游，其他大多数村民组的耕地都没有用来发展旅游，要么自种，要么撂荒。第四，金融资本指数最低的主要原因在于，除红星、郝湾、黄湾等少数几个村民组的农户家庭收入较高外，其他多数村民组的农户家庭收入一般甚至较低。在调研中发现，大多数村民表示自己并无向银行等金融机构贷款或向亲戚朋友借款的能力；在扶贫方面，郝堂村约 640 户村民中只有 5 户家庭在精准扶贫中被认定为贫困户（截止到本次调研已经有 1 户实现脱贫），因此，能够获得无偿资金援助的农户家庭非常少。这些原因共同导致郝堂村金融资本指数偏低。第五，社会资本指数偏高的主要原因在于，受访村民中大多数表示对外来游客比较友好，而且非常愿意参与当地乡村旅游发展。第六，制度资本偏低的主要原因在于，"参与旅游决策"方面，受访村民中只有红星组的大多数人表示享有本村旅游发展的决策机会，其他村民组非常少，笔者最后向郝堂村委会求证得知，村里有关决策会议只有党员代表和群众代表参加，其他村民并没有参与决策过程；"参与旅游投资"方面，参与当地旅游投资的农户同样集中在红星、郝湾、黄湾等少数几个村民组，其他村民组极少，有的村民组甚至连一户都没有。第七，认知资本指数偏高的原因是，当地村民对乡村旅游发展认同度和乡土文化的认同度都较高。

为了从统计学角度比较 16 个村民组在"生计资本总指数"上有无显著差异，现采用单因素方差分析进行检验，检验结果如表 5－28、表 5－29 所示。组间 F 检验结果显著（$F = 10.452$，$p = 0.000 < 0.05$），表明 16 个村民组中至少有两个村民组在"生计资本总指数"上存在显著差异。

表 5－28　　"生计资本总指数"描述

村民组	样本量	均值	标准差	标准误	均值的 95% 置信区间 下限	上限	极小值	极大值
红星	25	0.57886	0.101983	0.020397	0.53676	0.62096	0.368	0.738
黄湾	22	0.42925	0.129270	0.027560	0.37194	0.48657	0.256	0.711
窑湾	14	0.40624	0.190179	0.050827	0.29643	0.51605	0.231	0.680
郝湾	24	0.43744	0.175442	0.035812	0.36336	0.51153	0.193	0.856
马湾	26	0.38443	0.133765	0.026233	0.33040	0.43846	0.180	0.646
尖山	19	0.30527	0.102965	0.023622	0.25564	0.35490	0.174	0.545
胡湾	19	0.30584	0.121242	0.027815	0.24740	0.36427	0.127	0.574
曹湾	42	0.33251	0.145590	0.022465	0.28714	0.37788	0.153	0.629
王冲上	13	0.24571	0.145886	0.040462	0.15755	0.33387	0.152	0.709
王冲下	13	0.31417	0.173634	0.048157	0.20924	0.41910	0.115	0.632
张湾	18	0.29839	0.083745	0.019739	0.25675	0.34004	0.194	0.487
徐湾	14	0.28432	0.064741	0.017303	0.24694	0.32170	0.207	0.397
陈沟	17	0.28762	0.080707	0.019574	0.24613	0.32912	0.190	0.484
塘坊	16	0.26256	0.051804	0.012951	0.23095	0.28616	0.180	0.374
学校	12	0.26186	0.080463	0.023228	0.21074	0.31299	0.142	0.411
红庙	19	0.27077	0.084255	0.019330	0.23016	0.31138	0.184	0.519
合计	313	0.33821	0.151465	0.008561	0.33337	0.36706	0.115	0.856

表 5 - 29   "生计资本总指数" ANOVA

变量	平方和	df	均方	F	显著性
组间	2.473	15	0.165	10.452	0.000
组内	4.685	297	0.016		
总数	7.158	312			

若要进一步检验哪些组别之间在"生计资本总指数"上存在显著差异，则要进行事后多重比较。事后多重比较之前，需要对"生计资本总指数"作方差齐性检验，当样本方差具有齐次性时，直接采用"假定方差齐性"的 LSD 法进行事后多重比较；当样本方差不齐时，则应进行数据转换或者改用"未假定方差齐性"的检验方法。方差齐性检验结果显示（见表 5 - 30），p = 0.000 < 0.05，结果显著，拒绝原假设，表示"生计资本总指数"在 16 个村民组之间的方差不齐，故不能对原始数据直接进行单因素方差分析。

表 5 - 30   "生计资本" 方差齐性检验

Levene 统计量	df1	df2	显著性
4.978	15	297	0.000

这里采用"未假定方差齐性"中的 Tamhane's T2 检验法对"生计资本总指数"作事后多重比较，结果见表 5 - 31。红星组与除窑湾、郝湾以外的其他 13 个村民组在"生计资本总指数"上都存在显著性差异；黄湾组与红星、徐湾、陈沟、塘坊、学校、红庙组在"生计资本总指数"上均存在显著性差异；郝湾组只与塘坊、学校、红庙组在"生计资本总指数"上存在显著性差异；马湾组只与红星、塘坊组在"生计资本总指数"上存在显著性差异；尖山、胡湾、曹湾、王冲上、王冲下、张湾组只与红星组在"生计资本总指数"上存在显著性差异；徐湾组和陈沟组只与红星、黄湾组在"生计资本总指数"上存在显著性差异；塘坊组只与红星、黄湾、郝湾、马湾组在"生计资本总指数"上存在显著性差异；学校组和红庙组只与红星、黄湾、郝湾组在"生计资本总指数"上存在显著性差异。

导致这种差异的原因在于：第一，红星组处于当地旅游发展的核心区域，享有"天时地利人和"的优越条件，因此，红星组的七类生计资本指数均最高；第二，黄湾、窑湾、郝湾组与红星组相邻，处于乡村旅游发展的第一辐射区域，资源禀赋相对较好，所以这几个村民组的生计资本总指数仅次于红星组；第三，马湾组和曹湾组距离当地旅游发展的核心区域较远，但是交通条件较好，柏油路可直达；第四，胡湾组、尖山组与当地旅游发展的核心区域的距离虽然不是太远，但是交通状况不佳：胡湾组目前是砂石路，雨天泥泞，晴天尘土飞扬；尖山组地理位置较为偏僻，游客极少到达；第五，张湾组位于游客由外围进入旅游核心区域的必经之路上，位置较好、交通状况佳，但是游客不愿意停留，绝大多数游客都是仅仅路过，并不能给张湾组带来经济效益；第六，王冲下组与当地旅游发展的核心区域的距离远且地理位置较为偏僻，但是郝堂跑马场位于其中，给当地村民带来不少收益；第七，陈沟、徐湾、塘坊、学校、王冲下这五个村民组与核心景区的距离较远且地理位置偏僻，游客可进入性差并且没有旅游吸引物，所以他们的生计资本状况最差。

表 5 - 31　　　　　"生计资本"事后多重比较（Tamhane's T2）

（I）村民组	（J）村民组	均值差（I-J）	标准误	显著性	95%置信区间	
					下限	上限
红星	黄湾	0.149610 *	0.034287	0.011	0.01785	0.28137
	马湾	0.194431 *	0.033230	0.000	0.06839	0.32048
	尖山	0.273589 *	0.031209	0.000	0.15334	0.39384
	胡湾	0.273025 *	0.034492	0.000	0.13881	0.40724
	曹湾	0.246349 *	0.030343	0.000	0.13351	0.35919
	王冲上	0.333150 *	0.045312	0.000	0.13878	0.52752
	王冲下	0.264690 *	0.052299	0.013	0.03490	0.49448
	张湾	0.280466 *	0.028384	0.000	0.17148	0.38945
	徐湾	0.294539 *	0.026747	0.000	0.19084	0.39824
	陈沟	0.291237 *	0.028270	0.000	0.18239	0.40009
	塘坊	0.320304 *	0.024161	0.000	0.22694	0.41367
	学校	0.316999 *	0.030912	0.000	0.19301	0.44098
	红庙	0.308088 *	0.028101	0.000	0.20053	0.41565

续表

(I) 村民组	(J) 村民组	均值差 (I-J)	标准误	显著性	95% 置信区间	
					下限	上限
黄湾	红星	− 0. 149610 *	0. 034287	0. 011	− 0. 28137	− 0. 01785
	徐湾	0. 144929 *	0. 032542	0. 011	0. 01735	0. 27251
	陈沟	0. 141628 *	0. 033804	0. 021	0. 01033	0. 27292
	塘坊	0. 170695 *	0. 030452	0. 001	0. 04978	0. 29161
	学校	0. 167389 *	0. 036043	0. 007	0. 02541	0. 30937
	红庙	0. 158478 *	0. 033663	0. 004	0. 02803	0. 28893
郝湾	塘坊	0. 178888 *	0. 038082	0. 007	0. 02726	0. 33052
	学校	0. 175582 *	0. 042685	0. 028	0. 00893	0. 34224
	红庙	0. 166671 *	0. 040696	0. 028	0. 00813	0. 32521
马湾	红星	− 0. 194431 *	0. 033230	0. 000	− 0. 32048	− 0. 06839
	塘坊	0. 125873 *	0. 029256	0. 015	0. 01210	0. 23965
尖山	红星	− 0. 273589 *	0. 031209	0. 000	− 0. 39384	− 0. 15334
胡湾	红星	− 0. 273025 *	0. 034492	0. 000	− 0. 40724	− 0. 13881
曹湾	红星	− 0. 246349 *	0. 030343	0. 000	− 0. 35919	− 0. 13351
王冲上	红星	− 0. 333150 *	0. 045312	0. 000	− 0. 52752	− 0. 13878
王冲下	红星	− 0. 264690 *	0. 052299	0. 013	− 0. 49448	− 0. 03490
张湾	红星	− 0. 280466 *	0. 028384	0. 000	− 0. 38945	− 0. 17148
徐湾	红星	− 0. 294539 *	0. 026747	0. 000	− 0. 39824	− 0. 19084
	黄湾	− 0. 144929 *	0. 032542	0. 011	− 0. 27251	− 0. 01735
陈沟	红星	− 0. 291237 *	0. 028270	0. 000	− 0. 40009	− 0. 18239
	黄湾	− 0. 141628 *	0. 033804	0. 021	− 0. 27292	− 0. 01033
塘坊	红星	− 0. 320304 *	0. 024161	0. 000	− 0. 41367	− 0. 22694
	黄湾	− 0. 170695 *	0. 030452	0. 001	− 0. 29161	− 0. 04978
	郝湾	− 0. 178888 *	0. 038082	0. 017	− 0. 33052	− 0. 02726
	马湾	− 0. 125873 *	0. 029256	0. 015	− 0. 23965	− 0. 01210
学校	红星	− 0. 316999 *	0. 030912	0. 000	− 0. 44098	− 0. 19301
	黄湾	− 0. 167389 *	0. 036043	0. 007	− 0. 30937	− 0. 02541
	郝湾	− 0. 175582 *	0. 042685	0. 028	− 0. 34224	− 0. 00893

续表

（I）村民组	（J）村民组	均值差（I-J）	标准误	显著性	95%置信区间	
					下限	上限
红庙	红星	− 0.308088 *	0.028101	0.000	− 0.41565	− 0.20053
	黄湾	− 0.158478 *	0.033663	0.004	− 0.28893	− 0.02803
	郝湾	− 0.166671 *	0.040696	0.028	− 0.32521	− 0.00813

注：＊表示均值差的显著性水平为 0.05。

（三）生计资本耦合协调度测算

本书采用生计资本的耦合协调度来检验七类生计资本协调发展的程度。计算公式为：

$$N = \left\{ \frac{\prod_{i=1}^{7} Q_i}{\left[\sum_{i=1}^{7} Q_i\right]^7} \right\}^{\frac{1}{7}} \tag{5-5}$$

$$D = \sqrt{N \cdot T} \tag{5-6}$$

其中，D 为七类生计资本的耦合协调度；N 为七类生计资本的耦合度；T 为各村民组生计资本总指数；Q_i 为各村民组七类生计资本指数；$i \in \{1, 2, 3, 4, 5, 6, 7\}$。$D \in [0, 1]$，当 $0 < D < 0.1$ 时，表示极度失调；当 $0.1 \leq D < 0.2$ 时，表示严重失调；当 $0.2 \leq D < 0.3$ 时，表示中度失调；当 $0.3 \leq D < 0.4$ 时，表示轻度失调；当 $0.4 \leq D < 0.5$ 时，表示濒临失调；当 $0.5 \leq D < 0.6$ 时，表示勉强协调；当 $0.6 \leq D < 0.7$ 时，表示初级协调；当 $0.7 \leq D < 0.8$ 时，表示中级协调；当 $0.8 \leq D < 0.9$ 时，表示良好协调；当 $0.9 \leq D \leq 1$ 时，表示良好协调（舒小林等，2015）。

由表 5 - 27 可知 16 个村民组的 Q_i 值和 T 值，首先通过上述耦合度公式计算可得到 16 个村民组的七类生计资本耦合度，然后再利用耦合协调度计算公式计算可得到各村民组的七类生计资本耦合协调状况。如表 5 - 32 所示：郝堂村整体的生计资本耦合协调度为中度失调；其中，红星、黄湾、窑湾、郝湾、马湾、曹湾、王冲下组的生计资本耦合协调度为中度失调，尖山、胡湾、王冲上、张湾、徐湾、陈沟、塘坊、学校、红庙组的生计资本耦合协调度为严重失调。16 个村民组的生计资本耦合协调度由好到差排序为：红星 > 郝湾 > 黄湾

>窑湾 >马湾 >王冲下 >曹湾 >胡湾 >尖山 >张湾 >陈沟 >红庙 >王冲上 >徐湾 >学校 >塘坊。这表明，郝堂村生计资本存量及其耦合协调状况都不理想，并且村民组之间的生计资本存量存在明显差异。

16 个村民组七类生计资本的耦合协调度处于整体失调的原因在于：第一，对于参与旅游发展较多的村民组来说，耕地和山林基本处于撂荒状态，农户基本都忙于农家乐经营；第二，对于未参与乡村旅游发展的村民组来说，因为种田收入太少，无法维持基本生活，所以选择外出打工的农户较多，田地和山林也基本处于撂荒状态；第三，既没有参与当地旅游发展，也未出去打工的，以留守老人和留守儿童居多，种田的也较少；第四，大多数农户家庭没有借贷能力，金融资本指数低；第五，大多数农户家庭没有参与旅游决策和投资的机会，制度资本指数低。

表 5-32　　　　　　　　生计资本耦合协调度测算结果

村民组/指数	耦合度（N）	耦合协调度（D）	耦合协调等级
红星	0.13655	0.28118	中度失调
黄湾	0.13550	0.24166	中度失调
窑湾	0.13318	0.23254	中度失调
郝湾	0.13520	0.24307	中度失调
马湾	0.12819	0.22216	中度失调
尖山	0.12562	0.19574	严重失调
胡湾	0.12823	0.19809	严重失调
曹湾	0.12412	0.20330	中度失调
王冲上	0.12506	0.17540	严重失调
王冲下	0.13737	0.20801	中度失调
张湾	0.12537	0.19328	严重失调
徐湾	0.10499	0.17268	严重失调
陈沟	0.12324	0.18839	严重失调
塘坊	0.11059	0.17054	严重失调
学校	0.11130	0.17077	严重失调
红庙	0.12009	0.18040	严重失调
郝堂村（整体）	0.13429	0.21680	中度失调

二、生计策略

农户的生计策略以生计资本为基础，是他们选择的一系列生计方式的组合，并直接影响其生计结果。根据本书第三章提出的生计策略测算方法，本书通过生计多样性指数、收入多样性指数、参与乡村旅游发展的意愿这三个方面来评价郝堂村农户生计策略。

（一）生计多样性指数

生计多样性指数反映的是农户生计稳定性的强弱。本书选择用农户家庭生计活动的种类数与样本地农户所有生计活动种类数的比值来测算农户的生计多样性指数，计算公式为：

$$K = \frac{Y_j}{Y} \qquad (5-7)$$

其中，K 表示农户生计多样性指数；Y_j 表示第 m 户农户家庭拥有的生计活动的种类数；Y 代表所有农户生计活动种类数；$j = (1, 2, 3, \cdots)$。$K \in (0, 1]$，K 值越高，表示农户规避风险能力越高，生计越稳定。

由正式调研问卷中对农户生计方式组合状况的询问"2017 年，您家里主要有下列哪几种经济来源？请在方框中勾选并在后面横线上填上具体年收入。（多选题。备选项：种植业、养殖业、旅游经营、其他个体经商、打工、房屋出租、其他）"可知，郝堂村农户生计活动全部种类数和每户家庭所采用的生计活动种类数，再通过上述生计多样性指数计算公式可得每户家庭的生计多样性指数，最后通过对每个村民组的农户生计多样性指数取均值即可得到每个村民组的生计多样性指数以及整个郝堂村的生计多样性指数（见表 5-33、图 5-4）。

表 5-33　　　　　　　　　　生计多样性指数测算结果

村民组/指数	生计活动种类极小值	生计活动种类极大值	生计活动种类均值	生计活动全部种类数	生计多样性指数
红星	1	3	1.48	7	0.211
黄湾	1	3	1.86	7	0.266
窑湾	1	3	1.79	7	0.256
郝湾	1	4	2.29	7	0.327

续表

村民组/指数	生计活动种类极小值	生计活动种类极大值	生计活动种类均值	生计活动全部种类数	生计多样性指数
马湾	1	3	2.23	7	0.319
尖山	1	3	2.21	7	0.316
胡湾	1	4	2.84	7	0.406
曹湾	1	4	2.00	7	0.286
王冲上	2	3	2.00	7	0.286
王冲下	1	3	1.85	7	0.264
张湾	1	3	2.00	7	0.286
徐湾	1	3	2.14	7	0.306
陈沟	2	3	2.41	7	0.344
塘坊	1	3	2.31	7	0.330
学校	2	4	2.42	7	0.346
红庙	2	4	2.63	7	0.376
郝堂村（整体）	1	4	2.15	7	0.308

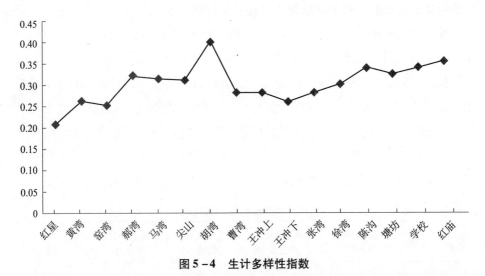

图 5-4　生计多样性指数

结果显示，郝堂村整体的生计多样性指数偏低，仅为 0.308。其中，胡湾组的生计多样性指数最高（0.406），红庙组次之（0.376）；生计多样性指数最低的是红星组（0.211），其次是窑湾组（0.256）；平均生计活动最多的是胡湾组（2.84），最少的是红星组（1.48）。16 个村民组的生计多样性指数由高到低排序是：胡湾 > 红庙 > 学校 > 陈沟 > 塘坊 > 郝湾 > 马湾 > 尖山 > 徐湾 > 曹湾 > 王冲上 > 张湾 > 黄湾 > 王冲下 > 窑湾 > 红星。这表明，郝堂村整体的生计多样性水平偏低，旅游发展较差的村民组的生计多样性水平较高，旅游发展最好的村民组反而最低。

这种现象形成的原因在于：第一，红星组 90% 以上农户的生计活动都与旅游相关，耕地全部流转用来种植荷花，并且极少有人外出打工，因此，红星组的生计活动种类最单一，生计多样性指数最低，生计稳定性最差。第二，距离核心景区较远的村民组，大多数家庭的劳动力都在外务工，并且有不少家庭种植水稻、板栗、茶叶，养殖小龙虾等，因此，距离核心景区较远的农户反而生计活动更加多样，生计多样性指数较高，生计稳定性较好；第三，距离核心景区最远的陈沟、塘坊、徐湾、学校、红庙组，由于耕地质量相对较好，所以多数家庭种植水稻，并且养殖小龙虾、猪等（郝堂自发展乡村旅游以来，为防止环境污染，限制农户的养猪、养鸡等养殖业规模，所以与核心景区较近的村民组基本无养殖业，距离较远的才有少量养殖业），因此，距离核心景区最远的村民组反而生计多样性指数较高。

(二) 收入多样性指数

收入多样性指数，反映的是收入来源渠道个数、均衡程度，显示了农户生计稳定性的大小。本书选择香农·威纳（Shannon Wiener）多样性测算方法（熵值法）来评价郝堂村农户收入多样性，计算公式为：

$$V = - \sum_{s=1}^{n} G_s \ln G_s \tag{5-8}$$

其中，V 是收入多样性指数；Gs 为样本地农户家庭第 s 种收入来源产生的收入占家庭总收入的比重；$s = (1, 2, 3, \cdots, n)$；$V \in [0, 1]$，如果该地区农户只有一种收入来源，则多样性指数为 0，说明收入多样性程度最低；多样性指数越大，则收入多样化程度越高，表明农户收入来源越多、各收入占比越均匀、农户抗风险能力越强、生计稳定性越高。

活动中的所得收入在家庭总收入中的比重，然后利用上述收入多样性指数计算公式可求得郝堂村整体及其中 16 个村民组的收入多样化指数（见表 5-

34、图 5 - 5）。

表 5 - 34 　　　　　　　　　　　收入多样性指数测算结果

村民组	每种收入来源占家庭总收入的比重 G_s							收入多样性指数（V）
	种植业	养殖业	旅游经营	打工	其他个体经商	房屋出租	其他收入	
红星	0.0178	0.0000	0.7404	0.1297	0.0933	0.0100	0.0088	0.2683
黄湾	0.0769	0.0602	0.2000	0.4712	0.1083	0.0455	0.0379	0.4508
窑湾	0.0604	0.0607	0.2554	0.5949	0.0286	0.0000	0.0000	0.3900
郝湾	0.0687	0.0129	0.1784	0.6407	0.0700	0.0294	0.0000	0.4837
马湾	0.0444	0.0076	0.1841	0.6330	0.1169	0.0000	0.0140	0.4265
尖山	0.1171	0.0702	0.0526	0.6612	0.0439	0.0000	0.0550	0.5331
胡湾	0.2009	0.0921	0.1315	0.3659	0.1331	0.0000	0.0766	0.7842
曹湾	0.1139	0.0700	0.1313	0.5780	0.0560	0.0000	0.0508	0.4257
王冲上	0.1673	0.0615	0.0692	0.5865	0.0513	0.0000	0.0641	0.4507
王冲下	0.1135	0.0000	0.0769	0.5686	0.1641	0.0000	0.0769	0.3613
张湾	0.1530	0.0185	0.0000	0.7266	0.0593	0.0093	0.0333	0.4675
徐湾	0.0733	0.1378	0.0000	0.7211	0.0679	0.0000	0.0000	0.4670
陈沟	0.0645	0.0644	0.0471	0.7970	0.0196	0.0000	0.0074	0.4870
塘坊	0.1301	0.1916	0.0000	0.6332	0.0243	0.0000	0.0208	0.5770
学校	0.1823	0.0875	0.0000	0.5667	0.0531	0.0000	0.1104	0.7007
红庙	0.1213	0.1070	0.0316	0.5650	0.1761	0.0000	0.0000	0.7216
郝堂村（整体）	0.1066	0.0651	0.1312	0.5775	0.0791	0.0059	0.0348	0.4997

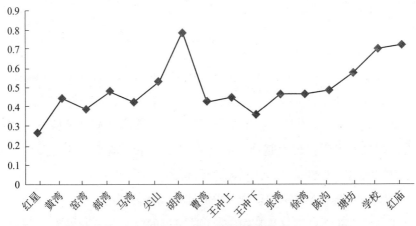

图 5 - 5　收入多样性指数

　　结果显示，郝堂村整体收入多样性指数接近中等水平（0.4997），其中，收入多样性指数最高的是胡湾组（0.7842），其次是红庙组（0.7216）；收入多样性指数最低的是红星组（0.2683），其次是王冲下组（0.3613）。七类生计活动中，种植业收入占比最大的是胡湾组（0.2009），最小的是红星组（0.0178）；养殖业收入占比最大的是塘坊组（0.1916），最小的是红星组和王冲下组（0.000）；旅游经营收入占比最大的是红星组（0.7404），最小的是张湾、徐湾、塘坊、学校组（0.000）；打工收入占比最大的是陈沟组（0.7970），最小的是红星组（0.1297）；其他个体经商收入占比最大的是红庙组（0.1761），最小的是塘坊组（0.0196）；房屋出租收入占比最大的是黄湾组（0.0455），其次是郝湾组（0.0294）、红星组（0.0100）、张湾组（0.0093），其余村民组都没有房屋出租收入。16 个村民组的收入多样性指数由高到低排序为：胡湾＞红庙＞学校＞塘坊＞尖山＞陈沟＞郝湾＞张湾＞徐湾＞黄湾＞王冲上＞马湾＞曹湾＞窑湾＞王冲下＞红星。这表明，郝堂村整体的收入多样性水平一般，旅游发展较差的村民组的收入多样性水平较高，旅游发展最好的村民组反而最低。

　　出现这一结果的原因在于：第一，红星组的生计活动以旅游经营为主，结构单一；田地绝大部分已流转来种植观赏性荷花；其他类型的生计活动很少，且农户家庭绝大部分收入来源于旅游经营。因此，红星组的收入多样性指数最低，收入最不均衡，抗风险能力最差。第二，胡湾组距离核心景区较远，参与旅游经营的农户很少，大部分家庭都有人外出打工；在家村民以种植荷花卖莲子、养殖小龙虾出售为主，水稻、茶叶种植较少；胡湾组农户家庭的生计活动种类最多，收入也较为均衡。因此，胡湾组的收入多样性指数最高，农户抗风险能力最强、生计稳定性最高。第三，红庙、学校、塘坊、尖山组耕地质量较高，撂荒较少，大部分种植有水稻和少量茶叶；由于距离核心景区较远，所以有一部分农户家庭有生猪养殖、小龙虾养殖，大部分家庭都有人外出打工。因此，家庭收入来源较多，收入多样性指数较高。第四，曹湾、王冲上、窑湾等村民组耕地撂荒现象严重，种植水稻的农户较少，大部分选择外出打工，老人儿童留守在家，家庭收入来源较少，收入多样性指数较低。

　　（三）参与乡村旅游发展的意愿

　　为了进一步证实村民对当地发展旅游业的真实态度，本书将农户参与乡村旅游发展的意愿纳入乡村旅游地农户生计策略的测量指标之中。根据正式调研问卷中向受访对象询问"您对参与乡村旅游发展的态度是_____。（单选题。备选项：非常愿意记1；比较愿意0.75；一般记0.5；不太愿意记0.25；完全不愿意记0）"来评价郝堂村整体及16个村民组的农户参与乡村旅游发展的意愿（见表5-35）。

表5-35 　　　　　 **"参与乡村旅游发展的意愿"统计结果**

村民组	极小值	极大值	均值	标准差
红星	0.75	1.00	0.9600	0.09354
黄湾	0.50	1.00	0.9432	0.13210
窑湾	0.50	1.00	0.8929	0.18898
郝湾	0.50	1.00	0.8854	0.22091
马湾	0.75	1.00	0.9712	0.08145
尖山	0.75	1.00	0.9605	0.09366
胡湾	0.75	1.00	0.9737	0.07883
曹湾	0.75	1.00	0.9821	0.06517
王冲上	0.75	1.00	0.9808	0.06934
王冲下	0.75	1.00	0.9808	0.06934
张湾	0.50	1.00	0.9444	0.13708
徐湾	0.75	1.00	0.9821	0.06682
陈沟	0.75	1.00	0.9853	0.06063
塘坊	0.50	1.00	0.9531	0.13598
学校	0.75	1.00	0.9792	0.07217
红庙	0.50	1.00	0.9605	0.12536
郝堂村（整体）	0.50	1.00	0.9585	0.10571

由"参与乡村旅游发展的意愿"均值可以看出，郝堂村整体"参与乡村旅游发展的意愿"指数较高（0.9585），16个村民组的"参与乡村旅游发展的意愿"指数也比较高，其中最高的是曹湾组（0.9821）。这说明，郝堂村的绝大部分老百姓都愿意参与到当地乡村旅游发展中来，这与调研中村民口述情况一致。

究其原因，最根本的是乡村旅游发展给当地百姓带来了实实在在的利益：

第一，改善了当地的交通条件。郝堂村地处大别山区，未开发旅游之前交通极不便利；开发之后，柏油路直通信阳市区，仅40分钟车程，大大方便了当地村民进出。第二，提高了农民的家庭收入。郝堂村旅游发展的最大受益者是地处核心景区的红星组村民，他们的家庭年收入平均在14万元以上；周边的郝湾组、黄湾组、窑湾组也受益较大，与开发之前的收益相比，这些村民组农户家庭收入也提高很多；而对于其他距离核心景区较远的村民组来说，他们受益虽少，但是能看到旅游开发给红星组带来的好处，所以他们也同样愿意参与当地乡村旅游发展。第三，吸引了大批外出务工人员返乡创业。红星组95%以上的村民选择返乡创业，不必再外出务工，远离亲人，既能提高家庭收入，又能照顾老人和孩子，有利于家庭和睦与社会稳定。这些最根本的、与老百姓利益息息相关的好处让已经参与的、未参与的村民看到了乡村旅游发展的潜力与优点，促使他们的参与意愿热情高涨。

三、生计结果

本书采用模糊综合评价法（fuzzy comprehensive evaluation，FCE），结合前文对乡村旅游发展结果感知量表中指标权重的赋值及指标的打分结果，对郝堂村农户的生计结果进行评价。

（一）模糊综合评价法

1. 选择依据

选择模糊综合评价法主要是基于以下三个原因。

第一，模糊综合评价方法既可用于主观因素的综合评价，又可用于客观因素的综合评价。农户对乡村旅游发展结果感知是一种心理判断过程，其中既有主观因素也有客观因素，具有很强的模糊性，并且影响农户感知的指标也都具有模糊性，因此适合使用此方法。

第二，模糊综合评价法能够解决多层次评价指标复杂问题。模糊综合评价是一个由底层模糊评价逐级向上的一个循环评价过程，前一过程的综合评价结果可以作为后一过程评价的数据来源。农户对乡村旅游发展结果感知是一个由多层指标构成的量表，适合用模糊综合评价法来进行评价。

第三，对农户而言，他们对当地乡村旅游发展结果的感知不是一次两次的事情，而是一个长期的过程，基于评价的操作成本考虑，选择模糊综合评价法比其他评价方法更合适。

2. 操作步骤

模糊综合评价法的操作步骤大致可分为以下五步。

第一步，建立因素集。因素集代表模糊评价中各评价因素组成的集合，从评价指标体系获得，一般包括准则层评语集和方案层评语集。

第二步，建立评语集。评语集代表模糊评判中各评语所组成的集合，如完全不同意、不太同意、一般、基本同意、完全同意。

第三步，构建模糊关系矩阵。模糊关系矩阵是因素集中单因素对于评语集中元素的隶属度，本书则根据评价指标的得分结果确定单因素的隶属度，并构建评价矩阵。

第四步，确定权重向量。权重向量代表评价因素在被评对象中的相对重要程度，这一步在本章第四节中已经完成，这里可以直接使用权重确定的结果。

第五步，合成评价结果。首先，利用合适的模糊算子将评语集与模糊关系矩阵相乘即可得到各个被评价对象的单因素模糊综合评价矩阵；其次，将单因素评价结果组成模糊关系矩阵，与准则层指标权重相乘，得到总的综合评价矩阵；最后，将评价矩阵与评语集相乘即可得到综合评价分值。本书选择模型（·，＋）进行合成，因为这一模型依据权重大小来均衡兼顾每个因素，考虑了所有因素对结果的影响，适用于农户对乡村旅游发展结果感知的综合评价。

（二）建立因素集

1. 建立准则层因素集

$$X = \{X_1, X_2, X_3\}$$

其中，X——乡村旅游发展结果感知因素集合；

X_1——生活水平；

X_2——意识水平；

X_3——负面影响。

2. 建立方案层因素集

$$X_1 = \{x_{11}, x_{12}, x_{13}, x_{14}\}$$

其中，X_1——生活水平因素集合；

x_{11}——就业机会增多；

x_{12}——收入增加；

x_{13}——基础设施改善；

x_{14}——居住环境优化。

$$X_2 = \{x_{21}, \ x_{22}, \ x_{23}\}$$

其中，X_2——意识水平因素集合；

x_{21}——环境保护意识增强；

x_{22}——文化保护意识增强；

x_{23}——农民综合素质提高。

$$X_3 = \{x_{31}, \ x_{32}, \ x_{33}\}$$

其中，X_3——负面影响因素集合；

x_{31}——物价上涨；

x_{32}——贫富差距扩大；

x_{33}——邻里关系恶化。

（三）建立评语集

本书将农户对乡村旅游发展结果感知评价分为5个等级：完全不同意、不太同意、一般、基本同意、完全同意，分别对应打分：1、2、3、4、5，即评语集为：

$$K = \{k_1, \ k_2, \ k_3, \ k_4, \ k_5\}$$

其中，K——评语集；

k_1——完全不同意；

k_2——不太同意；

k_3——一般；

k_4——基本同意；

k_5——完全同意。

（四）构建一级模糊关系矩阵

由313份正式调研问卷中农户对乡村旅游发展结果感知量表中三个维度对应指标的打分情况，构建一级模糊关系矩阵（郝堂村整体）。由于"负面影响"维度的题项属于反向题项，所以在进行评价之前需要进行反向计分。

"生活水平"模糊关系矩阵 $X_{LS} = \begin{bmatrix} 0.160 & 0.115 & 0.188 & 0.284 & 0.252 \\ 0.198 & 0.179 & 0.214 & 0.227 & 0.182 \\ 0.080 & 0.118 & 0.233 & 0.284 & 0.284 \\ 0.070 & 0.121 & 0.182 & 0.233 & 0.393 \end{bmatrix}$

"意识水平"模糊关系矩阵 $X_{CS} = \begin{bmatrix} 0.026 & 0.022 & 0.179 & 0.240 & 0.534 \\ 0.035 & 0.137 & 0.278 & 0.297 & 0.252 \\ 0.042 & 0.058 & 0.144 & 0.268 & 0.489 \end{bmatrix}$

"负面影响"模糊关系矩阵 $X_{NI} = \begin{bmatrix} 0.035 & 0.051 & 0.166 & 0.454 & 0.294 \\ 0.220 & 0.297 & 0.272 & 0.099 & 0.112 \\ 0.003 & 0.035 & 0.153 & 0.374 & 0.435 \end{bmatrix}$

（五）一级模糊综合评价

首先，由本章第四节中"乡村旅游发展结果感知量表权重确定"提取"生活水平""意识水平""负面影响"这三个因子的权重向量：

"生活水平"权重向量 $W_{LS} = (0.351, 0.351, 0.189, 0.109)$

"意识水平"权重向量 $W_{CS} = (0.250, 0.095, 0.655)$

"负面影响"权重向量 $W_{NI} = (0.286, 0.572, 0.143)$

其次，选择模糊合成算子($\cdot$，$+$)计算综合评价值，得到：

1. "生活水平"单因子模糊综合评价矩阵

$$B_{LS} = W_{LS} \times X_{LS} = (0.351, 0.351, 0.189, 0.109)$$

$$\times \begin{bmatrix} 0.160 & 0.115 & 0.188 & 0.284 & 0.252 \\ 0.198 & 0.179 & 0.214 & 0.227 & 0.182 \\ 0.080 & 0.118 & 0.233 & 0.284 & 0.284 \\ 0.070 & 0.121 & 0.182 & 0.233 & 0.393 \end{bmatrix}$$

$$= [0.148 \quad 0.139 \quad 0.205 \quad 0.258 \quad 0.249]$$

2. "意识水平"单因子模糊综合评价矩阵

$$B_{CS} = W_{CS} \times X_{CS} = (0.250, 0.095, 0.655)$$

$$\times \begin{bmatrix} 0.026 & 0.022 & 0.179 & 0.240 & 0.534 \\ 0.035 & 0.137 & 0.278 & 0.297 & 0.252 \\ 0.042 & 0.058 & 0.144 & 0.268 & 0.489 \end{bmatrix}$$

$$= [0.037 \quad 0.057 \quad 0.165 \quad 0.264 \quad 0.478]$$

3. "负面影响"单因子模糊综合评价矩阵

$$B_{NI} = W_{NI} \times X_{NI} = (0.286, 0.572, 0.143)$$

$$\times \begin{bmatrix} 0.035 & 0.051 & 0.166 & 0.454 & 0.294 \\ 0.220 & 0.297 & 0.272 & 0.099 & 0.112 \\ 0.003 & 0.035 & 0.153 & 0.374 & 0.435 \end{bmatrix}$$

$$= [0.136 \quad 0.189 \quad 0.225 \quad 0.240 \quad 0.210]$$

（六）二级模糊综合评价

首先，将一级模糊综合评价结果作为二级模糊评价结果的基础数据，构建二级模糊综合评价的模糊关系矩阵：

$$X = \begin{bmatrix} X_{LS} \\ X_{CS} \\ X_{NI} \end{bmatrix} = \begin{bmatrix} 0.148 & 0.139 & 0.205 & 0.258 & 0.249 \\ 0.037 & 0.057 & 0.165 & 0.264 & 0.478 \\ 0.136 & 0.189 & 0.225 & 0.240 & 0.210 \end{bmatrix}$$

其次，由本章第四节中"乡村旅游发展结果感知量表权重确定"提取准则层因子权重向量：

$$W = (0.333, 0.333, 0.333)$$

最后，选择模糊合成算子（·，＋）计算综合评价值，得到综合评价矩阵：

$$B = W \times X = (0.333, 0.333, 0.333)$$

$$\times \begin{bmatrix} 0.148 & 0.139 & 0.205 & 0.258 & 0.249 \\ 0.037 & 0.057 & 0.165 & 0.264 & 0.478 \\ 0.136 & 0.189 & 0.225 & 0.240 & 0.210 \end{bmatrix}$$

$$= [0.107 \quad 0.128 \quad 0.198 \quad 0.254 \quad 0.312]$$

（七）计算综合得分

引入评语集 $K = (k_1, k_2, k_3, k_4, k_5,) = (1, 2, 3, 4, 5,)$，得到郝堂村农户对当地乡村旅游发展结果感知的综合评价得分：

$$Y = B \times K^T = [0.107 \quad 0.128 \quad 0.198 \quad 0.254 \quad 0.312] \begin{bmatrix} 1 \\ 2 \\ 3 \\ 4 \\ 5 \end{bmatrix} = 3.533$$

"生活水平"单因子得分：

$$Y_{LS} = B_{LS} \times K^T = [0.148 \quad 0.139 \quad 0.205 \quad 0.258 \quad 0.249] \begin{bmatrix} 1 \\ 2 \\ 3 \\ 4 \\ 5 \end{bmatrix} = 3.318$$

"意识水平"单因子得分：

$$Y_{CS} = B_{CS} \times K^T = [0.037 \quad 0.057 \quad 0.165 \quad 0.264 \quad 0.478] \begin{bmatrix} 1 \\ 2 \\ 3 \\ 4 \\ 5 \end{bmatrix} = 4.092$$

"负面影响"单因子得分：

$$Y_{NI} = B_{NI} \times K^T = [0.136 \quad 0.189 \quad 0.225 \quad 0.240 \quad 0.210] \begin{bmatrix} 1 \\ 2 \\ 3 \\ 4 \\ 5 \end{bmatrix} = 3.199$$

对照评级等级"1＝完全不同意；2＝不太同意；3＝一般；4＝基本同意；5＝完全同意"，综合评价分数显示（3.533），郝堂村农户对当地旅游发展结果的10个正面描述（题项）的总体认同度介于"一般"和"基本同意"之间。这表明，郝堂村农户对当地旅游发展结果的总体评价属于中等偏上水平。其中，"意识水平"因子得分最高（4.092），其次是"生活水平"（3.318），"负面影响"得分最低（3.199）。这表明农户对"意识水平"因子的三个正面描述表示基本同意，对"生活水平"的四个正面描述的认同度为中等偏上，对"负面影响"的三个负面描述的认同度为中等偏下、不太认同（因为"负面影响"中的三个题项为反向题，在综合评价中进行了反向计分，即"1＝完全同意；2＝基本同意；3＝一般；4＝不太同意；5＝完全不同意"，所以评价结果要反向理解）。

按照上述方法，依次可求出16个村民组的农户对当地乡村旅游发展结果感知的评价得分，见表 5-36、图 5-6。

表 5-36 农户对当地乡村旅游发展结果感知的评价得分

村民组/ 评价分值	"生活水平" 单因子得分	"意识水平" 单因子得分	"负面影响" 单因子得分	模糊综合评价 总得分
红星	4.304	4.282	3.538	4.041
黄湾	3.916	4.488	3.081	3.828
窑湾	3.919	4.571	3.359	3.950
郝湾	3.696	4.018	3.044	3.586
马湾	3.538	4.351	3.284	3.724
尖山	3.071	3.926	3.400	3.466
胡湾	3.540	3.921	3.176	3.546
曹湾	3.644	4.257	3.132	3.678
王冲上	2.784	4.116	3.446	3.449
王冲下	3.713	4.319	3.038	3.690
张湾	3.332	4.320	2.828	3.493
徐湾	2.168	3.354	3.451	2.991
陈沟	2.373	3.509	3.053	2.978
塘坊	2.598	3.752	2.960	3.103
学校	2.508	3.958	3.433	3.300
红庙	2.334	3.729	2.962	3.008
郝堂村	3.318	4.092	3.199	3.533

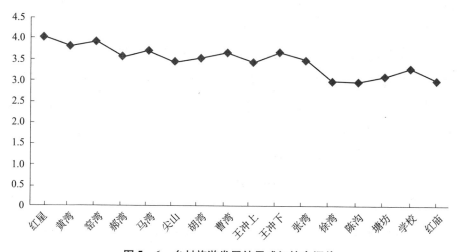

图 5-6 乡村旅游发展结果感知综合评价

结果显示，综合评分最高的是红星组（4.041），最低的是陈沟组（2.978），各村民组之间的差距并不大；其中，"生活水平"单因子得分最高的是红星组（4.304），最低的是徐湾组（2.168）；"意识水平"单因子得分最高的是窑湾组（4.571），最低的是徐湾组（3.354）；"负面影响"单因子得分最高的是红星组（3.538），最低的是张湾组（2.282）。16 个村民组的综合评价得分由高到低排序为：红星＞窑湾＞黄湾＞马湾＞王冲下＞曹湾＞郝湾＞胡湾＞张湾＞尖山＞王冲上＞学校＞塘坊＞红庙＞徐湾＞陈沟。这表明，郝堂村老百姓对当地旅游发展结果的评价总体不错；其中，评价最好的是红星组，最差的是陈沟组。"生活水平"方面，评价最好的是红星组，最差的是徐湾组；"意识水平"方面，评价最好的是窑湾组，最差的是徐湾组；"负面影响"方面，评价最好的是红星组，最差的是张湾组。

导致这一评价结果的原因在于：第一，红星组、黄湾组、窑湾组距离核心景区很近，他们对"生活水平"中的"就业机会增加""收入增多""基础设施改善""居住环境优化"受益最大、感受最深，因此，这三个村民组的村民对"生活水平"单因子的评价是最好的；而距离核心景区较远的徐湾、学校、塘坊、学校等村民组则受益极少，这几方面改善不明显，村民意见较大，评分自然较低。第二，"意识水平"单因子评分总体较高且村民组之间的区别不明显，是因为绝大多数村民表示自己的综合素质得到了提高，并且越来越注重保护自然环境，为吸引游客创造条件。然而，多数村民对于"文化保护意识增强"这一项不是很了解，这是因为郝堂村都是汉族，没有少数民族人口，与周围的文化环境并没有形成鲜明对比，因此村民的文化保护意识一般，这在郝堂村是一个普遍现象。第三，"负面影响"中的三个题项是反向题项，进行了反向计分，所以结果要反向理解：得分越高表示对负面描述越不认同，即正面感知越好。在调研中发现，郝堂村绝大多数村民表示当地物价并没有因为旅游发展而上涨，最起码对于当地人来讲，买东西还是正常价；约有六成受访者表示旅游开发后当地贫富差距扩大了；由于当地文化与外界差别不大，所以绝大多数村民不认为自己的传统文化受到冲击；大多数受访者表示，乡村旅游发展并没有影响到他们与邻居的关系，更有不少人认为当地的邻里关系不仅没有恶化，反而比以前更好。

第六节　乡村旅游内生发展效应的圈层分异

由乡村旅游内生发展效应评价可以看出，郝堂村的16个村民组在生计资本、生计策略、生计结果上的评价结果均不相同，有的村民组之间甚至相差甚远。为了进一步探索郝堂村乡村旅游内生发展对这16个村民组产生效应的分布规律，现引入地理学概念"圈层理论"对郝堂村的乡村旅游内生发展效应进行更加深入的分析。

一、"圈层理论"与乡村旅游内生发展效应

郝堂村乡村旅游发展使得当地农民摆脱了田地束缚，就近转向利润更高的旅游业经营，不仅使得当地投资者骤增，同时也解决了当地很多妇女的就业问题。然而，旅游发展惠及的区域及其发展半径直接关系到当地人的受益范围，郝堂村下辖的16个村民组由于与核心景区的距离不同，他们的参与程度与受益程度也各不相同。由本章第五节"乡村旅游内生发展效应评价"可以看出，郝堂村16个村民组之间的生计资本、生计策略及生计结果均不相同，仅仅从数据上直观比较可知，距离核心景区越远的村民组旅游经营收入越少。在调研过程中也发现，距离核心景区较近的村民组的住房条件、交通条件等硬件设施基本上都比距离较远的村民组优越，从村民口头反应中也可以看出，距离越远的村民组参与旅游经营的人越少。那么，郝堂村乡村旅游内生发展效应由内及外、由近到远究竟呈现怎样的差异规律？下面将用数据及图表进行说明。

二、乡村旅游内生发展效应的圈层分异

乡村旅游发展对郝堂村农户的影响表现在很多方面，本书分别从生计资本总指数、生计多样性指数、收入多样性指数、结果综合评价等方面进行了衡量，其中，"旅游经营收入"是衡量乡村旅游内生发展效应最直观、最关键的要素，本书将以"旅游经营年收入"为指标来分析郝堂村乡村旅游内生发展

效应的圈层分异。

通过对"旅游经营收入"的描述性统计（见表 5 - 37）得到，红星组的"旅游经营收入"户均值最高（10.8440 万元），远大于其他村民组，徐湾、塘坊、学校组的户均值最低（0.0000），这三个村民组没有参与旅游经营的农户。由图 5 - 7 可以看出，处于收入顶端、遥遥领先的是红星组，旅游经营年收入在 10 万元以上；再往下依次是郝湾、王冲下、窑湾、黄湾、曹湾、张湾、马湾、王冲上、胡湾组，这 9 个村民组旅游经营年收入的户均值处于 2 万元左右；再往下依次是陈沟、尖山、红庙、塘坊、徐湾、学校组，这 6 个村民组旅游经营年收入的户均值在 0.5 万元以下。以此为依据可将郝堂村 16 个村民组的旅游经营年收入划分为三个档次：第一档只有红星组；第二档有郝湾、王冲下、窑湾、黄湾、曹湾、张湾、马湾、王冲上、胡湾组；第三档有陈沟、尖山、红庙、塘坊、徐湾、学校组，如图 5 - 7 中虚线所示。

表 5 - 37　　　　　　　　"旅游经营收入（万元）"描述性统计

村民组	样本量	均值	标准差	标准误	均值的 95% 置信区间		极小值	极大值
					下限	上限		
红星	25	10.8440	7.46548	1.49310	7.7624	13.9256	0.00	25.00
黄湾	22	1.8182	4.54225	0.96841	-0.1957	3.8321	0.00	20.00
窑湾	14	2.0357	3.27264	0.87465	0.1461	3.9253	0.00	10.00
郝湾	24	2.6042	5.28529	1.07886	0.3724	4.8360	0.00	20.00
马湾	26	1.4923	2.77949	0.54510	0.3696	2.6150	0.00	11.00
尖山	19	0.2632	1.14708	0.26316	-0.2897	0.8160	0.00	5.00
胡湾	19	1.1579	2.71852	0.62367	-0.1524	2.4682	0.00	10.00
曹湾	42	1.6786	5.24732	0.80968	0.0434	3.3138	0.00	30.00
王冲上	13	1.3846	4.99230	1.38462	-1.6322	4.4014	0.00	18.00
王冲下	13	2.3077	8.32050	2.30769	-2.7203	7.3357	0.00	30.00
张湾	18	1.6523	4.26702	0.70062	0.0254	2.3013	0.00	25.00
徐湾	14	0.0000	0.00000	0.00000	0.0000	0.0000	0.00	0.00
陈沟	17	0.4706	1.50489	0.36499	-0.3032	1.2443	0.00	6.00
塘坊	16	0.0000	0.00000	0.00000	0.0000	0.0000	0.00	0.00

续表

村民组	样本量	均值	标准差	标准误	均值的95%置信区间		极小值	极大值
					下限	上限		
学校	12	0.0000	0.00000	0.00000	0.0000	0.0000	0.00	0.00
红庙	19	0.1579	0.68825	0.15789	-0.1738	0.4896	0.00	3.00

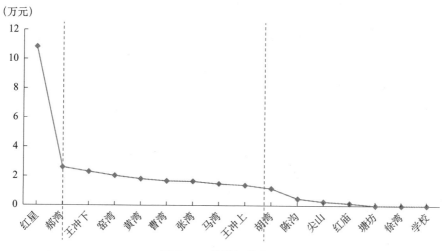

图5-7　旅游经营收入

结合郝堂村区位图（如图5-8所示）可以看出，这三个档次大致沿着与核心景区的距离、由近及远呈同心圆分布，可按照这三个档次将16个村民组大致分为三个圈层：内圈层、中圈层和外圈层。内圈层只包括红星组，距离核心景区最近，旅游经营年收入最高；中圈层包括郝湾、王冲下、窑湾、黄湾、曹湾、张湾、马湾、王冲上、胡湾组；外圈层包括陈沟、尖山、红庙、塘坊、徐湾、学校组。

现对不符合圈层分异规律的村民组进行说明：（1）王冲下组虽然与核心景区的距离较远，但是王冲下组处于由外围进入郝堂村的交通要道上，现建有跑马场，所以该村民组参与旅游经营的机会较多；（2）曹湾组也距离核心景区较远，但是由核心景区到曹湾组的道路质量较好，柏油路直通曹湾组内，游客的可进入性较好，这一便利条件也拉动了该村民组的旅游投资；（3）尖山、塘坊、学校、红庙组虽然与核心景区的直线距离较近，但是地理位置较差，距离交通要道较远，交通不便，可进入性较差，因此参与旅游投资与经营的机会较少。

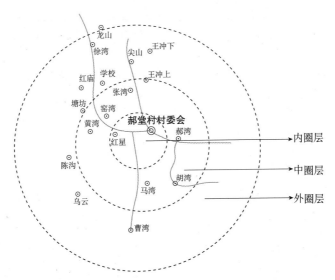

图 5 – 8   郝堂村乡村旅游内生发展效应的圈层图

三、乡村旅游内生发展效应的圈层分异特征分析

(一) 各圈层与核心景区的距离变化

各圈层与核心景区的距离由内及外依次变远；内圈层所包含的红星组正位于核心景区之中，距离为零。中圈层包含的 9 个村民组中，与核心景区距离最近的是郝湾组，最远的是曹湾组；地理位置最差的是王冲上组和王冲下组。外圈层包含的 6 个村民组中，与核心景区直线距离最远的是徐湾组（约 3 公里），最近的是塘坊组；虽然塘坊组、陈沟组的直线距离较近，甚至比中圈层的某些村民组距离还近，但是其地理位置较差，处于旅游覆盖面之外，道路仍为一车宽的水泥路，进入性较差，所以从旅游经营收入衡量，它们仍处于郝堂村乡村旅游发展的外圈层。

(二) 各圈层旅游资源密度变化

各圈层旅游资源密度由内圈层向外围逐渐减小，且郝堂村的大部分旅游资源分布在郝堂村村委会周边、内圈层所包含的区域。窑湾、郝湾、黄湾等中圈层所覆盖区域的旅游资源也较多，尤其是马湾组和胡湾组的旅游资源品质较好，但由于道路状况差，来游玩的游客很少。外圈层包含的陈沟、塘坊、学校、红庙等村民组由于地理位置较差，旅游辐射很少，当地农户也较少有开发旅游资源、保护旅游资源的意识，因此这些村民组几乎和未发展旅游的普通乡村一样，旅游资源极少。各圈层旅游资源密度的变化规律也与各圈层与核心景区的距离变化趋势及收入变化趋势基本吻合。

（三）各圈层旅游经营年收入变化

各圈层旅游经营收入的多少与其地理位置、交通便利性及旅游资源密度紧密相关，呈现由内及外逐渐减少的趋势。旅游经营年收入最多的是内圈层的红星组（户均 10.8440 万元），并且遥遥领先于其他圈层村民组。中圈层的户均旅游经营年收入在 1.1579 万~2.6042 万元之间，并且该圈层 9 个村民组的旅游经营年收入差别不大。外圈层的旅游经营收入最少，其中陈沟组户均收入为 0.4706 万元、尖山组为 0.2632 万元、红庙组为 0.1579 万元，其余的塘坊、学校及徐湾组旅游经营收入为 0 元，在本次调研的样本农户中，这 3 个村民组均无人参与旅游投资与经营，这一数据分析结果也与笔者看到的现实情况一致。

本章小结

本章是本书的核心部分，共包括以下六部分内容。

第一，利用正式问卷实施大样本调研。首先，分析研究区域选择的依据。本书的目的在于比较、评价乡村旅游内生发展效应，选择河南省信阳市郝堂村作为本书的样本点，其内生发展表现在四个方面：自己动手，整治环境；自愿参与，改建村居；自力更生，发展经济；自我管理，规范制度。其次，介绍研究区域概况。包括郝堂村地理位置、区域面积、人口总数以及各村民组概况。最后，确定样本规模与调查方法。正式调研共收集 313 份有效问卷，问卷的有效回收率为 96%，问卷数量达到较好的样本量要求。

第二，样本的描述性统计分析。首先对"家庭总人口数""劳动力总数""劳动力的最高受教育程度""旅游业技能""生计方式种类"这五个非连续变量进行频数统计分析；然后对"家庭现金年收入"与"旅游业经营收入"这两个连续变量进行描述性统计分析。除此之外，还对"家庭现金年收入"进行单因素方差分析及事后多重比较，目的在于比较郝堂村的 16 个村民组在"家庭现金年收入"这一变量上是否存在显著差异。

第三，问卷的效度与信度检验。由于生计资本量表属于事实类量表，是关于农户家庭基本信息及其生活状况的调查，所以这类量表不需要进行信度与效度分析。故只需要对乡村旅游发展结果感知量表进行效度与信度检验。检验结果显示，乡村旅游发展结果感知量表的建构效度、聚合效度、区分效度及内部一致性信度均较好，证明该量表结构稳定且题项指向明确，效度和信度均达标，可以进行后续的计算和分析。

第四，量表的指标权重确定。采用层次分析法来确定生计资本量表和乡村旅游发展结果感知量表中的指标权重，包括建立层次结构模型、构造层次判断矩阵、层级单排序及一致性检验、层次总排序及一致性检验四个步骤。

第五，乡村旅游内生发展效应评价。根据问卷统计结果和相应的指标权重，通过前文确定的计算方法，对 16 个村民组的生计资本、生计策略、生计结果进行计算和评价。其中，生计资本的评价指征为生计资本总指数与生计资本耦合协调度；生计策略的评价指征为生计多样性指数、收入多样性指数、参与乡村旅游发展的意愿；生计结果的评价方法为模糊综合评价法。评价结果表明：（1）郝堂村生计资本存量及其耦合协调状况都不理想，并且村民组之间的生计资本存量存在明显差异；（2）郝堂村整体的生计多样性水平偏低、收入多样性水平一般，旅游发展较差村民组的生计多样性水平和收入多样性水平较高，旅游发展最好的村民组反而最低，并且绝大部分老百姓都愿意参与当地乡村旅游发展；（3）郝堂村村民对当地旅游发展的评价总体较好且村民组之间的差异较小。

第六，乡村旅游内生发展效应的圈层分异。引入地理学的"圈层理论"，以"旅游经营收入"这一指标对研究区域的 16 个村民组的乡村旅游内生发展效应进行对比分析。依据分析结果，将郝堂村乡村旅游内生发展效应分为内圈层、中圈层、外圈层；其中，内圈层只包括红星组，距离核心景区最近，旅游经营年收入最高（户均 10.8440 万元）；中圈层包括郝湾、王冲下、窑湾、黄湾、曹湾、张湾、马湾、王冲上、胡湾组，旅游经营年收入在 1.1579 万 ~ 2.6042 万元之间；外圈层包括陈沟、尖山、红庙、塘坊、徐湾、学校组，旅游经营年收入低于 0.5 万元。

第六章　乡村旅游内生发展框架下农户可持续生计能力提升策略

在研究乡村旅游内生发展框架下农户可持续生计能力提升策略之前，首先要厘清乡村旅游内生发展现存的问题，找出影响农户生计能力提升的原因，然后才能对症下药，提出有针对性的策略建议。本书通过第五章"乡村旅游内生发展效应评价及圈层分异"的研究，已经从定量上找到郝堂村乡村旅游内生发展的内在规律，并分析了其中的原因；本章将结合笔者在调研中收集到的郝堂村村民对于本地乡村旅游发展的意见或建议，进一步分析当地乡村旅游内生发展现存的问题，并在此基础上提出乡村旅游内生发展框架下农户可持续生计能力提升的八点策略。

第一节　乡村旅游内生发展现存问题分析

通过对郝堂村的实地调研及数据统计分析，发现了乡村旅游内生发展的优势，也总结了其中存在的问题，这里将从人力资本、物质资本、自然资本、金融资本、社会资本、制度资本、认知资本以及生计策略八个方面归纳当地乡村旅游内生发展现存的问题。

一、人力资本：专业能力不足，经营管理粗放

研究结果显示，人力资本中"成年劳动力最高教育程度"与"旅游从业技能"题项得分较低，这与郝堂村旅游发展中人力资本欠缺的现状一致。目前，郝堂村的日常管理团队（处理村内日常事务和旅游接待业管理）只有五

位村委会成员：村支书、村主任、村治保主任、村会计、村妇女主任，工作量大，基本全年无休，尤其是周末、节假日，游客量大，堵车现象常有，纠纷小事不断，全靠村委会处理。但是，村委会成员大都也没有专业的乡村旅游投资与管理背景，专业能力欠缺，导致村委成员工作十分辛苦，管理成效却不显著，主要表现在以下几个方面：第一，旅游基本要素方面。旅游的六个基本要素"食、住、行、游、购、娱"中，"食"——景区内农家乐的主要食材来自当地，这是郝堂菜品特色之一，但是并没有专门的早餐店，景区内只有两个卖早餐的流动推车，而且卫生状况有待提高；"行"——由于主要的旅游设施都集中在红星组所在区域，所以红星组的可进入性最好，但是周边的胡湾组、郝湾组、黄湾组及其他较远的村民组的路况欠佳，游客的可进入性较差，导致的结果就是进入郝堂村的游客其实并没有太大的活动范围；"游"——需要特别指出的是，郝堂村白天景观很美，但晚上基本是"两眼一抹黑"，没有路灯，游客基本上都需要在天黑之前离开，因为夜晚没有景观甚至连基本的出行都不方便，笔者也就这一问题进行了调研，得到的答案是："中国乡建院的理念是将郝堂建设成最像农村的农村"，这一点与旅游业的发展条件不太吻合；"购"——景区内没有商业街，零散的店铺较多但商品基本雷同，尤其是具有当地特色的旅游纪念品非常少，大多数游客要么是给孩子买捕鱼的网兜、水枪等小玩具，要么是在有莲子的季节购买莲子，其他旅游小商品很少，而且值得注意的是，商店内有质量不达标、假冒伪劣的商品存在，这会严重影响外来游客对郝堂的印象；"娱"——郝堂村自然景观中最大的卖点也是唯一的卖点就是荷花，没有荷花的季节郝堂村吸引力并不大，游客稀少；景区内丰富的山、水资源利用不充分，郝堂村有山有水有树林，但是却没有得到充分利用；穿过红星组的河流不仅没有产生旅游项目，反而被固体垃圾和废水污染，周围的山林景观质量也较差。第二，环境卫生方面。虽然配备有环卫工人，但垃圾仍然没有得到有效清理，尤其是村内河渠卫生较差，漂浮的垃圾较多，村民意见较大（认为当地村委会没有进行有效的管理），游客对郝堂村的环境卫生也不太满意；再者，景区内没有固定摊位摆放点，多数都是随意摆放，影响美观。第三，已有设施设备维护方面。笔者在郝堂村走访发现，有的设施设备已经开始老化，路、桥破损，影响整体景观质量；据村民反映，郝堂村目前的旅游基础设施基本都属于 2016 年以前建设，后期维护不善才导致损毁严重。第四，新的旅游项目开发方面。由于缺乏发展动力和旅游经营专业能力，郝堂村新的旅游项目开发基本停滞。尤其需要指出的是，郝堂村作为全国知名的乡村旅游景点到目前为止还没有配备警力，最近的派出所位于十几公里外的五里店街道办事处；同样也没有交警岗亭，碰到节假日交通堵塞，只能靠村委会成员去疏通；也没有专职导游或讲解员，平时有对外接待任务的时候都是村委会成员临时充当讲解员，这是显然不符合郝堂乡村旅游的发展势头。

二、物质资本：发展过于集中，辐射范围有限

由第五章的数据分析可以看出，郝堂村乡村旅游发展主要集中在红星组，距离较近的郝湾组、窑湾组、黄湾组的旅游经济效应也比较明显，但其他大多数距离较远的村民组基本上没有享受到乡村旅游发展带来的红利，它们的面貌与其他没有发展旅游的村庄基本一致，主要表现在以下三个方面：第一，基础设施没有得到改观。王冲上、胡湾、尖山、学校、塘坊、陈沟、红庙、徐湾这7个村民组的道路还是比较窄的水泥路，仅有一车宽；尤其是胡湾组的路况更差，路面尚未硬化，村民出入不便。第二，住房条件较差。与红星、郝湾、窑湾、黄湾组的住房条件相比，这7个村民组的住房条件较差；目前参与旅游经营较多的红星、郝湾、窑湾、黄湾组的住房大多数为两层楼房，并且家庭耐用品数量较多，空调、热水器等家用电器较为齐全；而地理位置较差的村民组的住房则以一层平房为主（虽然也有村民在外买房，但数量较少），并且拥有空调、热水器这样家用电器的家庭数量稀少。第三，工作性质跟未发展旅游时大致一样。郝堂村在未发展乡村旅游之前，大多数家庭以外出务工为主；发展旅游之后，几个地理位置较好的村民组吸引了大量在外务工人员回乡投资创业，改建房屋，从事旅游经营与服务，而其他位置较为偏僻的村民组则跟以前一样，家里主要劳力仍然以外出务工为主，只有极少数留守妇女在旅游旺季的时候到农家乐餐馆打工。总体来看，郝堂村乡村旅游只集中在少数几个村民组，辐射面较小，村民的受益与评价不一。

村民TDB："我们这里没有发展，路修一半，前几年说要修路占我们的田做了路基，到现在路面也没硬化。"

村民LWJ："村里修路把我们的水渠搞坏了，种田也不好种，抽水要电

费，家庭用电超过 200 度的要按 8 毛一度，所以现在我们这里种田很不划算；搞旅游当然是有好处，但是我们大队离得远没人管；如果把我们大队的路修好，我们自己也晓得挖鱼塘、搞景观，发展旅游；村里现在就是不往我们这里发展，搞得穷的太穷、富的太富了。"

村民 WLJ："就增收那么几个大队，我们队的路都没修好；为了发展旅游，养殖也不让搞了，好点的田也占了，附近的沙场、水泥厂、矿厂都不让开了；山也封了，不让烧炭，野猪不让打，种的庄稼快熟了都被野猪糟蹋了；我们现在在家就没有什么收入。"

村民 CYS："游客素质低，每次都把车随意停在路边，我们骑电瓶车都过不去；人（游客）都在下边（红星组），上边都没啥人，景观没做好，吸引不了人，村里就是给我们修了一条路。"

村民 ZDC："村里搞旅游间接害了我们家，我们以前在市里住（信阳市），看着老家发展好，就回来投资，现在投资 40 多万元修建了房子，准备开农家乐和民宿，可是一点生意都没有，路也没修，下雨路有水，晴天都是灰，晴天门窗都不敢开，游客都不来，走半路就折回去了，路不好走；路边的荷塘都是村里的，都没人管理；路两边也都是杂草，比人都高，没法走路；这 40 多万元也是我们打工好多年攒下的，也很不容易，我对郝堂村旅游发展一点都不满意。"

三、自然资本：耕地撂荒严重，旅游根基不稳

现阶段我国农村的土地种植情况主要有以下三种：第一，各种各的，农户在自己的土地上耕种；第二，在外务工的村民将自己的土地交给熟人耕种，无偿或补偿很少；第三，有偿转租，这是土地流转经营的结果，农户将自己的土地按照一定的租金标准承包给当地或外来的种粮大户。农民种田的积极性较低，不少地方都是老人农业。经过对郝堂村的两轮调研得知，郝堂村不仅人均耕地面积小，而且耕地质量不高。虽说国家在不断加大对农村耕地的保护和扶持发展力度，但是在农村一些地区仍然不同程度地出现了耕地撂荒的现象，且这种现象在山区更为严重。郝堂村地处大别山浅山区，耕地较为贫瘠、产量低，并且不利于机械化耕作。调研中据村民反映，他们在家种田的收入除去种子、化肥费用，剩下的寥寥无几，根本不够基本家庭开支，更谈不上盈余，所

以大部分青壮年都选择外出打工，只剩老人和小孩留守在家，田地任其荒芜。目前，红星组的耕地绝大部分已经流转用于发展旅游，周边几个距离较近的村民组也有部分流转，距离较远、耕地质量较差的村民组基本上都存在耕地大面积撂荒的现象。然而，传统农耕文化才是乡村旅游持续发展的核心要素之一，传统农耕技术经验、手工技艺、农事歌谣、农谚、农民艺术作品、传统生态农业系统和景观等是乡村旅游发展最重要也是最稀缺的资源，大面积的耕地撂荒使得农耕文化失去了载体，也动摇了乡村旅游持续发展的根基。例如，游客反映"我们就是夏天荷花开的季节来郝堂看荷花的，别的季节这里跟其他地方的农村也没什么两样，也没有什么参与性的项目；本来想带孩子来体验下农村生活，可现在农村也没什么人干活了，田里都是杂草"。

四、金融资本：金融发展滞后，缺少资金支持

评价结果显示，郝堂村的七类生计资本中金融资本指数最低。郝堂新农村建设初期由中国乡建院指导建设，从建筑样式到建筑材料、从整体景观设计到垃圾污水处理，都严格把关，建成之后的郝堂村得到了政府和大众的认可，获得了诸多荣誉：2013 年 1 月 4 日人民日报"美丽乡村，寻找最美乡村"专栏开栏首个报道聚焦郝堂村；2013 年，住建部授予郝堂村"第一批建设美丽宜居村庄示范"称号；2013 年，农业部授予郝堂村"美丽乡村创建试点乡村"称号；2014 年，农业部授予郝堂村"中国最美休闲乡村—特色民俗村"奖牌；2015 年 8 月，国家旅游局授予郝堂村"中国乡村旅游模范村"奖牌；2015 年，住房和城乡建设部授予郝堂村"2015 年中国人居环境范例奖"；2015 年，住建部和国家旅游局评定郝堂村列入"第三批全国特色景观旅游名镇名村示范名单"；2015 年 12 月 25 日人民日报整版刊发《郝堂 留住乡愁》……。但笔者从 2018 年为期两个月的走访发现，现在的郝堂并不完全符合想象中的标准：整体景观档次不高、基础设施较差、环境卫生不尽如人意……。向当地村民和村委会了解得知，郝堂村基本上从 2016 年起就处于发展停滞的状态，最主要的原因是缺钱。平桥区政府大幅度减少了对郝堂村的基础建设投资，村民手中的资金在改建或重建自家房屋之后所剩无几，郝堂村又属于开放式景区，不收门票、停车费等，村里也没有经济来源……；财力不足严重限制了郝堂村的旅

游发展，例如，村内目前没有建专门的停车场，游客只能将车停在坑洼不平的荒地上，下雨天极其不便。村民 ZDB 提出建议："征我们的田不能让它一直荒着，靠近道路的两侧撒上花籽，也美观，村里大钱没有，这点小钱应该还是有的，作为村干部应该有规划；游客现在来了乱停乱放的现象很严重，应该快点把停车场修好，既可以给村里创收，也方便管理"。另外，笔者以"郝堂旅游"为关键字在网上进行搜索，结果显示，基本上都是携程、去哪儿、途牛、乐途等旅游商业网站推出的旅游线路，并没有发现郝堂村专门的旅游网站，也没有规模宣传。在向村委询问之后得知，郝堂村仅有一个微信公众号——"郝堂茶人家"专门负责对外宣传，并且没有达到应有的影响力。

五、社会资本：合作社发展慢，组织化程度低

农村合作社是以农民的"自愿、平等、民主、互利、互助"为原则，以农业经济发展和农民致富为目标，建立在农业经济领域内、以农民之间的联合为主要形式的组织。[①] 在我国农村地区，村民们在发展经济上最常见的"抱团取暖"的方式就是成立合作社，但名不副实的是，农村大多数合作社都存在组织散乱、分工不明、流于形式、收益甚少的现状。调研发现，目前郝堂村除了"郝堂夕阳红养老资金互助社"在正常运营外（村内 60 岁以上的老人可拿出 2000 元本金加入夕阳红养老合作社，每年领取分红），其他的几个合作社都流于形式，并没有发挥有效作用，村内的农家乐和商铺都是农户单独经营，既没有统一的包装、规范的服务标准，也缺乏有效的宣传和销售渠道。在调研中有农户表示，希望村里能成立与茶叶、板栗等当地特色农产品相关的合作社，指导、帮助他们种植和销售农产品。村民针对这个问题表达了自己的意见和建议，村民 SXG："大队（郝堂村）应该搞莲子合作社、茶叶合作社、板栗合作社进行统一收购，我们现在都是自己出去卖，卖不上价钱，还累得要死。"现阶段，中国的家庭联产承包责任制是一家一户、分散的、相当平均化的小农经济，虽然能够解决农民的温饱问题，却无法让大多数农民富裕起来；特别是随着机械化、城市化的推进，这种小农经济非但不能满足社会经济发展的需要，

---

① 万江红，朱良瑛. 新中国六十年农民合作经济组织变迁研究 [M]. 北京：中国社会科学出版社，2015：5 – 15.

反而成为经济进步的阻碍。而农民专业合作社作为独立于村委会的农村新型集体经济，对内连接农户，对外连接市场，不仅能够改变一家一户闯市场的尴尬局面、解决小农经济与大市场的矛盾，而且还能够提高农民参与市场竞争的力量、提高农民的主体地位。① 乡村旅游地要改变目前的分散化经营状态，建立符合本地实际的专业合作社，以实现本地资源的经济效益最大化为原则，服务于农户。需要注意的是，乡村旅游合作社应进一步强化旅游合作社专业性增强协调、服务功能，突出旅游的特色，通过成立专业合作社，提高本地旅游服务水平、旅游品牌影响力及整体旅游产品质量。

六、制度资本：旅游服务为主，参与层次浅

本书用"参与旅游决策的机会"和"参与旅游投资的机会"两项指标来衡量制度资本。调研结果显示，郝堂村大部分村民并无参与旅游决策的机会，有些村民组仅有个别人参与决策过程；红星组绝大部分农户都有参与旅游投资的机会，距离核心景区越远的村民组参与机会越少；总体上，郝堂村村民在当地乡村旅游发展中以提供旅游服务为主，参与层次浅。郝堂村村民参与当地旅游发展的形式有：一是开办农家乐，二是出租观光自行车，三是开小商店或摆摊出售小商品，四是在农家乐饭店打工，五是在景区从事公共服务（以环卫工人为主），六是参与旅游事务管理（以村委会成员为主）。这些参与形式中又以开办农家乐居多，更多地表现为以家庭为中心的旅游经营与服务，参与旅游的村民往往扮演着多重角色，承担着多种职能，有的甚至集经营、管理、服务于一身，呈现出工作边界模糊、职能多元的特点。总体看来，当地村民参与乡村旅游的形式虽然涉及了旅游行业的较多领域，但主要还是以旅游服务参与者占比 80% 以上，而从事旅游决策与管理的高层人员只占参与者总数的极小部分，并且主要是村委会成员。这说明大多数村民主要以劳务形式参与当地乡村旅游，参与层次较浅；乡村旅游经营管理则主要集中在少数人手里。在调研中有村民表示："每次村里开会都是各村民组的队长、党员和群众代表去，我们其他的老百姓根本不知道是商量什么事情。"究其原因，一是大多数农户家

① 中国土地问题课题组. 土地流转与农业现代化 [J]. 管理世界，2010（7）：66 - 85.

庭没有经济实力和技术知识参与旅游经营，二是村内大多数村民业务素质不高，无法胜任更高层次的旅游事务管理工作。

七、认知资本：宣传效果欠佳，政策盲点多

调研问卷中题项"您对乡村旅游政策的知晓程度如何?"，备选项为"非常熟悉、比较熟悉、一般、了解较少、根本不了解"。调研结果显示，28.4%的受访者勾选"根本不了解"，25.9%的受访者勾选"了解较少"，29.7%的受访者勾选"一般"，仅有11.5%的受访者表示"比较熟悉"、4.5%的受访者表示"非常熟悉"。熟悉乡村旅游政策的村民占比仅为16%，这说明政府的政策宣传效果欠佳，政策盲点多。原因有三点：第一，村民文化程度有限，这在一定程度上影响了政策的宣传效果。第二，对于大多数没有参与乡村旅游经营的农户来说，他们并不太关心当地的乡村旅游政策。第三，基层政府的宣传力度不够也是其中一个客观存在的原因；政策宣传形式单一，范围较小，加之农村多数青壮年劳动力的外出务工，家中只有老人和小孩，即使对乡村旅游惠农政策有一定的了解，也理解得不够透彻，容易造成误解；另外，政策宣传需要经费，而上级又没有专项工作经费，基层政府的财力有限，尤其是办事处和村里更是经费紧张，造成政策宣传不到位。多数受访者表示："我们只是知道国家支持旅游发展，但是并不清楚具体什么政策对我们有好处。"对于一些对政策动向比较关心的村民来说，态度还是比较积极的，例如，张湾组村民 ZHX："总体来说郝堂村比以前强多了，以前出行都不方便，现在路给我们修好好的；旅游发展确实改变了农民的生活，但是发展需要慢慢来，不能一口吃个胖子，郝堂村确实落实了国家政策。"

八、生计策略：生计来源单一、收入差距大

从第五章对生计策略的评价结果可以看出，郝堂村整体生计多样性指数仅为0.308，其中最低的是红星组（0.211），由此带来的收入多样性水平也只是接近中等标准，其中最低的也是红星组（0.268）。分析结果显示，旅游发展较差的村民组生计多样性指数和收入多样性指数普遍高于旅游发展较好的村民组，并且旅游发展最好的村民组生计方式和收入来源最单一。另外，问卷调研

还发现，红星组农户的家庭年收入平均在 14 万元以上，但是收入较高的家庭可以达到 20 万~30 万元/年，收入最低的才 2 万~6 万元/年，收入差距较大。总体来看，基本上家家户户搞旅游的红星组在生计策略上存在的问题是：生计来源单一、收入差距大。乡村旅游内生发展的最终目的是提高农民收入、建设美丽乡村，当旅游发展较好、盈利较高时，农民作为理性经济人会加大对旅游业的投入、减少对农业和其他行业的投入，慢慢地实现生计转型，但是对于多数文化水平较低、家庭生计资本薄弱的农户来说，生计来源单一无疑加大了他们的生计风险。一旦当地乡村旅游发展受阻，农户必然是第一受害者，他们失去的是家庭收入的唯一来源，会陷入暂时性或永久性贫困。导致收入差距较大的原因有主观的，也有客观的。客观原因在于低收入农户家庭拥有的各项生计资本不足以参与旅游业发展，他们或缺资金，或缺技术，或缺社会关系，这些致使他们无法在乡村旅游发展中获得红利；主观原因在于少数农户家庭的"等、要、靠"思想，他们缺少参与旅游发展的主观能动性，终日处于愤愤不平的状态，既羡慕嫉妒别人赚了大钱，又埋怨政府给予自己的补贴少，最终一次次错过了提高家庭收入的机会。

第二节　农户可持续生计能力提升策略

本书研究的主旨在于，通过定量研究和实地调研发现乡村旅游内生发展的优势与劣势，探寻其中存在的问题，并针对现存问题，举一反三，提出农户可持续生计能力提升策略。由上文对郝堂村的现存问题分析可以看出，乡村旅游内生发展主要存在资金短缺、缺少专业管理团队、基础设施有待加强、社区参与层次浅、竞争能力弱等问题，现以郝堂村突破点，以小见大，尝试提出乡村旅游内生发展框架下农户可持续生计能力提升策略。

一、善用本土精英，引导乡村内生发展路径

乡村精英（又称乡土精英、本土精英等）是指那些具备智力、经历、分工和心理上等方面的相对优势，具有强烈自我意识、个人能力较强、比其他农

民掌握更多的权威性资源分配的人群（朱璇，2012）。乡村精英是农村经济活动的主要发起者，是制度创新的推动者，他们主要是在农村中先富裕起来并在当地有一定影响力的人，如种养能手、私营企业老板、个体大户等。理论层面上，村庄的治理事务应由广大村民主导，但是在现实层面上，我国相当数量村庄的治理权力是由乡村精英掌握的，广大普通村民参与程度较低，即体现为乡村精英治理现象的普遍存在。在我国发展乡村旅游的农村地区，新的乡村精英由乡村旅游而催生，是乡村旅游的直接和主要的服务者，持久而稳定的经济利益是他们的动力来源。传统中国乡村是基于血缘和地缘关系建立起来的，外力往往难以和乡村融合，而本土精英则能更充分利用社区内部的社会资源，积极促进村民的参与，化解乡村建设过程中的诸多矛盾，促进乡村旅游内生发展。因此，在乡村旅游发展中，市场是主导，资源是根本，人才是关键。乡村旅游内生发展在引进人才的同时，也需要认识到本土精英的巨大力量。不同于其他主体"介入"式的力量渗透，本土精英对乡村往往有深入的了解（如图 6-1 所示），他们更容易调动村民参与乡村旅游发展的积极性，也可以在乡村的"熟人社会"中获取更多农户的信任，从而组成一个基层的内生共同体。新产生的内生组织往往能更好地维护村民利益，相比以往"等、靠、要"的被动裹挟，此时村民主人翁意识增强，能主动地参与到乡村建设活动中。但本质上，内生发展持续运作源于乡村精英的无私奉献精神和资源筹建经验，一旦缺少上层政府的支持，将难以避免资金和项目断裂的风险，发展结果难以预估。另一个现实是村民的自主意识还亟待提高，形成持续的建设力量并非一日之功，所以这一类的变革需要更长期地介入，才能给予本土精英更多机会去解决乡村根源性问题。因此，要积极培养、吸引本土精英还需要完善以下四种措施：第一，建立制度化的村干部竞选机制，为那些有志于为家乡发展贡献力量的乡村精英提供个人发展机会；第二，提供良好的公共服务，加大对乡村公共设施的投入力度，改善硬件生活条件，还要为有志于返乡创业的乡村精英提供良好发展渠道，让他们在家乡获得长远发展；第三，支持民间组织发展，为村庄精英提供服务平台；第四，鼓励高校、科研机构将大学生的课外实践基地设在农村，引导大学生接近农村、认识农村、喜欢农村，为将来立志服务农村、发展乡村旅游乃至乡村振兴奠定基础。

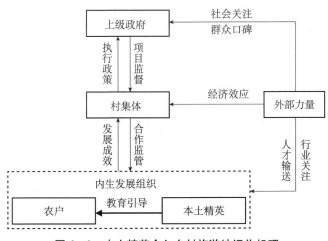

图 6-1　本土精英介入乡村旅游地运作机理

二、提升基础设施，持续改善旅游发展环境

现在乡村旅游蓬勃发展，但有一个不争的事实是，我国的乡村旅游资源一般都在比较偏远落后的农村，基础设施建设依然是制约乡村游的关键因素，如污水处理设施、垃圾处理设施、用电设施、公交车、乡村卫生院等，甚至有的地方存在电线电路老化并且承载量低等安全问题，薄弱的基础设施配套严重影响发展。休闲农网的随机调查数据显示，乡村旅游游客中90%以上的人关心的都是卫生问题，尤其厕所。① 而对于乡村旅游来说，舒适的旅游环境是关键，因此，要重视乡村基础设施建设，如道路修缮、垃圾污水集中处理、水电贯通、厕所优化等项目的建设。具体举措有：道路修缮方面，既要提升农村内部道路，又要打通景区外部道路，保证游客的可进入性。垃圾污水集中处理方面，村党支部、村委会要经常主持召开村民组或村民代表参加的会议，统一众人思想，坚定大家建设美丽清洁村庄的信心，学习垃圾分类的基本知识；动员村民改造厨房、旱厕，督促各家各户自备干湿垃圾桶，争取上级部门拨款组建资源分类中心等；要保证在乡村旅游发展到一定规模（农家乐50户以上）的村庄建立污水管网，对所有污水进行处理，建议由政府进行补贴帮助完成；培

---

① http：//www. xxnyw. cn/news/shuo/1580. html.

养村民的环保意识，带动他们开展垃圾分类，实现"垃圾不落地"；采用"干封式"农村厕所，不用水冲，大小便分离，既干净又环保。水电贯通方面，建议供电部门对乡村旅游发展具有一定规模的村庄（年接待人数 10 万人以上）更新换代电线以及电表箱，并升级变压器。

三、遏制耕地撂荒，稳固乡村旅游发展基础

乡村旅游发展的根基是乡村中蕴含的农耕文明。农耕文明是我国农民在长期农业生产中形成的一种适应农业生产、生活需要的国家制度、礼俗制度、文化教育等的文化集合，本质上需要守望田园，需要辛勤劳作。耕地撂荒、无人种田将会使乡村旅游发展失去支撑点。剖析耕地撂荒的原因，主要有以下四个方面：自然条件差导致农作物产量低引起的土地撂荒、农村劳动力不足导致的土地被迫撂荒、普遍存在的种植效益差导致的撂荒、土地流转机制不健全导致的撂荒。2015 年，农业部出台的《关于积极开发农业多种功能大力促进休闲农业发展的通知》鼓励闲置宅基地发展农家乐、鼓励"四荒地"（荒山、荒沟、荒丘、荒滩）发展乡村旅游。在国家政策鼓励下，乡村旅游地减少耕地撂荒的途径有：第一，对于因自然条件差而导致的耕地撂荒现象，可以给予农户适当的种田补贴，同时加强农业基础设施建设，保证农户种田用水用电的便利性。第二，鼓励并创造条件让农户参加农业职业教育，挖掘农村能工巧匠，树立与现代农业市场经济相适应的新观念，培育一批手工作坊、乡村车间等，提高现代农业生产技能，增加收入。第三，吸引外出务工能人返乡创业，积极培养种养业能手，鼓励具有经营能力的种植大户租赁撂荒耕地，发展特色产业。需要注意的是，当今农业的发展离不开科技进步，在发展特色产业时还要注重培育农业科技创新力量，倡导新生代农民在智慧农业、生物种业、重型农机、绿色投入品等领域的自主创新。第四，进一步推进耕地流转，倡导种田能手自发地捡拾其他农户土地进行耕作，同时构建股份合作农场制度，农户以土地作价入股，交由专业户经营等。第五，给予一定补贴，鼓励农户复耕自家老宅基地，这不仅能够增加农户家庭收入，也能为乡村旅游景观的整体质量添砖加瓦。第六，引入土地托管服务，将大面积撂荒的土地交给土地托管服务商进行管理。所谓"土地托管服务商"，即是为提高农业生产效率，由专门的组织

或个人为农户提供耕种需要的种子、农药、化肥等生产资料，并负责开展播种、施肥、喷药、收割等生产性托管服务，提高农业生产效率。

四、构建内置金融，激活乡村内生发展动力

我国农村地区的金融机构共有两类：外置金融与内置金融。外置金融一般是指国有银行、私人村镇银行和小额贷款公司，带来的直接后果是农村金融主体去农民化，金融收益从农村流出；内置金融指的是配套建立的、农民主导的村社合作金融，是农村专业合作社的形式之一，利息收入归村民享有。实际上，去外置金融机构贷款对绝大多数农民来说难度很大，原因在于：第一，农民手里持有的财产（如田里、山林、房屋等）价值较低，不能用来抵押贷款；第二，农民的贷款额相对微小，对于金融机构来说金融交易成本高，银行一般也不愿意将资金贷给这样的客户；第三，农村，尤其是我国西部山区，位置偏僻、基础设施差、信息闭塞，这样的条件不利于银行放款后期的客户维护，风险大。种种原因造成的农民贷款难，是农村内置金融发展的动机所在。中国乡建院的李昌平先生在我国多地农村帮助成立了内置金融合作社，社员可以是普通村民、村集体、爱心人士或其他社会成员。在内置金融合作社里，社员可以自己承包的土地、山林、房屋抵押贷款，还可以为他人提供贷款担保，这就解决了农民发展经济贷款困难的问题；同时，合作社每年的存贷收益除一部分用来给村民分红外，还可以留一部分为村集体统一调配使用，用来维护、修缮村内基础设施（如图 6 – 2 所示）。调研中，郝堂村的"郝堂夕阳红养老资金互助社"为内置金融机构，据社里会计反映，该社自成立运营以来，从未出现过一笔呆账坏账，并且每年入社的老人都能领到分红，这无疑是金融机构运营的良好状态。内置金融机构虽然规模较小，但为了保证资金安全，其建立程序有：前期调研（村内人口、土地、经济来源、主要产业等）—方案设计（设计存贷模式，如土地变存款获利息、土地抵押贷款、房屋信托经营等）—制订章程（召开群众会议协商制订章程）—成立组织（以自荐或推荐方式选出理事会、监事会人选）—登记注册（工商注册或者以协会的名义在民政部门注册）—制定业务流程及培训（入社章程、收款章程、存贷款流程、结息流程等）。

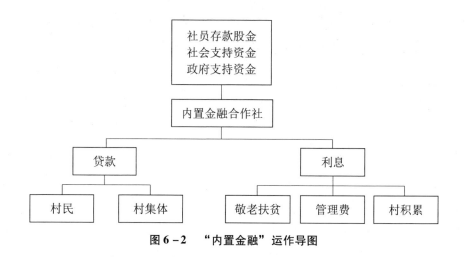

图 6 - 2 "内置金融"运作导图

五、推行股份合作制，发挥农村集体资产优势

乡村资源资本化为农民土地承包权变为合作社股权提供了可能性和现实性。把村集体尚未发包的土地山场水域的经营权和农民已经承包的土地山场水域的经营权股权化，村集体和农户成立村旅游合作社（两委主要干部在合作社任董事长），农户已经承包的土地山场水域流转给合作社，两种股权和外来资金共同形成乡村旅游合作组织注册资金，成立股份制公司，村民代表、村委成员、外来投资者在旅游股份公司任职，制定旅游股份公司章程，形成"旅游股份公司 + 乡村旅游合作社 + 农户"的利益共同体，以法律合同形式确定各主体权益，在地方政府宏观指导下发展乡村旅游。推行股份制的优点在于：第一，土地山场水域经营由零散变为集中，资源的聚集有利于吸引外部资本进入农村。第二，将农民分散经营的土地山场流转集中，依据条件发展不同功能的农林生产，营造不同氛围的农林旅游景观。第三，农民把已经承包的土地山场水域流转到村旅游合作组织后，大部分村民从土地上解放出来，可以自由选择在本村就业或外出打工。进入旅游合作组织的农民，接受专业化技能培训，以适应乡村旅游发展的需要。第四，采用股份合作制发展乡村旅游，农民把承包的土地林场水域甚至是闲置房流转到旅游合作组织，由其统一经营管理，农民除得到租金以外，还可以得到利润分红，除此之外，选择在旅游合作组织就业的农民，另有一份工资收入，这样就实现了农民、村集体和外来投资者共

赢，避免单纯出租农村旅游资源而引起的村民与外来投资者利益冲突问题，有利于贫困村农民脱贫致富，有利于农村稳定和谐发展。第五，建立农村新型旅游合作组织，分散的农户结成一体化的利益共同体，组织起来一起应对市场，农民根据自身特点和资源按管理要求进行专业分工，从事餐饮、住宿、导游、环卫、园艺、农耕、特产加工、安全保卫等不同工作，由单兵作战转变为依托产业链的合作互助，专业化生产程度得到提高，还保证了市场的和谐有序发展。

六、构建合理机制，保证社区农户有效参与

评判某种社区参与模式的效果，社区增权是一个非常重要的衡量标准。也就是说，只有实现社区增权，才能真正实现社区参与。过去乡村旅游发展中"要农村不要农民"的现象既损害了乡村旅游产品的吸引力，又挫伤了农民保护当地旅游资源的积极性。而实际上，乡村旅游发展中无论是基础设施建设、景观景点塑造，还是服务质量提升、乡土文化挖掘，如果偏离了"农民的主体地位"的根本原则，便都是空话。为了保证社区农户的有效参与、切实维护农户的主体地位，需要从三个方面构建机制：民主决策机制、公平竞争机制、政策激励机制。民主决策方面：村内的重大事项不能仅仅由村委会负责人和村内少数"有脸面"的人士参加，应当组建由村委会领导、专业合作社负责人和社区居民代表广泛参与的决策委员会，由大家共同商议村内的资源如何利用以及利益如何分配等问题。公平竞争方面：在调研中笔者发现，农家乐经营中存在不公平的竞争现象，如村民反映"当然是村里面领导家的生意最好，有什么旅游团来了，首先就是跟他们家联系，然后吃住就在那里，好事都轮不到我们普通百姓"。这种不公平的竞争除了会影响村民之间的关系外，还会影响农家乐的正常经营，严重的还会导致一部分农户直接退出经营，不利于当地旅游服务质量的提高，也影响当地的旅游形象。针对这种现象，首先要发挥基层组织——村委会的监督管理和正确引导作用，其次还要重视宣传教育，提高农户的诚信与自律意识。政策激励方面：上级政府要联合村委根据乡村旅游地的实际情况制定相应的激励政策，调动农户参与的积极性，如旅游经营奖补政策、小额或贴息贷款政策、技术培训政策、税收及用电用水优惠政策等。需要

注意的一点是，无论构建哪种机制，都必须坚持以人为本。在当前乡村振兴战略下更要将旅游扶贫放在第一位，多方位创造条件保障农村地区弱势群体的参与权利和受益机会，只有这样才能使社区参与旅游走向良性循环的轨道，成为促进乡村旅游可持续发展的强大动力。

七、加强政策宣传，提高旅游政策知晓率

2009 年以来，中央促进旅游业发展的政策中，乡村旅游的重要性在不断提升。《国务院关于加快发展旅游业的意见（2014）》《国务院关于促进旅游业改革发展的若干意见（2014）》《国务院办公厅关于进一步促进旅游投资和消费的若干意见（2015）》《促进乡村旅游发展提质升级行动方案（2018—2020年）》等政策文件对全国乡村旅游的发展统筹布局提出了战略目标及突破口。有研究证明，政策知晓程度与农村居民乡村旅游政策的满意度正相关，对乡村旅游政策的了解越多，农户对乡村旅游政策的满意度越高（张春美等，2017）。从笔者的实地调查结果来看，熟悉乡村旅游政策的农村居民所占比例较低，在 313 位农户居民中，仅有 11.5% 的受访者表示"比较熟悉"、4.5% 的受访者表示"非常熟悉"。这表明乡村旅游政策的宣传不到位，很大一部分农村居民反映对乡村旅游政策的具体措施和内容不了解，这在一定程度上降低了政策的实施效果。影响农村居民对乡村旅游政策满意度的因素包括年龄、文化程度、是否贫困户、对乡村旅游政策的了解程度以及对乡村旅游政策对收入水平影响的认知。农村居民的年纪越大，对政策的满意度越低，而文化程度越高、对政策越了解，满意度就越高。因此，要采取多种手段进行政策宣传。第一，将宣传工作纳入年度目标考核统一部署，基本形成以基层党委为核心、上下互通、横向联动，各条战线、各部门齐心协力一起行动的大宣传格局；第二，专门设立宣传岗位，同时设立专门经费为宣传工作提供必要的经费支持；第三，将政策分解融入通俗易懂、深入浅出的平民话语之中，增强内容的可读性、可听性、可视性，使之成为老百姓喜闻乐见、真正具有吸引力和感染力的东西；第四，充分利用民间组织和志愿者队伍作为党委政府的触手，进一步将政策宣传深入广大人民群众之中。

八、拓宽收入渠道，增强农户抗风险能力

千方百计提高农民收入、改善民生、增强农户抗风险能力，既是响应国家号召，也是乡村旅游内生发展的根本目的之一。第一，增加生产性收入。农业生产是农村的第一要务，因此，首先要稳固农业的基础地位，不断健全农业服务体系、完善服务网络，充分发挥农村专业合作社作用，同时在国家政策指导下加快土地流转速度，实现农业生产的规模化、集约化经营，增加农户的生产性收入。另外，要加快发展农村商贸流通业，改善农村市场环境；鼓励种植大户对农业进行投保，有效预防自然灾害等带来的风险。第二，增加财产性收入。土地是农民赖以生存的基础，也是他们最具价值的财产，乡村旅游发展过程中农民失地现象普遍，因此增加农民的财产性收入需要从用地政策和制度入手，在进一步提高土地补偿金的同时建立土地增值收益共享机制，统筹分配土地收入，让农民在土地增值的过程中长期受益。第三，增加农民工资性收入。这一点在上面的七点内容中已经有所体现，这里需要特别补充的是，不仅要持续提高农民的文化水平、加强技能培训，而且还要加快建立城乡一体的就业保障体系，尤其是对一些老年失地农民，要提高其养老保障水平和医疗保障水平；鼓励农民创业以达到多维减贫的作用，特别是鼓励农村创业企业为所雇的农民提供商业保险，以更好地预防返贫风险。第四，增加投资性收入。农民作为理性的经济人，在乡村旅游发展较好的地区，他们无疑会将自己拥有的大部分生计资本投入旅游业，但需要注意的是，如果要降低风险，就不能"把鸡蛋放入同一个篮子"，这就需要增加农民的投资渠道。对于乡村旅游地来说，延伸旅游产业链、丰富旅游产品种类、发展特色产业、壮大专业合作社，不仅能够使当地的旅游资源更具吸引力，也能为农民投资、增收、致富开辟新路子。第五，增加政策性收入。虽然现在国家对种植业实行补贴，但是种植成本和生活成本的持续上升使得很多农村地区出现了土地撂荒现象，政府需要对从事农作物生产的纯农户以产品为单位进行直补来缓解这一现象；出台政策鼓励发展休闲农业、乡村旅游，通过多种形式加大对休闲农业和乡村旅游的投入；呼吁政府建立生态补偿机制，保障休闲农业和乡村旅游的可持续发展。

本章小结

提出农户可持续能力提升对策既是本书的落脚点，也是研究的最终目的。本书在分析乡村旅游内生发展问题的基础上，有针对性地提出了乡村旅游内生发展框架下农户可持续生计能力提升策略。

目前，乡村旅游内生发展面临的问题主要有：一是人力资本的短缺，使得乡村旅游发展中的专业管理能力不足，经营管理粗放，这在很大程度上制约了乡村旅游地的进一步发展；二是发展过于集中，辐射面积小，很大一部分农户享受不到旅游发展带来的红利；三是耕地撂荒现象严重，动摇了乡村旅游发展的根基；四是金融发展滞后，多数项目缺少资金支持，这是乡村旅游发展中最突出、最严峻的问题之一；五是合作社发展慢且流于形式，乡村旅游地经营中的组织化程度低；六是农户参与乡村旅游发展主要以提供服务为主，参与层次浅；七是乡村旅游政策的宣传效果欠佳，旅游政策知晓率低，政策盲点多；八是发展旅游较好的村民组生计来源单一、抗风险能力差，并且组内家庭收入差距大。

针对以上问题，提出相应对策：推行股份合作制，让乡村资源资本化，发挥农村集体资产优势，使得农户从多方面受益；构建内置金融，在土地农民集体所有制下，建立村社合作金融，激活乡村内生发展动力；善用本土精英，建立"自下而上"的乡村治理结构，引导乡村内生发展路径；提升基础设施，持续改善旅游发展环境，配合优质服务，共同提高游客满意度；遏制日益严重的农村耕地撂荒态势，稳固乡村旅游发展基础；构建合理机制，让社区居民获得更多的权利和收益；加强政策宣传，提高旅游政策知晓率，进一步提升农户满意度和参与意愿；延长旅游产业链，拓宽收入渠道，增强农户抗风险能力。

第七章　结论与展望

第一节　主要研究结论

本书基于可持续生计理论和内生发展理论构建研究框架，以河南省信阳市郝堂村为样本点，采用问卷调查方式收集数据，探究可持续生计视角下乡村旅游内生发展效应。主要结论如下。

（1）改进 DFID 可持续生计分析框架，尝试构建了乡村旅游研究中的可持续生计分析框架 RT-SLA。以 DFID 可持续生计分析框架为研究起点，首先论证该框架在乡村旅游研究中的适用性，然后选择国内典型的乡村旅游地进行调研，结合调研结果对原有框架进行修正，得到乡村旅游研究中的可持续生计分析框架（RT-SLA）。RT-SLA 框架将乡村旅游地农户的生计资本分为七类：人力资本、自然资本、物质资本、金融资本、社会资本、制度资本及认知资本，并确定指标，采用生计资本总指数和生计资本耦合协调度来评价农户生计资本量的大小及生计资本质量；选择生计多样性指数、收入多样性指数、参与旅游业的意愿这三项指标来衡量乡村旅游地农户的生计策略；选择评价指标从农户感知角度测量乡村旅游地农户的生计结果。

（2）农户生计资本的测算结果显示，生计资本总指数方面，郝堂村整体生计资本总指数为 0.350，七类生计资本指数分别为：人力资本 0.066、物质资本 0.053、自然资本 0.036、金融资本 0.023、社会资本 0.059、制度资本 0.041、认知资本 0.072；16 个村民组生计资本状况由好到差排序为：红星 ＞ 郝湾 ＞ 黄湾 ＞ 窑湾 ＞ 马湾 ＞ 曹湾 ＞ 王冲下 ＞ 胡湾 ＞ 尖山 ＞ 张湾 ＞ 陈沟 ＞ 徐湾 ＞ 红庙 ＞ 塘坊 ＞ 学校 ＞ 王冲上。生计资本耦合协调度方面，郝堂村整体的生计资本耦合协调度为中度失调，其中，红星、黄湾、窑湾、郝湾、马湾、曹湾、王冲下组的生计资本耦合协调度为中度失调，尖山、胡湾、王冲上、张湾、徐湾、陈沟、塘坊、学校、红庙组的生计资本耦合协调度为严重失调；16 个村民组的生计资本耦合协调度由好到差排序为：红星＞郝湾＞黄湾＞窑湾＞马湾＞王冲下＞曹湾＞胡湾＞尖山＞张湾＞陈沟＞红庙＞王冲上＞徐湾＞学校＞塘坊。这表明郝堂村的生计资本存量及其耦合协调度都不理想，并且村民组之间的生计资本存量存在明显差异。

（3）农户生计策略的测算结果显示，生计多样性指数方面，郝堂村整体的生计多样性指数偏低，仅为 0.308。其中，胡湾组的生计多样性指数最高（0.406），最低的是红星组（0.211）；平均生计活动最多的是胡湾组（2.84），最少的是红星组（1.48）。16 个村民组的生计多样性指数由高到低排序是：胡湾＞红庙＞学校＞陈沟＞塘坊＞郝湾＞马湾＞尖山＞徐湾＞曹湾＞王冲上＞张湾＞黄湾＞王冲下＞窑湾＞红星。收入多样性指数方面，郝堂村整体收入多样性指数接近中等水平（0.4997）；16 个村民组的收入多样性指数由高到低排序为：胡湾＞红庙＞学校＞塘坊＞尖山＞陈沟＞郝湾＞张湾＞徐湾＞黄湾＞王冲上＞马湾＞曹湾＞窑湾＞王冲下＞红星。参与乡村旅游发展的意愿方面，郝堂村整体"参与乡村旅游发展的意愿"指数较高（0.9585），16 个村民组的"参与乡村旅游发展的意愿"指数也比较高，其中最高的是曹湾组（0.9821）。这说明，郝堂村整体的生计多样性水平偏低、收入多样性水平一般，旅游发展较差村民组的生计多样性水平和收入多样性水平较高，旅游发展最好的村民组反而最低，并且绝大多数农户愿意参与乡村旅游发展。

（4）生计结果的测算结果显示，郝堂村整体综合得分为 3.533，其中，"生活水平"单因子得分 3.318，"意识水平"单因子得分 4.092，"负面影响"单因子得分 3.199；16 个村民组中综合评分最高的是红星组（4.041），最低的是陈沟组（2.978），各村民组之间的差距并不大。其中，"生活水平"单因子得分最高的是红星组（4.304），最低的是徐湾组（2.168）；"意识水平"单因子得分最高的是窑湾组（4.571），最低的是徐湾组（3.354）；"负面影响"单因子得分最高的是红星组（3.538），最低的是张湾组（2.282）。16 个村民组的综合评价得分由高到低排序为：红星＞窑湾＞黄湾＞马湾＞王冲下＞曹湾＞郝湾＞胡湾＞张湾＞尖山＞王冲上＞学校＞塘坊＞红庙＞徐湾＞陈沟。这表明，郝堂村老百姓对当地旅游发展结果的评价总体较好且村民组之间的差别较小。

（5）乡村旅游内生发展效应呈现"圈层分异"规律。乡村旅游发展对郝堂村农户的影响表现在很多方面，本书分别从生计资本总指数、生计多样性指数、收入多样性指数、结果综合评价等方面进行了衡量。其中，"旅游经年营收入"是衡量乡村旅游内生发展效应最直观、最关键的要素，本书以"旅游经营年收入"为指标来分析郝堂村乡村旅游内生发展效应的圈层分异。结果显示，16 个村民组大致分为三个圈层：内圈层、中圈层和外圈层。内圈层只包括红星组，中圈层包括郝湾、王冲下、窑湾、黄湾、曹湾、张湾、马湾、王冲上、胡湾组，外圈层包括陈沟、尖山、红庙、塘坊、徐湾、学校组。郝堂村乡村旅游内生发展效应的圈层分异特征有：与核心景区的距离由内及外依次变远；旅游资源密度由内圈层向外围逐渐减小；旅游经营年收入呈现由内及外逐渐减少的趋势。

（6）乡村旅游内生发展存在八个方面的问题。一是人力和财力短缺，这是乡村旅游内生发展最突出的问题，在很大程度上限制了乡村旅游地的进一步发展；二是现有管理人员的专业能力欠缺，缺乏专业的管理团队，导致整个景区的经营管理较为粗放；三是发展过于集中，辐射面积小，对农户的经济带动效果整体一般；四是耕地撂荒现象严重，动摇了乡村旅游发展的根基；五是合作社发展慢且流于形式，乡村旅游地经营中的组织化程度低；六是当地村民主要以提供旅游服务的形式参与乡村旅游发展，参与层次浅；七是由于农民的文化程度普遍有限以及政府的政策宣传力度不够等原因，乡村旅游相关政策的宣传效果欠佳，政策盲点多；八是发展旅游较好的村民组生计来源单一、抗风险能力差，并且组内家庭收入差距大。

（7）乡村旅游内生发展框架下农户可持续生计能力八点提升策略。一是乡村旅游内生发展在引进人才的同时，也需要认识到本土精英的巨大力量，要善用本土精英，引导乡村旅游内生发展路径；二是开发乡村旅游，营造舒适的旅游环境是关键，要继续提升基础设施，持续改善旅游发展环境；三是针对现在农村中耕地撂荒日益严重的现象，要采取措施遏制耕地撂荒，稳固乡村旅游发展基础；四是在土地农民集体所有制下，配套建立农民主导的村社合作金融，激活乡村内生发展动力；五是推行股份合作制，发挥农村集体资产优势，让农民从多方面受益；六是构建合理机制，通过公平、有效的社区参与活动，让社区居民深度参与，获得更多的权利和收益；七是加强政策宣传，提高农户对旅游政策的知晓率；八是延长旅游产业链，拓宽收入渠道，增强农户抗风险能力。

第二节　研究不足与展望

本书着眼于乡村振兴的愿望，从可持续生计视角，以行政村为单位，探讨乡村旅游的内生发展效应。乡村旅游内生发展是建立在普惠制基础上，在政府引导下，以农民为主体，依靠农民的内在动力来使本地乡村旅游获得可持续发展的一种方式。总体来说，内生式发展是乡村旅游良性发展以及最大程度惠及农户的有效发展方式，未来在理论层面和实践操作层面需要探索的内容还有很多。由于时间和精力限制，本书也仅仅是作了小范围的初步探索，书中存在的不足之处还将在以后的研究中继续完善。

（1）研究结论的普适性有待进一步验证。河南省信阳市郝堂村是"三农"专家李昌平先生进行乡村建设的第一个实验基地，在此基础上发展起来的内生型乡村旅游经中央电视台等权威媒体多次报道已成为最大程度惠及农民的典范，本书的初衷是在构建乡村旅游—可持续生计分析框架（RT-SLA）的基础上，选取一个典型的行政村，透彻分析乡村旅游内生发展究竟能给一个行政村产生多大影响、带来什么样的改变以及当地农户对它的评价如何。尽管如此，研究中仍然存在不足，由于本书只选取了河南省信阳市郝堂村这一个样本点，虽然郝堂村属于典型的内生型乡村旅游地，在全国较具代表性，但是它也不能代表全部的内生型乡村旅游地，所以所得结论的普适价值有待进一步验证。这些不足之处也是后续研究的努力方向，未来需要更多地对内生型乡村旅游地进行实地调研、收集数据，总结归纳乡村旅游内生发展中存在的共性问题并探讨解决路径。

（2）策略建议有待进一步具体化。本书在分析乡村旅游内生发展现存问题的基础上，相应提出了乡村旅游内生发展框架下农户可持续生计的提升策略，但由于时间和资源有限，对于策略部分的研究不够细致、深入，还有待进一步深入研究和具体细化，特别是对于如何构建内置金融、如何推行股份合作制等问题，有待探讨和完善。总之，未来的研究还将更加关注农户可持续生计策略的应用性，将惠及农户的措施落到实处。

　　乡村振兴大环境下，随着国家对乡村旅游支持政策的不断调节以及农村收入来源的多元化，农户的生计资本及生计策略都可能会出现新的变化。随着农户收入水平的整体提升，相对贫困、生计风险、生计策略选择等问题将会成为重点关注的主题，这些都是未来的研究方向。

附录 A　乡村旅游地农户生计状况预调研问卷

调研地点：_____省_____市_____区_____办事处

_____村_____村民组（湾）

问卷编号：_____　调研员_____　调研日期_____

第一部分：农户家庭生计资产状况（请在您认为符合您个人及家庭情况的答案前打"√"，或者在空格中填写）。

1. 您家里有_____口人，请分别将他/她们的基本信息填在表格内。（户主用"○"标记）

序号	亲属关系	年龄	性别	受教育程度	健康状况	有无旅游业相关技能
1						
2						
3						
4						
5						
6						

注：①受教育程度：大专及以上、高中、初中、小学、文盲；②健康状况：非常好、比较好、一般、经常生病、长期生病（半年以上）；③有无旅游业相关技能：餐饮、住宿、传统手工艺等相关技能。

2. 您家里的住房结构如何？

□混凝土房　□砖混房/木房　□砖瓦房　□土瓦房及其他

3. 您家里是否有用于旅游经营的房屋？如果有，面积约有_____平方米。

4. 下列生活用品中，您家里有哪些？

□洗衣机　□电冰箱　□彩色电视机　□空调　□热水器　□电瓶车

□摩托车　□轿车　□移动电话　□电脑　□电饭煲

5. 下列农用工具中，你家里有哪些？

□大型农业器械　□中小型农业器械　□手工传统农具

□动物役畜　□以上都没有

说明：大型农业器械如联合收割机、旋耕机等；中小型农业器械如拖拉机、抽水机、脱粒机等；手工传统农具如铁锹、锄头、犁等。

6. 您家里原有的耕地面积有_____亩。

7. 您对家里原有耕地质量的评价是：

□非常好　□比较好　□一般　□较差　□非常差

8. 您家里有用于发展旅游的耕地吗？如果有，请填上具体面积_____亩。

9. 2017 年，您家庭的现金年收入是_____万元。

10. 您能否从银行或信用社获得贷款？

□是　　　　　　　　□否

11. 您能否从亲戚/朋友处获得借款？

□是　　　　　　　　□否

12. 您家里在过去一年内是否收到过无偿资金援助？

□是　　　　　　　　□否

13. 您或您的家人是否有机会参加旅游相关技能培训？

□是　　　　　　　　□否

14. 您或您的家人是否加入了合作社或旅游协会等组织？

□是　　　　　　　　□否

15. 您家里是否有近亲属在机关或企事业单位任职？

□是　　　　　　　　□否

16. 您对外来游客的态度是_____。

□非常欢迎　□比较欢迎　□一般　□不太欢迎　□完全不欢迎

17. 您对参与乡村旅游发展的态度是_____。

□非常愿意　□比较愿意　□一般　□不太愿意　□完全不愿意

18. 您或您的家人是否有机会参与本地旅游发展决策？

□是　　　　　　　　□否

19. 您家里是否有机会投资本地旅游发展项目？

□是　　　　　　□否

20. 您家里是否有机会参与本地旅游发展成果的利益分配（分红）？

□是　　　　　　□否

21. 您对旅游政策的知晓程度如何？

□非常熟悉　□比较熟悉　□一般　□了解较少　□完全不了解

22. 您对乡村旅游发展的认同度如何？

□非常认同　□比较认同　□一般　□不太认同　□完全不认同

23. 您对本地乡土文化的熟悉程度如何？

□非常熟悉　□比较熟悉　□一般　□了解较少　□完全不了解

24. 2017 年，您家里主要有下列哪几种经济来源（多选）？请选择，并在后面的空格处填上具体年收入（元）。

□种植业＿＿＿＿＿　□畜牧/养殖业＿＿＿＿＿　□旅游经营（农家乐等）

□其他个体经商＿＿＿＿＿　□打工＿＿＿＿＿　□房屋出租

□其他（填写具体生计方式及相应收入）＿＿＿＿＿

第二部分：农户对乡村旅游发展的结果感知（请在您认为符合现实情况的答案框打"√"）。

题项	完全不同意	不太同意	一般	基本同意	完全同意
25. 乡村旅游发展为本地带来了更多就业机会	1	2	3	4	5
26. 乡村旅游发展使得本地农民收入增加	1	2	3	4	5
27. 乡村旅游发展改善了本地基础设施	1	2	3	4	5
28. 乡村旅游发展优化了农村居住环境	1	2	3	4	5
29. 乡村旅游发展使得农民环境保护意识增强	1	2	3	4	5
30. 乡村旅游发展使得农民文化保护意识增强	1	2	3	4	5
31. 乡村旅游发展普遍提高了农民的综合素质	1	2	3	4	5
32. 乡村旅游发展导致本地物价上涨	1	2	3	4	5
33. 乡村旅游发展导致本地贫富差距扩大	1	2	3	4	5
34. 乡村旅游发展导致传统文化受到冲击	1	2	3	4	5
35. 乡村旅游发展导致邻里关系恶化	1	2	3	4	5

续表

题项	完全 不同意	不太 同意	一般	基本 同意	完全 同意
36. 乡村旅游发展导致环境污染加剧	1	2	3	4	5
37. 乡村旅游发展导致社会风气变差	1	2	3	4	5

问卷调查到此结束，再次感谢您的配合！如果您对本地乡村旅游发展还有其他的意见或建议，请填写在下面的横线上：

_____

_____

_____

附录 B 乡村旅游地农户生计状况正式调研问卷

调研地点：_____省_____市_____区_____办事处

_____村_____村民组（湾）

问卷编号：_____调研员_____调研日期_____

第一部分：农户家庭生计资产状况（请在您认为符合您个人及家庭情况的答案前打"√"，或者在空格中填写）。

1. 您家里有_____口人，请分别将他/她们的基本信息填在表格内。（户主用"○"标记）

序号	亲属关系	年龄	性别	受教育程度	健康状况	有无旅游业相关技能
1						
2						
3						
4						
5						
6						

注：①受教育程度：大专及以上、高中、初中、小学、文盲；②健康状况：非常好、比较好、一般、经常生病、长期生病（半年以上）；③有无旅游业相关技能：餐饮、住宿、传统手工艺等相关技能。

2. 您家里的住房结构如何？

□混凝土房　□砖混房/木房　□砖瓦房　□土瓦房及其他

3. 您家里是否有用于旅游经营的房屋？如果有，面积约有_____平方米。

4. 下列生活用品中，您家里有哪些？

□洗衣机　□电冰箱　□彩色电视机　□空调　□热水器　□电瓶车

□摩托车 □轿车 □移动电话 □电脑 □电饭煲

5. 您家里原有的耕地面积有_____亩。

6. 您对家里原有耕地质量的评价是：

□非常好 □比较好 □一般 □较差 □非常差

7. 您家里有用于发展旅游的耕地吗？如果有，请填上具体面积_____亩。

8. 2017 年，您家庭的现金年收入是_____万元。

9. 您能否从银行或信用社获得贷款？

□是　　　　　　　　□否

10. 您或您的家人能否从亲戚/朋友处获得借款？

□是　　　　　　　　□否

11. 您家里在过去一年内是否收到过无偿资金援助？

□是　　　　　　　　□否

12. 您或您的家人是否有机会参加旅游相关技能培训？

□是　　　　　　　　□否

13. 您或您的家人是否加入了合作社或旅游协会等组织？

□是　　　　　　　　□否

14. 您家里是否有近亲属在机关或企事业单位任职？

□是　　　　　　　　□否

15. 您对外来游客的态度是_____。

□非常欢迎 □比较欢迎 □一般 □不太欢迎 □完全不欢迎

16. 您对参与乡村旅游发展的态度是_____。

□非常愿意 □比较愿意 □一般 □不太愿意 □完全不愿意

17. 您或您的家人是否有机会参与本地旅游发展决策？

□是　　　　　　　　□否

18. 您家里是否有机会投资本地旅游发展项目？

□是　　　　　　　　□否

19. 您对旅游政策的知晓程度如何？

□非常熟悉 □比较熟悉 □一般 □了解较少 □完全不了解

20. 您对乡村旅游发展的认同度如何？

□非常认同 □比较认同 □一般 □不太认同 □完全不认同

21. 您对本地乡土文化的熟悉程度如何？

□非常熟悉 □比较熟悉 □一般 □了解较少 □完全不了解

22. 2017 年，您家里主要有下列哪几种经济来源（多选）？请选择，并在后面的空格处填上具体年收入（元）。

□种植业_____ □畜牧/养殖业_____ □旅游经营（农家乐等）

□其他个体经商_____ □打工_____ □房屋出租

□其他（填写具体生计方式及相应收入）_____

第二部分：农户对乡村旅游发展的结果感知（请在您认为符合现实情况的答案框打"√"）。

题项	完全不同意	不太同意	一般	基本同意	完全同意
23. 乡村旅游发展为本地带来了更多就业机会	1	2	3	4	5
24. 乡村旅游发展使得本地农民收入增加	1	2	3	4	5
25. 乡村旅游发展改善了本地基础设施	1	2	3	4	5
26. 乡村旅游发展优化了农村居住环境	1	2	3	4	5
27. 乡村旅游发展使得农民环境保护意识增强	1	2	3	4	5
28. 乡村旅游发展使得农民文化保护意识增强	1	2	3	4	5
29. 乡村旅游发展普遍提高了农民的综合素质	1	2	3	4	5
30. 乡村旅游发展导致本地物价上涨	1	2	3	4	5
31. 乡村旅游发展导致本地贫富差距扩大	1	2	3	4	5
32. 乡村旅游发展导致邻里关系恶化	1	2	3	4	5

问卷调查到此结束，再次感谢您的配合！如果您对本地乡村旅游发展还有其他的意见或建议，请填写在下面的横线上：

_____

_____

_____

参考文献

［1］［英］阿弗里德·马歇尔. 经济学原理［M］. 北京：华夏出版社，2013.

［2］［英］阿瑟·赛西尔·庇古. 福利经济学［M］. 北京：华夏出版社，2013.

［3］安士伟，樊新生. 基于收入源的农户生计策略及其影响因素分析——以河南省为例［J］. 经济经纬，2018（1）：29 – 34.

［4］保继刚，孙九霞. 社区参与旅游发展的中西差异［J］. 地理学报，2006（4）：401 – 413.

［5］蔡碧凡，陶卓民，郎富平. 乡村旅游社区参与模式比较研究——以浙江省三个村落为例［J］. 商业研究，2013（10）：191 – 196.

［6］蔡晶晶，吴希. 社会—生态系统脆弱性视角下乡村旅游对贫困农户生计的影响——以福建省永春县北溪村为例［J］. 台湾农业探索，2018（2）：9 – 17.

［7］蔡文芳. 乡村旅游对农村经济发展的影响［J］. 吉首大学学报（社会科学版），2017（6）：23 – 25.

［8］柴剑峰. 彝族聚居区农户生计调查与应对研究——以四川省喜德县 ej 村为例［J］. 农村经济，2016（8）：46 – 51.

［9］陈艾，李雪萍. 脆弱性—抗逆力：连片特困地区的可持续生计分析［J］. 社会主义研究，2015（2）：92 – 99.

［10］陈传波. 农户风险与脆弱性：一个分析框架及贫困地区的经验［J］. 农业经济问题，2005（8）：47 – 50.

［11］陈红，高阳. "互联网 + 价值链"：农村内生金融新模式［J］. 学术交流，2016，266（5）：131 – 135.

[12] 陈佳,张丽琼,杨新军,等.乡村旅游开发对农户生计和社区旅游效应的影响——旅游开发模式视角的案例实证 [J]. 地理研究,2017(9):1709-1724.

[13] 陈伟娜,闫慧敏,黄河清.气候变化压力下锡林郭勒草原牧民生计与可持续能力 [J]. 资源科学,2013(5):1075-1083.

[14] 陈熹,陈帅.社会资本质量与农户借贷可得性——基于职业声望的分析 [J]. 江西社会科学,2018(5):218-226.

[15] 陈娅玲,杨新军.旅游社会——生态系统及其恢复力研究 [J]. 干旱区资源与环境,2011(11):205-211.

[16] 陈娅玲,余正军,杨昆.生态旅游发展对西藏乡村农牧民家庭的生计影响——以林芝鲁朗镇扎西岗村为例 [J]. 西藏民族大学学报(哲学社会科学版),2017(5):131-137.

[17] 陈志永,李乐京,梁玉华.乡村居民参与旅游发展的多维价值及完善建议——以贵州安顺天龙屯堡文化村为个案研究 [J]. 旅游学刊,2007(7):40-46.

[18] 陈倬,梁欣.乡村旅游中文化资本的经济分析 [J]. 武汉工业学院学报,2012(4):105-111.

[19] 程哲,蔡建明,崔莉,等.乡村转型发展产业驱动机制:以盘锦乡村旅游为例 [J]. 农业现代化研究,2016(1):143-150.

[20] 崔晓明,杨新军.旅游地农户生计资本与社区可持续生计发展研究——以秦巴山区安康一区三县为例 [J]. 人文地理,2018(2):147-153.

[21] 道日娜.农牧交错区域农户生计资本与生计策略关系研究——以内蒙古东部四个旗为例 [J]. 中国人口·资源与环境,2014(S2):274-278.

[22] 邓磊.西部民族地区乡村变迁与乡村振兴 [J]. 华中师范大学学报(人文社会科学版),2018(6):17-19.

[23] 邓万春.内生或内源性发展理论 [J]. 理论月刊,2011(4):44-46.

[24] 丁建军,宁燕.湖南武陵山片区农民收入多样性特征及其对贫困的影响 [J]. 地理科学,2016(7):1027-1035.

[25] 丁琳琳,吴群,李永乐.新型城镇化背景下失地农民福利变化研究

［J］. 中国人口·资源与环境，2017（3）：163 – 169.

［26］丁培卫. 近30年中国乡村旅游产业发展现状与路径选择［J］. 东岳论丛，2011（7）：114 – 118.

［27］丁士军，张银银，马志雄. 被征地农户生计能力变化研究——基于可持续生计框架的改进［J］. 农业经济问题，2016（6）：25 – 34，110 – 111.

［28］杜书云，徐景霞. 内源式发展视角下失地农民可持续生计困境及破解机制研究［J］. 经济学家，2016（7）：76 – 83.

［29］方远平，易颖，毕斗斗. 传承与嬗变：广州市小洲村的空间转换［J］. 地理研究，2018（11）：2318 – 2330.

［30］付少平，赵晓峰. 精准扶贫视角下的移民生计空间再塑造研究［J］. 南京农业大学学报（社会科学版），2015（6）：8 – 16，136.

［31］付文凤，郭杰，欧名豪，等. 成本效益、政策认知与农村居民点整理农户补偿满意度研究［J］. 中国人口·资源与环境，2017（5）：138 – 145.

［32］高婕. 民族地区乡村旅游社区参与实践及其反思——以黔东南苗寨侗寨为例［J］. 广西民族大学学报（哲学社会科学版），2015（6）：134 – 140.

［33］高进云，乔荣锋，张安录. 农地城市流转前后农户福利变化的模糊评价——基于森的可行能力理论［J］. 管理世界，2007（6）：45 – 55.

［34］高凌霄，刘黎明. 乡村景观保护的利益相关关系辨析［J］. 农业现代化研究，2017（6）：1036 – 1043.

［35］高楠，张新成，王琳艳，等. 中国乡村旅游与农村经济耦合协调关系的实证研究［J］. 陕西师范大学学报（自然科学版），2018（6）：10 – 19.

［36］龚娜. 少数民族与旅游：居民凝视与感知探析——以贵州肇兴、堂安侗寨为例［J］. 贵州民族研究，2018（1）：61 – 66.

［37］古红梅. 乡村旅游发展与构建农村居民利益分享机制研究——以北京市海淀区西北部地区旅游业发展为例［J］. 旅游学刊，2012（1）：26 – 30.

［38］关江华，黄朝禧，胡银根. 不同生计资产配置的农户宅基地流转家庭福利变化研究［J］. 中国人口·资源与环境，2014（10）：135 – 142.

［39］郭焕成，韩非. 中国乡村旅游发展综述［J］. 地理科学进展，2010（12）：1597 – 1605.

［40］郭艳军，刘彦随，李裕瑞．农村内生式发展机理与实证分析——以北京市顺义区北郎中村为例［J］．经济地理，2012（9）：114－126.

［41］韩丽娟，李忠．金融监管思想与农村金融的内生成长（1927－1949）［J］．贵州社会科学，2014（1）：40－46.

［42］韩自强，巴战龙，辛瑞萍，等．基于可持续生计的农村家庭灾后恢复研究［J］．中国人口·资源与环境，2016（4）：158－167.

［43］郝文渊，杨东升，张杰，等．农牧民可持续生计资本与生计策略关系研究——以西藏林芝地区为例［J］．干旱区资源与环境，2014（10）：37－41.

［44］何仁伟，李光勤，刘邵权，等．可持续生计视角下中国农村贫困治理研究综述［J］．中国人口·资源与环境，2017（11）：69－85.

［45］何仁伟，李光勤，刘运伟，等．基于可持续生计的精准扶贫分析方法及应用研究——以四川凉山彝族自治州为例［J］．地理科学进展，2017（2）：182－192.

［46］何仁伟，刘邵权，陈国阶，等．中国农户可持续生计研究进展及趋向［J］．地理科学进展，2013（4）：657－670.

［47］何艳冰，黄晓军，杨新军．西安城市边缘区失地农户社会脆弱性评价［J］．经济地理，2017（4）：149－157.

［48］何艳冰，黄晓军，翟令鑫，等．西安快速城市化边缘区社会脆弱性评价与影响因素［J］．地理学报，2016（8）：1315－1328.

［49］何昭丽，米雪，喻凯睿，等．农户生计资本与旅游生计策略关系研究：以西北 a 区为例［J］．广西民族大学学报（哲学社会科学版），2017（6）：61－68.

［50］何昭丽，孙慧．旅游对农民可持续生计的影响分析——以吐鲁番葡萄沟景区为例［J］．广西民族大学学报（哲学社会科学版），2016（2）：138－143.

［51］贺爱琳，杨新军，陈佳，等．乡村旅游发展对农户生计的影响——以秦岭北麓乡村旅游地为例［J］．经济地理，2014（12）：174－181.

［52］胡晗，司亚飞，王立剑．产业扶贫政策对贫困户生计策略和收入的影响——来自陕西省的经验证据［J］．中国农村经济，2018（1）：78－89.

［53］胡敏．我国乡村旅游专业合作组织的发展和转型——兼论乡村旅游发展模式的升级［J］．旅游学刊，2009（2）：70－74.

［54］黄丹晨，吴海涛．水土保持项目对农户生计影响的效应评价［J］．统计与决策，2013（16）：106－108.

［55］黄泰，席建超，葛全胜．长江三角洲居民乡村旅游空间机会差异及影响机制［J］．资源科学，2016（11）：2168－2180.

［56］黄炜，孟霏，肖淑靓．精准扶贫视域下乡村旅游产业发展动力因素实证研究——以武陵山片区为例［J］．中央民族大学学报（哲学社会科学版），2017（5）：57－68.

［57］黄炜虹，齐振宏，邬兰娅，等．农户从事生态循环农业意愿与行为的决定：市场收益还是政策激励？［J］．中国人口·资源与环境，2017，27（8）：69－77.

［58］黄晓军，黄馨，崔彩兰，等．社会脆弱性概念、分析框架与评价方法［J］．地理科学进展，2014（11）：1512－1525.

［59］黄震方，黄睿．城镇化与旅游发展背景下的乡村文化研究：学术争鸣与研究方向［J］．地理研究，2018（2）：233－249.

［60］黄震方，陆林，苏勤，等．新型城镇化背景下的乡村旅游发展——理论反思与困境突破［J］．地理研究，2015（8）：1409－1421.

［61］吉根宝，郭凌，韩丰．旅游空间生产视角下的乡村文化变迁——以四川省成都市三圣乡红砂村乡村旅游社区居民体验为例［J］．江苏农业科学，2016（10）：528－533.

［62］贾生华，邬爱其．制度变迁与中国旅游产业的成长阶段和发展对策［J］．旅游学刊，2002（4）：19－22.

［63］江进德，赵雪雁，张丽，等．农户对替代生计的选择及其影响因素分析——以甘南黄河水源补给区为例［J］．自然资源学报，2012（4）：552－564.

［64］江燕玲，潘卓，潘美含．重庆市乡村旅游运营效率评价与空间战略分异研究［J］．资源科学，2016（11）：2181－2191.

［65］杰里米·边沁．道德与立法原理导论［M］．北京：商务印书馆，2009.

［66］金莲，王永平，马赞甫，等．国内外关于生态移民的生计资本、生计模式与生计风险的研究综述［J］．世界农业，2015（9）：9－14，251.

［67］靳小怡，李成华，杜海峰，等．可持续生计分析框架应用的新领域：农民工生计研究［J］．当代经济科学，2011（3）：103－109，128.

［68］孔祥智，钟真，原梅生．乡村旅游业对农户生计的影响分析——以山西三个景区为例［J］．经济问题，2008（1）：115－119.

［69］蒯兴望．农村社区参与乡村旅游发展模式研究［J］．农业经济，2016（3）：75－76.

［70］李伯华，刘沛林，窦银娣．乡村人居环境系统的自组织演化机理研究［J］．经济地理，2014（9）：130－136.

［71］李翠珍，徐建春，孔祥斌．大都市郊区农户生计多样化及对土地利用的影响——以北京市大兴区为例［J］．地理研究，2012（6）：1039－1049.

［72］李东和，汪燕，王云飞．非大城市周边地区乡村旅游发展模式研究——以黄山市为例［J］．资源开发与市场，2012（6）：573－576.

［73］李国庆．社区参与背景下乡村旅游利益协调机制探究［J］．农业经济，2018（3）：119－120.

［74］李树苗，徐洁，左冬梅，等．农村老年人的生计、福祉与家庭支持政策——一个可持续生计分析框架［J］．当代经济科学，2017（4）：1－10，124.

［75］李小静．农村"三产融合"发展的内生条件及实现路径探析［J］．改革与战略，2016（4）：83－86.

［76］李小云，董强，饶小龙，等．农户脆弱性分析方法及其本土化应用［J］．中国农村经济，2007（4）：32－39.

［77］李鑫，杨新军，陈佳，等．基于农户生计的乡村能源消费模式研究——以陕南金丝峡乡村旅游地为例［J］．自然资源学报，2015（3）：384－396.

［78］李亚娟，陈田，王婧，等．大城市边缘区乡村旅游地旅游城市化进程研究——以北京市为例［J］．中国人口·资源与环境，2013（4）：162－168.

［79］李彦勇，王磊，钱琛，等．认知资本视角下项目沟通网络动态评

价与调整——以工研院协同创新项目为例 [J]. 科技进步与对策, 2018 (13): 8 - 17.

[80] 李燕琴. 反思旅游扶贫: 本质、可能陷阱与关键问题 [J]. 中南民族大学学报 (人文社会科学版), 2018 (2): 99 - 104.

[81] 李莺莉, 王灿. 新型城镇化下我国乡村旅游的生态化转型探讨 [J]. 农业经济问题, 2015 (6): 29 - 34.

[82] 李忠斌, 陈剑. 村寨镇化: 城镇化背景下民族地区乡村振兴路径选择 [J]. 云南民族大学学报 (哲学社会科学版), 2018 (6): 51 - 58.

[83] 励汀郁, 谭淑豪. 制度变迁背景下牧户的生计脆弱性——基于"脆弱性—恢复力"分析框架 [J]. 中国农村观察, 2018 (3): 19 - 34.

[84] 梁义成, 刘纲, 马东春, 等. 区域生态合作机制下的可持续农户生计研究——以"稻改旱"项目为例 [J]. 生态学报, 2013 (3): 693 - 701.

[85] 林岩. 城乡一体化下农村社区文化内生机制研究——基于社会资本的视角 [J]. 东岳论丛, 2014 (7): 176 - 180.

[86] 林宗贤, 吕文博, 吴荣华, 等. 乡村旅游创业动机的性别差异研究——以台湾为例 [J]. 旅游学刊, 2013 (5): 89 - 98.

[87] 刘传喜, 唐代剑. 乡村旅游新业态的族裔经济现象及其形成机理——以浙江德清地区为例 [J]. 经济地理, 2015 (11): 190 - 197.

[88] 刘传喜, 唐代剑, 常俊杰. 杭州乡村旅游产业集聚的时空演化与机理研究——基于社会资本视角 [J]. 农业经济问题, 2015 (6): 35 - 43, 110 - 111.

[89] 刘欢, 张健. 乡村旅游发展中的基层社会治理 [J]. 学理论, 2018 (4): 94 - 96.

[90] 刘静艳, 韦玉春, 黄丽英, 等. 生态旅游社区参与模式的典型案例分析 [J]. 旅游科学, 2008 (4): 59 - 64.

[91] 刘静艳, 韦玉春, 刘春媚, 等. 南岭国家森林公园旅游企业主导的社区参与模式研究 [J]. 旅游学刊, 2008 (6): 80 - 86.

[92] 刘栋子. 乡村振兴战略的全域旅游: 一个分析框架 [J]. 改革, 2017 (12): 80 - 92.

[93] 刘玲, 王朝举. 乡村旅游聚落农户最优生计策略选择分析——基于

贵州西江苗寨的调研 [J]. 贵州民族研究，2018 (2)：54 - 57.

[94] 刘沛林，于海波. 旅游开发中的古村落乡村性传承评价——以北京市门头沟区爨底下村为例 [J]. 地理科学，2012 (11)：1304 - 1310.

[95] 刘锐. 乡村旅游社区经济可持续发展的影响因素及模式研究 [J]. 宜春学院学报，2010 (4)：61 - 62.

[96] 刘杨星，黄毅. 西部民族地区乡村旅游扶贫机理与路径选择——以四川阿坝藏族羌族自治州为例 [J]. 农村经济，2018 (11)：73 - 79.

[97] 刘永茂，李树苗. 农户生计多样性弹性测度研究——以陕西省安康市为例 [J]. 资源科学，2017 (4)：766 - 781.

[98] 刘永生，代洪宝. 内生式农村发展模式中农民工返乡原因分析 [J]. 新西部（理论版），2015 (10)：13，8.

[99] 龙花楼，刘彦随，邹健. 中国东部沿海地区乡村发展类型及其乡村性评价 [J]. 地理学报，2009，64 (4)：426 - 434.

[100] 卢宏. 乡村旅游与新农村建设"协调度"评价的实证分析 [J]. 暨南学报（哲学社会科学版），2012 (10)：146 - 154，164.

[101] 卢杰，闫利娜. 乡村文化旅游综合体与新型城镇化耦合度评价模型构建——以江西省为例 [J]. 企业经济，2017 (7)：118 - 124.

[102] 卢小丽，成宇行，王立伟. 国内外乡村旅游研究热点——近 20 年文献回顾 [J]. 资源科学，2014 (1)：200 - 205.

[103] 卢小丽，毛雅楠，淦晶晶. 乡村旅游利益相关者利益位阶测度及平衡分析 [J]. 资源开发与市场，2017 (9)：1134 - 1137.

[104] 鲁明勇. 旅游产权制度与民族地区乡村旅游利益相关者行为关系研究 [J]. 中南民族大学学报（人文社会科学版），2011 (2)：40 - 45.

[105] 陆五一，李祎雯，倪佳伟. 关于可持续生计研究的文献综述 [J]. 中国集体经济，2011 (3)：83 - 84.

[106] 罗芬，方妮，周琴. 内生式乡村旅游发展演变、困境与调控——以长沙市桃花岭村"农家乐"为例 [J]. 中国农学通报，2012 (26)：304 - 310.

[107] 罗文斌，钟诚，DALLEN J TIMOTHY，等. 乡村旅游开发中女性村官参与行为影响机理研究——以湖南省女性村官为例 [J]. 旅游学刊，2017

（1）：54 – 63.

［108］罗章，王烁. 精准扶贫视阈下乡村旅游内生脱贫机制——以重庆市"木根模式"为例［J］. 农村经济，2018（1）：51 – 55.

［109］吕龙，黄震方，陈晓艳. 文化记忆视角下乡村旅游地的文化研究进展及框架构建［J］. 人文地理，2018（2）：35 – 42.

［110］侣传振，崔琳琳. 外生型与内生型村民自治模式比较研究——兼论外生型向内生型村民自治转型的条件［J］. 湖南农业大学学报（社会科学版），2016（1）：71 – 76.

［111］马聪玲. 近年乡村旅游政策成效评估［J］. 中国发展观察，2016（Z1）：55 – 57.

［112］马勇，赵蕾，宋鸿，等. 中国乡村旅游发展路径及模式——以成都乡村旅游发展模式为例［J］. 经济地理，2007（2）：336 – 339.

［113］马志雄，张银银，丁士军. 失地农户生计策略多样化研究［J］. 华南农业大学学报（社会科学版），2016（3）：54 – 62.

［114］蒙吉军，艾木入拉，刘洋，等. 农牧户可持续生计资产与生计策略的关系研究——以鄂尔多斯市乌审旗为例［J］. 北京大学学报（自然科学版），2013（2）：321 – 328.

［115］祁新华，杨颖，金星星，等. 农户对气候变化的感知与生计适应——基于中部与东部村庄的调查对比［J］. 生态学报，2017（1）：286 – 293.

［116］屈小爽. 旅游合作社对乡村旅游的影响研究——基于社区自组织能力建设的视角［J］. 世界农业，2017（9）：163 – 170.

［117］饶品样，李树民. 产权边界、层次差异与旅游用地资源配置效率［J］. 旅游学刊，2008（11）：42 – 47.

［118］任贵州，杨晓霞. 农村公共服务社区化的内生机制［J］. 重庆社会科学，2016（7）：50 – 55.

［119］任开荣. 乡村旅游"内生式"发展模式实证研究——以云南省咪依噜风情谷为例［J］. 安徽农业科学，2010（22）：12089 – 12090.

［120］尚勇敏，鲁春阳，曾刚. 区域经济发展模式的阶段适用性研究［J］. 经济问题探索，2015（9）：80 – 87.

[121] 申雨璇．内生式视角下乡村旅游的发展策略［J］．农业经济，2016（1）：76-77．

[122] 盛蕾．旅游与民生问题研究综述［J］．地域研究与开发，2014（3）：85-89．

[123] 石育中，李文龙，鲁大铭，等．基于乡镇尺度的黄土高原干旱脆弱性时空演变分析——以榆中县为例［J］．资源科学，2017（11）：2130-2140．

[124] 石育中，王俊，王子侨，等．农户尺度的黄土高原乡村干旱脆弱性及适应机理［J］．地理科学进展，2017（10）：1281-1293．

[125] 石育中，杨新军，王婷．陕南秦巴山区可持续生计安全评价及其鲁棒性分析［J］．地理研究，2016（12）：2309-2321．

[126] 史玉丁，李建军．乡村旅游多功能发展与农村可持续生计协同研究［J］．旅游学刊，2018（2）：15-26．

[127] 舒伯阳，刘玲．乡村振兴中的旅游乡建与包容性发展［J］．旅游学刊，2018（7）：9-10．

[128] 舒伯阳，朱信凯．休闲农业开发模式选择及农户增收效益比较［J］．农业经济问题，2006（7）：48-50．

[129] 舒小林，高应蓓，张元霞，等．旅游产业与生态文明城市耦合关系及协调发展研究［J］．中国人口·资源与环境，2015（3）：82-90．

[130] 苏芳，蒲欣冬，徐中民，等．生计资本与生计策略关系研究——以张掖市甘州区为例［J］．中国人口·资源与环境，2009（6）：119-125．

[131] 苏芳，尚海洋．生态补偿方式对农户生计策略的影响［J］．干旱区资源与环境，2013（2）：58-63．

[132] 苏芳，尚海洋．农户生计资本对其风险应对策略的影响——以黑河流域张掖市为例［J］．中国农村经济，2012（8）：79-87，96．

[133] 苏芳，徐中民，尚海洋．可持续生计分析研究综述［J］．地球科学进展，2009（1）：61-69．

[134] 苏飞，应蓉蓉，曾佳苗．可持续生计研究热点与前沿的可视化分析［J］．生态学报，2016（7）：2091-2101．

[135] 孙博，刘倩倩，王昌海，等．农户生计研究综述［J］．林业经济，

2016 (4)：49 – 53.

[136] 孙凤芝，许峰．社区参与旅游发展研究评述与展望 [J]．中国人口·资源与环境，2013 (7)：142 – 148.

[137] 孙华平，徐央．基于"家庭农场"的乡村订单旅游发展模式研究 [J]．理论探讨，2013 (6)：104 – 107.

[138] 孙九霞，刘相军．生计方式变迁对民族旅游村寨自然环境的影响——以雨崩村为例 [J]．广西民族大学学报（哲学社会科学版），2015 (3)：78 – 85.

[139] 汤青．可持续生计的研究现状及未来重点趋向 [J]．地球科学进展，2015 (7)：823 – 833.

[140] 汤青，徐勇，李扬．黄土高原农户可持续生计评估及未来生计策略——基于陕西延安市和宁夏固原市 1076 户农户调查 [J]．地理科学进展，2013 (2)：161 – 169.

[141] 唐丽霞，李小云，左停．社会排斥、脆弱性和可持续生计：贫困的三种分析框架及比较 [J]．贵州社会科学，2010 (12)：4 – 10.

[142] 陶慧，刘家明，虞虎，等．旅游城镇化地区的空间重构模式——以马洋溪生态旅游区为例 [J]．地理研究，2017 (6)：1123 – 1137.

[143] 陶长江，付开菊，王颖梅．乡村旅游对农村家庭关系的影响研究——成都龙泉驿区石经村的个案调查 [J]．干旱区资源与环境，2014 (10)：203 – 208.

[144] 田翠翠，刘黎黎，田世政．重庆高山纳凉村旅游精准扶贫效应评价指数模型 [J]．资源开发与市场，2016 (12)：1436 – 1440.

[145] 童俊．上海市农业旅游发展驱动因素分析 [J]．中国农业资源与区划，2017 (8)：204 – 208.

[146] 万金红，王静爱，刘珍，等．从收入多样性的视角看农户的旱灾恢复力——以内蒙古兴和县为例 [J]．自然灾害学报，2008 (1)：122 – 126.

[147] 王超，王志章．少数民族连片特困乡村包容性旅游发展模式的探索——来自贵州六盘水山区布依族补雨村的经验数据 [J]．西南民族大学学报（人文社会科学版），2013 (7)：139 – 143.

[148] 王成超，杨玉盛．基于农户生计策略的土地利用/覆被变化效应综

述 [J]. 地理科学进展, 2012 (6): 792 - 798.

[149] 王华, 郑艳芬. 遗产地农村社区参与旅游发展的制度嵌入性——丹霞山瑶塘村与断石村比较研究 [J]. 地理研究, 2016 (6): 1164 - 1176.

[150] 王娟, 吴海涛, 丁士军. 山区农户最优生计策略选择分析——基于滇西南农户的调查 [J]. 农业技术经济, 2014 (9): 97 - 107.

[151] 王凯, 李志苗, 易静. 生态移民户与非移民户的生计对比——以遗产旅游地武陵源为例 [J]. 资源科学, 2016 (8): 1621 - 1633.

[152] 王力, 王琼. 少数民族旅游发展的民生保障机制与策略研究 [J]. 贵州民族研究, 2017 (12): 173 - 177.

[153] 王立安, 刘升, 钟方雷. 生态补偿对贫困农户生计能力影响的定量分析 [J]. 农村经济, 2012 (11): 99 - 103.

[154] 王美文, 郑家杰. 新农村文化内生机制中非政府组织功能与角色探究 [J]. 当代世界与社会主义, 2014 (5): 145 - 149.

[155] 王琴梅, 方妮. 乡村生态旅游促进新型城镇化的实证分析——以西安市长安区为例 [J]. 旅游学刊, 2017 (1): 77 - 88.

[156] 王松茂, 方良彦, 邓峰. 新疆旅游经济要素投入产出的 dea 相对效率分析 [J]. 新疆大学学报 (哲学·人文社会科学版), 2014 (5): 14 - 17.

[157] 王素洁, 李想. 基于社会网络视角的可持续乡村旅游决策探究——以山东省潍坊市杨家埠村为例 [J]. 中国农村经济, 2011 (3): 59 - 69, 90.

[158] 王娴, 赵宇霞. 论农村贫困治理的 "内生力" 培育 [J]. 经济问题, 2018 (5): 59 - 63.

[159] 王新歌, 席建超. 大连金石滩旅游度假区当地居民生计转型研究 [J]. 资源科学, 2015 (12): 2404 - 2413.

[160] 王新歌, 席建超, 陈田. 社区居民生计模式变迁与土地利用变化的耦合协调研究——以大连金石滩旅游度假区为例 [J]. 旅游学刊, 2017 (3): 107 - 116.

[161] 王一帆, 吴忠军, 高冲. 我国乡村旅游发展模式对农民增收的比较研究——基于桂、黔、滇三省区案例地的研究 [J]. 改革与战略, 2014 (11): 50 - 54.

［162］王伊欢，王珏，武晋．乡村旅游对农村妇女的影响——以北京市延庆县农村社区为例［J］．中国农业大学学报（社会科学版），2009（3）：52-60.

［163］王莹，许晓晓．社区视角下乡村旅游发展的影响因子——基于杭州的调研［J］．经济地理，2015（3）：203-208.

［164］王云才，许春霞，郭焕成．论中国乡村旅游发展的新趋势［J］．干旱区地理，2005（6）：862-868.

［165］王志刚，黄棋．内生式发展模式的演进过程——一个跨学科的研究述评［J］．教学与研究，2009（3）：72-76.

［166］王子超，王子岚，贾勤．"边界"效应下的乡村旅游产业发展模式研究——以贵州岜沙苗寨为例［J］．中南财经政法大学学报，2017（2）：14-21.

［167］韦惠兰，祁应军．农户生计资本与生计策略关系的实证分析——以河西走廊沙化土地封禁保护区外围为例［J］．中国沙漠，2016（2）：540-548.

［168］魏超，戈大专，龙花楼，等．大城市边缘区旅游开发引导的乡村转型发展模式——以武汉市为例［J］．经济地理，2018（10）：211-217.

［169］乌云花，苏日娜，许黎莉，等．牧民生计资本与生计策略关系研究——以内蒙古锡林浩特市和西乌珠穆沁旗为例［J］．农业技术经济，2017（7）：71-77.

［170］吴冠岑，牛星，许恒周．乡村旅游发展与土地流转问题的文献综述［J］．经济问题探索，2013（1）：145-151.

［171］吴吉林，刘水良，周春山．乡村旅游发展背景下传统村落农户适应性研究——以张家界4个村为例［J］．经济地理，2017（12）：232-240.

［172］吴吉林，周春山，谢文海．传统村落农户乡村旅游适应性评价与影响因素研究——基于湘西州6个村落的调查［J］．地理科学，2018（5）：755-763.

［173］吴孔森，杨新军，尹莎．环境变化影响下农户生计选择与可持续性研究——以民勤绿洲社区为例［J］．经济地理，2016（9）：141-149.

［174］吴乐，靳乐山．贫困地区生态补偿对农户生计的影响研究——基

于贵州省三县的实证分析［J］．干旱区资源与环境，2018（8）：1-7.

［175］吴小影，刘冠秋，齐熙，等．气候变化对渔区感知指数、生计策略和生态效应的影响［J］．生态学报，2017（1）：313-320.

［176］伍艳．农户生计资本与生计策略的选择［J］．华南农业大学学报（社会科学版），2015（2）：57-66.

［177］席建超，王首琨，张瑞英．旅游乡村聚落"生产—生活—生态"空间重构与优化——河北野三坡旅游区苟各庄村的案例实证［J］．自然资源学报，2016（3）：425-435.

［178］席建超，张楠．乡村旅游聚落农户生计模式演化研究——野三坡旅游区苟各庄村案例实证［J］．旅游学刊，2016（7）：65-75.

［179］向延平．区域内生发展研究：一个理论框架［J］．商业经济与管理，2013（6）：86-91.

［180］熊晓红．乡村旅游生态环境双重效应及其正确响应［J］．技术经济与管理研究，2012（11）：92-95.

［181］熊正贤．农民生计转型与土地意识嬗变——来自贵州穿青人地区的调查［J］．中南民族大学学报（人文社会科学版），2018（2）：84-88.

［182］胥兴安，孙凤芝，王立磊．居民感知公平对社区参与旅游发展的影响研究——基于社区认同的视角［J］．中国人口·资源与环境，2015（12）：113-120.

［183］徐定德，张继飞，刘邵权，等．西南典型山区农户生计资本与生计策略关系研究［J］．西南大学学报（自然科学版），2015（9）：118-126.

［184］徐清．旅游型新农村功能重构：从木桶效应到图钉效应［J］．商业经济与管理，2016（2）：89-97.

［185］徐爽，胡业翠．农户生计资本与生计稳定性耦合协调分析——以广西金桥村移民安置区为例［J］．经济地理，2018（3）：142-148，164.

［186］徐文燕，周玲．基于dea方法的文化旅游资源开发利用效率评价研究——以2010年江苏文化旅游业投入产出数据为例［J］．哈尔滨商业大学学报（社会科学版），2013（3）：96-104.

［187］许汉石，乐章．生计资本、生计风险与农户的生计策略［J］．农业经济问题，2012（10）：100-105.

[188] 阎建忠，喻鸥，吴莹莹，等．青藏高原东部样带农牧民生计脆弱性评估 [J]．地理科学，2011（7）：858-867.

[189] 杨德进，白长虹，牛会聪．民族八省区旅游扶贫效应的时空分异、成因及优化对策研究 [J]．广西民族大学学报（哲学社会科学版），2018（6）：2-7.

[190] 杨晗．乡村旅游发展中利益相关主体行为博弈分析与政策建议 [J]．商业经济研究，2016（23）：188-190.

[191] 杨忍，徐茜，周敬东，等．基于行动者网络理论的逢简村传统村落空间转型机制解析 [J]．地理科学，2018（11）：1817-1827.

[192] 杨荣彬，车震宇，李汝恒．社区居民视角下乡村旅游发展模式比较研究——以环洱海地区喜洲、双廊为例 [J]．农业现代化研究，2015（6）：1050-1054.

[193] 杨莹，孙九霞．乡村旅游发展中非政府组织与地方的关系：一个双重嵌入的分析框架 [J]．中南民族大学学报（人文社会科学版），2018（6）：123-127.

[194] 杨瑜婷，何建佳，刘举胜．"乡村振兴战略"背景下乡村旅游资源开发路径演化研究——基于演化博弈的视角 [J]．企业经济，2018（1）：24-30.

[195] 杨云彦，赵峰．可持续生计分析框架下农户生计资本的调查与分析——以南水北调（中线）工程库区为例 [J]．农业经济问题，2009（3）：58-66.

[196] 姚娟，程路明，石晓平．新疆参与旅游业牧民生计资本书——以喀纳斯和乌鲁木齐县南山生态旅游区为例 [J]．干旱区资源与环境，2012（12）：196-202.

[197] 殷瑾，马倩，徐梓皓．基于可持续生计框架的农民培训模式和对策研究——以四川省为案例 [J]．中国软科学，2012（2）：60-70.

[198] 于水，姜凯帆．内生整合与外部嵌入：农村社会发展模式比较分析 [J]．华中农业大学学报（社会科学版），2017（6）：87-93，151.

[199] 余意峰．社区主导型乡村旅游发展的博弈论——从个人理性到集体理性 [J]．经济地理，2008（3）：519-522.

［200］余珍，冯钰伟．生计方式的变化与变动中的乡村秩序——以柏林弯社区文化实践为例［J］．广西民族研究，2018（1）：120 - 127．

［201］喻忠磊，杨新军，杨涛．乡村农户适应旅游发展的模式及影响机制——以秦岭金丝峡景区为例［J］．地理学报，2013（8）：1143 - 1156．

［202］袁梁，张光强，霍学喜．生态补偿、生计资本对居民可持续生计影响研究——以陕西省国家重点生态功能区为例［J］．经济地理，2017（10）：188 - 196．

［203］翟彬．基于可持续生计的甘肃农村扶贫资金投向及效益研究［D］．兰州：兰州大学，2011．

［204］翟彬，梁流涛．基于可持续生计的农村反贫困研究——以甘肃省天水贫困地区为例［J］．农村经济，2015（5）：55 - 60．

［205］翟向坤，郭凌．乡村旅游开发中乡村文化生态建设研究［J］．农业现代化研究，2016（4）：635 - 640．

［206］张灿强，闵庆文，张红榛，等．农业文化遗产保护目标下农户生计状况分析［J］．中国人口·资源与环境，2017（1）：169 - 176．

［207］张富刚，刘彦随．中国区域农村发展动力机制及其发展模式［J］．地理学报，2008（2）：115 - 122．

［208］张桂君．社会资本对农业新型经营主体市场机会捕捉能力的影响机制分析［J］．广西社会科学，2017（12）：80 - 83．

［209］张海燕，罗健阳．从利益相关者视角评价乡村旅游绩效——以湘西土家族苗族自治州为例［J］．吉首大学学报（自然科学版），2016（3）：74 - 79，84．

［210］张洪昌，舒伯阳．乡村振兴中的旅游开发模式演进机制研究——以郎德苗寨为例［J］．西北民族大学学报（哲学社会科学版），2018（6）：69 - 75．

［211］张环宙，黄超超，周永广．内生式发展模式研究综述［J］．浙江大学学报（人文社会科学版），2007（2）：61 - 68．

［212］张环宙，周永广，魏蕙雅，等．基于行动者网络理论的乡村旅游内生式发展的实证研究——以浙江浦江仙华山村为例［J］．旅游学刊，2008（2）：65 - 71．

［213］张建荣，赵振斌．国内乡村旅游社区研究综述［J］．经济管理，2016（6）：166－175.

［214］张立新，杨新军，陈佳，等．大遗址区人地系统脆弱性评价及影响机制——以汉长安城大遗址区为例［J］．资源科学，2015（9）：1848－1859.

［215］张琳．乡土文化传承与现代乡村旅游发展耦合机制研究［J］．南方建筑，2016（4）：15－19.

［216］张璐璐，尹珂，胡志毅．乡村旅游背景下农户生计研究综述［J］．四川旅游学院学报，2018（1）：70－74.

［217］张钦，赵雪雁，王亚茹，等．气候变化对农户生计的影响研究综述［J］．中国农业资源与区划，2016（9）：71－79.

［218］张树民，钟林生，王灵恩．基于旅游系统理论的中国乡村旅游发展模式探讨［J］．地理研究，2012（11）：2094－2103.

［219］张伟强，桂拉旦．制度安排与乡村文化资本的生产和再生产［J］．甘肃社会科学，2016（1）：208－212.

［220］张炜．慢城理念下发达国家乡村旅游发展模式研究［J］．世界农业，2016（4）：148－151.

［221］张文明，腾艳华．新型城镇化：农村内生发展的理论解读［J］．华东师范大学学报（哲学社会科学版），2013（6）：86－92，151.

［222］张香荣．"公地悲剧"背景下乡村旅游产业发展悖论及其治理机制研究［J］．农业经济，2016（12）：35－37.

［223］张艳，张勇．乡村文化与乡村旅游开发［J］．经济地理，2007（3）：509－512.

［224］赵承华．乡村旅游开发模式及其影响因素分析［J］．农业经济，2012（1）：13－15.

［225］赵传松，任建兰，陈延斌，等．全域旅游背景下中国省域旅游产业与区域发展时空耦合及驱动力［J］．中国人口·资源与环境，2018（3）：149－159.

［226］赵文娟，杨世龙，王潇．基于 logistic 回归模型的生计资本与生计策略研究——以云南新平县干热河谷傣族地区为例［J］．资源科学，2016

（1）：136 – 143.

[227] 赵雪雁. 地理学视角的可持续生计研究：现状、问题与领域 [J]. 地理研究，2017（10）：1859 – 1872.

[228] 赵雪雁，李巍，杨培涛，等. 生计资本对甘南高原农牧民生计活动的影响 [J]. 中国人口·资源与环境，2011（4）：111 – 118.

[229] 赵雪雁，赵海莉，刘春芳. 石羊河下游农户的生计风险及应对策略——以民勤绿洲区为例 [J]. 地理研究，2015（5）：922 – 932.

[230] 郑谦，梁昌勇，董骏峰. 旅游业要素投入与资源配置效率——以安徽省区域旅游业为例 [J]. 社会科学家，2015（3）：90 – 95，123.

[231] 周春发. 乡村旅游地居民的日常抵抗——以徽村拆建房风波为例 [J]. 旅游学刊，2012（2）：32 – 36.

[232] 周建新，张勇华. 新农村建设背景下的乡村生计模式转型探析——以客家古村三僚文化生态旅游为例 [J]. 广西民族大学学报（哲学社会科学版），2008（6）：68 – 72.

[233] 周阳敏. 制度企业家、制度资本与制度变迁 [J]. 社会科学战线，2014（1）：58 – 68.

[234] 周阳敏，韩玉. 制度资本与新型城镇化的机理研究 [J]. 四川理工学院学报（社会科学版），2014（1）：1 – 10.

[235] 周永广，江一帆，陈鼎文. 中国山村旅游开发模式探索——以浙江省遂昌县"公社模式"为例 [J]. 农业经济问题，2011（11）：34 – 39.

[236] 周永广，姜佳将，王晓平. 基于社区主导的乡村旅游内生式开发模式研究 [J]. 旅游科学，2009（4）：36 – 41.

[237] 朱聪，吴杰. 收入多样性对我国商业银行经营业绩的影响 [J]. 管理现代化，2017（6）：8 – 12.

[238] 朱建江. 乡村振兴与乡村旅游发展：以上海为例 [J]. 上海经济，2017（6）：17 – 24.

[239] 朱建军，胡继连，安康，等. 农地转出户的生计策略选择研究——基于中国家庭追踪调查（cfps）数据 [J]. 农业经济问题，2016（2）：49 – 58，111.

[240] 朱璇. 新乡村经济精英在乡村旅游中的形成和作用机制研究——

以虎跳峡徒步路线为例 [J]. 旅游学刊, 2012 (6): 73 - 78.

[241] 邹统钎. 中国乡村旅游发展模式研究——成都农家乐与北京民俗村的比较与对策分析 [J]. 旅游学刊, 2005 (3): 63 - 68.

[242] 左冰, 保继刚. 从"社区参与"走向"社区增权"——西方"旅游增权"理论研究述评 [J]. 旅游学刊, 2008 (4): 58 - 63.

[243] 左冰, 陈威博. 旅游度假区开发对拆迁村民生计状况影响——以珠海长隆国际海洋度假区为例 [J]. 热带地理, 2016 (5): 776 - 785.

[244] 左晓斯. 乡村旅游批判——基于社会学的视角 [J]. 广东社会科学, 2013 (3): 196 - 205.

[245] BILBAO C, VALDÉS L. Evaluation of the profitability of quality labels in rural tourism accommodation: A hedonic approach using propensity score matching [J]. Applied Economics, 2016 (34): 3253 - 3263.

[246] CAWLEY M, GILLMOR D A. Integrated rural tourism [J]. Annals of Tourism Research, 2008 (2): 316 - 337.

[247] CAWLEY M, MARSAT J, GILLMOR D A. Promoting integrated rural tourism: Comparative perspectives on institutional networking in France and Ireland [J]. Tourism Geographies, 2007 (4): 405 - 420.

[248] CHEN B, QIU Z, USIO N, et al. Tourism's impacts on rural livelihood in the sustainability of an aging community in Japan [J]. Sustainability, 2018 (8): 2896.

[249] CHEN H, SHIVAKOTI G, ZHU T, et al. Livelihood sustainability and community based co-management of forest resources in china: Changes and improvement [J]. Environmental Management, 2012 (1): 219 - 228.

[250] CHEN H, ZHU T, KROTT M, et al. Community forestry management and livelihood development in northwest China: Integration of governance, project design, and community participation [J]. Regional Environmental Change, 2013 (1): 67 - 75.

[251] CHEN L, LIN S, KUO C. Rural tourism: Marketing strategies for the bed and breakfast industry in Taiwan [J]. International Journal of Hospitality Management, 2013 (2): 278 - 286.

［252］ CHEN X. A phenomenological explication of guanxi in rural tourism management: A case study of a village in China ［J］. Tourism Management, 2017 (3): 383 - 394.

［253］ COBBINAH P B, GAISIE E, OWUSU-AMPONSAH L. Peri-urban morphology and indigenous livelihoods in Ghana ［J］. Habitat International, 2015 (50): 120 - 129.

［254］ D C. Implementing a sustainable livelihood approach ［M］. London: Department for International Development, 1998.

［255］ DAI L, WAN L, XU B, et al. How to improve rural tourism development in Chinese suburban villages? Empirical findings from a quantitative analysis of eight rural tourism destinations in Beijing ［J］. Area, 2017 (2): 156 - 165.

［256］ DFID. Sustainable livelihoods guidance sheets ［M］. London: Department for International Development, 2000.

［257］ DWORKIN R. What is equality? Part 1: Equality of welfare ［J］. Philosophy & Public Affairs, 1981 (3): 185 - 246.

［258］ E M J. Changes on traditional livelihood activities and lifestyles caused by tourism development in the Okavango Delta, Botswana ［J］. Tourism Management, 2011 (5): 1050 - 1060.

［259］ F E. Rural livelihoods and diversity in developing countries ［M］. New York: Oxford University Press, 2000.

［260］ FAIRER-WESSELS F A. Determining the impact of information on rural livelihoods and sustainable tourism development near protected areas in Kwa-Zulu Natal, South Africa ［J］. Journal of Sustainable Tourism, 2017 (1): 10 - 25.

［261］ FLEISCHER A, TCHETCHIK A. Does rural tourism benefit from agriculture? ［J］. Tourism Management, 2005 (4): 493 - 501.

［262］ GAO J, WU B. Revitalizing traditional villages through rural tourism: A case study of Yuanjia village, Shaanxi province, China ［J］. Tourism Management, 2017 (2): 223 - 233.

［263］ GAO S, HUANG S, HUANG Y. Rural tourism development in China ［J］. International Journal of Tourism Research, 2009 (5): 439 - 450.

[264] GRUNWELL S, HA I S. How to revitalize a small rural town? [J]. Journal of Rural and Community Development, 2014 (2): 32 – 50.

[265] HEE H J, WOO L S. The effect of the rural tourism policy on non-farm income in South Korea [J]. Tourism Management, 2015 (2): 501 – 513.

[266] HULL J S, OTHMAN N, POULSTON J. Book reviews [J]. Anatolia, 2011 (1): 135 – 140.

[267] HWANG D, STEWART W P, KO D. Community behavior and sustainable rural tourism development [J]. Journal of Travel Research, 2011 (3): 328 – 341.

[268] HWANG J, LEE S. The effect of the rural tourism policy on non-farm income in South Korea [J]. Tourism Management, 2015 (4): 501 – 513.

[269] J B B D L. Building sustainable livelihood in loas: Untangling farm from non-farm, progress from distress [J]. Geoforum, 2004 (4): 607 – 619.

[270] JENKINS T N. Putting postmodernity into practice: Endogenous development and the role of traditional cultures in the rural development of marginal regions [J]. Ecological Economics, 2000 (3): 301 – 313.

[271] JOHN H. ALDRICH F D N. Linear probability, logit, and probit models [M]. Beverly Hills: Sage Publications, Inc, 1984.

[272] JYLDYZ S, MICHAEL K, PETER N, et al. Livelihoods in transition: Changing land use strategies and ecological implications in a post-Soviet setting (Kyrgyzstan) [J]. Central Asian Survey, 2007 (3): 389 – 406.

[273] KEYIM P. Tourism and rural development in western China: A case from Turpan [J]. Community Development Journal, 2016 (4): 534 – 551.

[274] LANE B, KASTENHOLZ E. Rural tourism: The evolution of practice and research approaches-towards A new generation concept [J]. Journal of Sustainable Tourism, 2015 (8 – 9): 1133 – 1156.

[275] LEE M. Tourism and sustainable livelihoods: The case of Taiwan [J]. Third World Quarterly, 2008 (5): 961 – 978.

[276] LENAO M, SAARINEN J. Integrated rural tourism as a tool for community tourism development: Exploring culture and heritage projects in the North-East Dis-

trict of Botswana [J]. South African Geographical Journal, 2015 (2): 203 –216.

[277] LI P, RYAN C, CAVE J. Chinese rural tourism development: Transition in the case of Qiyunshan, Anhui. 2008—2015 [J]. Tourism Management, 2016 (5): 240 –260.

[278] LIU S, CHENG I, CHEUNG L. The roles of formal and informal institutions in small tourism business development in rural areas of south china [J]. Sustainability, 2017 (7): 1194.

[279] LIU S, CHEUNG L, LO A, et al. Livelihood benefits from post-earthquake nature-based tourism development: A survey of local residents in rural china [J]. Sustainability, 2018 (3): 699.

[280] M M J, K Z. Stochastic dominance in multi-criterion analysis under risk [J]. Theory and Decision, 1995 (1): 31 –49.

[281] M N. Preference and vote thresholds in multi-criteria analysis based on stochastic dominance [J]. European Journal of Operational Research, 2004 (2): 339 –350.

[282] MAK B, CHEUNG L, HUI D. Community participation in the decision-making process for sustainable tourism development in rural areas of Hong Kong, China [J]. Sustainability, 2017 (10): 1695.

[283] MARZO-NAVARRO M, PEDRAJA-IGLESIAS M, VINZÓN L. Development and validation of the measurement instruments of the determinant elements of integrated rural tourism [J]. Journal of Hospitality & Tourism Research, 2013, (4): 476 –496.

[284] MARZO-NAVARRO M, PEDRAJA-IGLESIAS M, VINZÓN L. Key variables for developing integrated rural tourism [J]. Tourism Geographies, 2017 (4): 575 –594.

[285] MBAIWA J E. Effects of the safari hunting tourism ban on rural livelihoods and wildlife conservation in Northern Botswana [J]. South African Geographical Journal, 2018 (1): 41 –61.

[286] NIEHOF A. The significance of diversification for rural livelihood systems [J]. Food Policy, 2004 (4): 321 –338.

［287］ OHE Y, KURIHARA S. Evaluating the complementary relationship between local brand farm products and rural tourism: Evidence from Japan ［J］. Tourism Management, 2013 (5): 278 - 283.

［288］ P B S W. The dynamics of livelihood diversification in post-famie ethiopia ［J］. Food Policy, 2001 (26): 333 - 350.

［289］ PANYIK E, COSTA C, RÁTZ T. Implementing integrated rural tourism: An event-based approach ［J］. Tourism Management, 2011 (6): 1352 - 1363.

［290］ PARK D, LEE K, CHOI H, et al. Factors influencing social capital in rural tourism communities in South Korea ［J］. Tourism Management, 2012 (6): 1511 - 1520.

［291］ PARK D, YOON Y. Developing sustainable rural tourism evaluation indicators ［J］. International Journal of Tourism Research, 2011 (5): 401 - 415.

［292］ PAYNE B. The environmental historiography of the maritime peninsula ［J］. Journal of the History of the Atlantic Region, 2016 (1): 163 - 177.

［293］ PETER M J C. Residents' attitudes to proposed tourism development ［J］. Annals of Tourism Research, 2000 (2): 391 - 411.

［294］ PETROU A, PANTZIOU E F, DIMARA E, et al. Resources and activities complementarities: The role of business networks in the provision of integrated rural tourism ［J］. Tourism Geographies, 2007 (4): 421 - 440.

［295］ ROY A. Tourism as an additional source of rural livelihoods: An experience from two villages of Rajasthan ［J］. Social Change, 2013 (4): 617 - 638.

［296］ S M H, ÁNGEL H. Influence of the user's psychological factors on the online purchase intention in rural tourism: Integrating innovativeness to the UTAUT framework ［J］. Tourism Management, 2012 (2): 341 - 350.

［297］ SAXENA G, ILBERY B. Developing integrated rural tourism: Actor practices in the English/Welsh border ［J］. Journal of Rural Studies, 2010 (3): 260 - 271.

［298］ SAXENA G, ILBERY B. Integrated rural tourism a border case study ［J］. Annals of Tourism Research, 2008 (1): 233 - 254.

［299］ SHEN F, HUGHEY K F D, SIMMONS D G. Connecting the sustainable livelihoods approach and tourism: A review of the literature [J]. Journal of Hospitality and Tourism Management, 2008 (1): 19 – 31.

[300] SIMPSON M C. An integrated approach to assess the impacts of tourism on community development and sustainable livelihoods [J]. Community Development Journal, 2007 (2): 186 – 208.

[301] SINGGALEN Y A, SIMANGE S M. Livelihood and rural tourism development in coastal area north Maluku province Indonesia [J]. IOP Conference Series: Earth and Environmental Science, 2018 (156): 12010.

[302] SU B. Rural tourism in China [J]. Tourism Management, 2011 (6): 1438 – 1441.

[303] SU M M, WALL G, WANG Y, et al. Livelihood sustainability in a rural tourism destination-Hetu Town, Anhui Province, China [J]. Tourism Management, 2019 (71): 272 – 281.

[304] SU M M, WALL G, XU K. Heritage tourism and livelihood sustainability of a resettled rural community: Mount Sanqingshan World Heritage Site, China [J]. Journal of Sustainable Tourism, 2016 (5): 735 – 757.

[305] SUNTIKUL W, DORJI U. Tourism development: The challenges of achieving sustainable livelihoods in Bhutan's remote reaches [J]. International Journal of Tourism Research, 2016 (5): 447 – 457.

[306] TAO T C H, WALL G. Tourism as a sustainable livelihood strategy [J]. Tourism Management, 2009 (1): 90 – 98.

[307] WANG L, CHENG S, ZHONG L, et al. Rural tourism development in China: Principles, models and the future [J]. Journal of Mountain Science, 2013 (1): 116 – 129.

[308] XIE F, LACHER R G, NEPAL S K. Economic impacts of domestic tourism in the rural developing world: A case study of Zhangjiajie city, China [J]. Tourism Review International, 2010 (1): 29 – 42.

[309] Y Y T, G Z Y. Community, governments and external capitals in China's rural cultural tourism: A comparative study of two adjacent villages [J]. Tourism Management, 2007 (1): 96 – 107.